PICKWICK

HAYLIE POMROY
con EVE ADAMSON

LA DIETA DEL SUPERMETABOLISMO

Traduzione di Claudia Converso e Andrea Mazza

Sperling & Kupfer

Le indicazioni contenute in questo libro hanno l'intento di informare e non inten-
dono sostituirsi al parere professionale del medico curante. Come per ogni regime
dietetico di dimagrimento o di mantenimento, il programma di alimentazione ed
esercizio fisico descritto nel libro deve essere adottato solo dopo aver consultato il
proprio medico per accertarsi che sia indicato al proprio caso specifico. Va ricordato
che il fabbisogno nutritivo varia da persona a persona e dipende dall'età, dal sesso,
dallo stato di salute e dal regime alimentare. Le autrici si sottraggono a qualunque
responsabilità diretta o indiretta derivante dall'uso o dall'applicazione di qualsivoglia
indicazione riportata in queste pagine.

www.pickwicklibri.it
www.sperling.it

La dieta del Supermetabolismo
di Haylie Pomroy
Titolo originale dell'opera:
The Fast Metabolism Diet
© 2013 by Haylie Pomroy
All rights reserved
This translation published by arrangement with Harmony Books,
an imprint of the Crown Publishing Group,
a division of Random House, Inc.
© 2014 Sperling & Kupfer Editori S.p.A.

ISBN 978-88-6836-265-2

I edizione Pickwick marzo 2015

Anno 2016-2017-2018 - Edizione   7 8 9 10 11 12 13 14 15

A mio figlio Eiland, da cui ho imparato
che l'amore vero è possibile.
E alla mia secondogenita Gracen, da cui ho imparato
che tutto è possibile.

Indice

Prefazione

«ERA ora che ti conoscessi!»

Furono queste le prime parole che dissi a Haylie Pomroy, con cui avevo da poco iniziato a collaborare. I nostri impegni non ci avevano ancora permesso d'incontrarci, ma continuavo a sentir parlare di questa bravissima nutrizionista sia dai miei pazienti, sia da altri medici. Quando alla fine riuscii a conoscerla, dovetti ammettere che effettivamente aveva qualcosa di eccezionale.

Haylie è una donna dotata di una personalità magnetica, e ha una premura straordinaria per le persone che si rivolgono a lei, ma la cosa che mi colpì all'inizio fu il tratto comune dei suoi clienti: tutti felici, soddisfatti e in rapido miglioramento di salute dopo essere dimagriti in modo significativo, e a volte stupefacente, grazie al suo programma. Haylie era un persona che otteneva risultati.

Cominciai a mandarle dei miei pazienti, soprattutto individui obesi che soffrivano di diabete e ipertensione e per i quali perdere peso era letteralmente una questione di vita o di morte. Quando tornavano da me per le visite successive erano tutti entusiasti di lei e dei cibi squisiti e appaganti che aveva loro prescritto. Mi davano persino alcune delle sue ricette, e molti mi ringraziavano di cuore per averli indirizzati a lei. Non avevo mai visto tanta disciplina nel seguire una dieta.

All'inizio, dopo avere osservato con i miei occhi i risultati che otteneva, mi domandai se la sua non fosse un'altra di quelle diete insostenibili che avrebbe portato alla frustrazione e al fallimento i pazienti. Ma dopo che Haylie mi ebbe illustrato nei particolari il suo programma, mi resi conto che non potevo essere più lontano dalla verità. La sua dieta si basava su solidi principi medico-scientifici, non su teorie azzardate o su prove aneddotiche. Nel suo programma non c'era niente di misterioso.

Haylie ha una conoscenza profonda del funzionamento del nostro metabolismo e di come le modificazioni biochimiche indotte da una dieta sono in grado di accelerarlo o di rallentarlo. Ma soprattutto, il suo metodo consente di ottenere risultati rapidi, completi e duraturi. E i suoi clienti non riacquisiscono i chili persi.

Uno dei motivi per cui la dieta di Haylie funziona così bene è che è molto facile e piacevole da seguire. Il suo programma si basa su un sistema ingegnoso di inserimento e distribuzione dei pasti che si traduce in un vero e proprio allenamento per il metabolismo. Ho visto cali di peso, abbassamenti dei livelli di colesterolo e stabilizzazione dei tassi glicemici, miglioramenti nel ciclo del sonno e nelle depressioni. E non solo provvisoriamente: questi risultati hanno superato il test del tempo. Haylie ripete sempre: «Lasciate che il cibo lavori per voi», e sa perfettamente come fare in modo che questo accada, anche con quei clienti che non sono riusciti a perdere il peso in eccesso seguendo altre diete.

Secondo i dati dei Centers for Disease Control and Prevention, nel 2010 il 35,7 per cento della popolazione adulta degli Stati Uniti era obeso, e il 34,2 per cento sovrappeso. Ciò significa che il 69 per cento degli statunitensi adulti pesava più di quanto avrebbe dovuto, con un grave rischio per la salute e il benessere.

I problemi legati al peso hanno ormai raggiunto proporzioni epidemiche anche in Europa e in Cina, quindi non abbiamo tempo da perdere. Nel mio lavoro sono testimone di molti tragici effetti collaterali: patologie cardiache e diabete, depressione e stili di vita sempre meno piacevoli e attivi di quanto potrebbero essere. Vedo persone cadere nel circolo vizioso delle diete radicali e delle grandi abbuffate, incapaci di sfuggire alle loro battaglie con il cibo e con i chili di troppo. E conosco anche il caro prezzo psicologico dei problemi di peso e delle relative patologie croniche.

Il metodo di Haylie è una luce in fondo al proverbiale tunnel della disperazione innescata dalle diete. Vorrei tanto che poteste conoscerla. I suoi clienti le sono molto affezionati, perché sa motivarli e ispirarli continuamente. Per questo sono felice che abbia finalmente scritto un libro. D'ora in avanti chiunque potrà avere accesso alle competenze di Haylie e al suo fantastico programma, nonché alla sua capacità di innescare, attraverso ironia, incoraggiamento e fermezza, cambiamenti che molti di noi penserebbero irrealizzabili.

Credetemi quando vi dico che *è possibile* modificare il proprio peso, la propria salute e la propria vita. Haylie sa come farlo accadere, e non vedo l'ora di dare una copia di questo libro a ciascuno dei miei pazienti. Il fatto che lo stiate leggendo potrebbe voler dire che non avrete mai più bisogno di cure mediche per i disturbi di una patologia cronica indotta da una dieta. E se perderò qualche paziente perché starà meglio, beh, sarò sinceramente felice di non vederlo più nel mio studio.

Allora forza! Con l'aiuto di Haylie Pomroy, voi e il vostro metabolismo state cominciando a guarire.

Dottor Bruce M. Stark
Specialista in medicina interna e medicina della dipendenza
Specializzando in medicina del dolore e in medicina antietà

Introduzione

SONO la donna che sussurra al metabolismo.

Io so perché non state perdendo peso. So perché non ci riuscite, perché il vostro corpo non risponde più alle diete interminabili, povere di carboidrati o ricche di proteine, e all'attività fisica sfiancante. E so come sistemare le cose.

Sono un meccanico del corpo, un personal trainer per il vostro metabolismo. Sono un'innovatrice, non una che copia. Il mio programma funziona in modo molto semplice e garantisce risultati talmente migliori rispetto a qualsiasi altra dieta che mi hanno perfino accusata di usare la magia nera, ma posso assicurarvi che non ci sono trucchi.

Ho intenzione di rivoluzionare il modo in cui la gente pensa al cibo e lo consuma. Potrete perdere 10 chili in quattro settimane mangiando cibo vero, senza mai contare le calorie e creando un metabolismo sano e veloce. Non c'è nessun sortilegio. Nessun trucco o inganno. Ai convegni i medici mi chiedono consiglio e ascoltano. La gente copia i miei programmi e prodotti, e i clienti escono dal mio studio, come dice la mia diplomatica sorella, «pronti a bere la pozione magica».

Ma questa «pozione magica» vi farà davvero diventare snelli, sani, favolosi, e finalmente liberi dal peso in eccesso. I miei clienti non sono persone disposte ad accettare una dieta che non funziona, magari troppo complicata da seguire, che li renda fiacchi o li privi di ogni piacere. Tra loro ci sono stelle del cinema, personaggi televisivi e atleti. Persino il sultano di Dubai è venuto da me, dietro consiglio del suo medico personale al Johns Hopkins Medicine International di Dubai.

Ma ho seguito anche tante persone non particolarmente famose, le quali però avevano bisogno di perdere peso, e di perderlo subito, ordine del dottore. E ho dedicato anni al rapporto personale, a tu per tu, con il cliente. Sono consulente di centri per il dimagrimento intensivo e di dietologi, e lavoro dietro le quinte sviluppando piani di dimagrimento per famosi programmi televisivi. Agenzie di pubblicità e di pubbliche relazioni mi hanno chiesto di esaminare e recensire i prodotti delle aziende per cui lavorano, dalle bevande per i bambini che praticano sport ai programmi per pasti sani. Ho prestato consulenze per Safeway e per la campagna Looney Tunes Back to School della Warner Brothers, e ho partecipato alla campagna di social action per il film-documentario *Food, Inc.*

Il mio mestiere è promuovere la salute e consigliare chi ha bisogno di dimagrire. È quello che faccio, e posso aiutarvi.

Dico tutto questo perché possiate capire che la dieta del Supermetabolismo non è una teoria campata in aria o il prodotto di una pia illusione. L'ho consigliata a centinaia di persone, e tra tutti ho fatto perdere migliaia di chili in totale, quindi so che funziona. In tutti gli studi in cui ricevo ci sono lunghe liste d'attesa, e certe persone mi mandano perfino a prendere con il loro jet perché vada a casa loro a spiegare in che cosa consiste questa dieta.

Ora sono la *vostra* nutrizionista. Con questo libro vi offro il mio programma. Chiunque desideri dimagrire ed essere più sano e felice può seguirlo, e ottenere risultati rapidi, efficaci e permanenti.

Anni di studio e di esperienza mi hanno insegnato come far scattare in piedi il vostro metabolismo e fargli aprire bene le orecchie, e come convincerlo a darsi una mossa e cominciare a bruciare il grasso che vi tormenta da anni. In queste pagine vi spiegherò che cosa fare perché ciò accada.

Questo non è un libro per chi non ha mai seguito una dieta. È un libro per chi seguirà una dieta per l'ultima volta. Per chi si è accorto che i vecchi trucchi non funzionano più. Per gente cui piace mangiare ma che non ne può più di lottare contro le voglie, la sensazione di affaticamento e la pancia gonfia. Per il dietomane consapevòle che non ce la farà a riprovare con l'ennesima dieta. Se siete prossimi a gettare la spugna e pensate che non ce la farete mai a raggiungere il peso ideale, o che siete destinati a pesare per sempre più di quanto vorreste, questo è il libro che fa per voi. Avete finito di lottare. È ora di volere bene al cibo e di imparare come consumarlo per ottenere un dimagrimento reale e duraturo.

La dieta cronica finisce per logorare il metabolismo. La dieta del Supermetabolismo, invece, lo rimette in moto. Si basa su un semplice presupposto: confonderlo per fargli perdere il controllo. Proprio come facendo esercizio fisico migliorate le prestazioni atletiche del vostro corpo, «allenando» in modo opportuno il metabolismo stimolerete meccanismi che, bruciando, costruendo e riparando, vi permetteranno di ottenere il massimo dai vostri sforzi.

Grazie alla mia *rotazione sistematica di alimenti precisi in giorni specifici e in orari strategici*, l'organismo si trasforma seguendo un ciclo in cui si alternano riposo e ripresa attiva del metabolismo.

L'organismo rimane vigile, nutrito e rivitalizzato finché diventa un autentico bruciagrassi e il peso comincia finalmente a diminuire come avete sempre sognato. Questa dieta è concepita per rendervi più sani e più leggeri.

Mangerete in tre modi diversi ogni settimana, secondo le tre fasi del mio programma. Le fasi si alterneranno per quattro settimane, in modo da coprire ogni possibile scenario biochimico nel ciclo mensile del vostro organismo (questo vale sia per le donne sia per gli uomini). Otterrete dal cibo e dal vostro corpo più di quanto pensavate possibile. Grazie al cibo comincerete a bruciare il grasso corporeo, compreso quello «nascosto», come mai vi è capitato prima. Volete risultati rapidi e duraturi? Allora questa è la dieta che fa per voi.

Quando arriverete alla fine di questo libro avrete imparato come funziona l'organismo e perché reagisce in determinati modi alle vostre azioni. Non dovrete mai digiunare e non vi sentirete mai morire di fame, ma perderete peso.

Non è una vana promessa. Potete riuscirci davvero. L'ho visto fare tante volte, a donne e a uomini giovani e anziani. Ho ideato dei programmi alimentari chiari e precisi che possono essere adattati a ogni genere di soggetto: intolleranti al glutine, vegetariani o vegani e consumatori di carne. È un programma facile da seguire, e a cui è difficile resistere.

Molti clienti scherzano reputandomi troppo ottimista e fiduciosa quando mi raccontano le loro precedenti esperienze di diete, ma io rispondo che possono guarire il loro metabolismo. Poi cominciano a seguire il mio programma e sostengono che è come se avessi acceso un fiammifero dentro di loro.

Adoro dire ai miei clienti, quando escono dal mio studio, che spero tanto di non vederli presto. Poi aggiungo che se seguiranno la mia dieta, l'unica cosa di cui dovranno preoccuparsi sarà di trovare un buon sarto, perché il loro metabolismo si accenderà come un falò, brucerà tutto il grasso in eccesso e la loro linea cambierà drasticamente.

Allora preparatevi a cambiare la vostra vita, il cibo vi aspetta!

Il cibo è l'unica fonte di cui disponiamo per costruire il nostro corpo, per creare un cuore sano, ossa e muscoli forti e una bella pelle, dei bei capelli e delle belle unghie. Il cibo è ciò che alimenta la produzione degli ormoni che regolano tutto nel nostro organismo. Non è semplicemente energia. È vita. È ora di smetterla di avere paura di nutrirsi, ma bisogna imparare a farlo nel modo corretto. Tutto comincia con il bruciare…

ACCENDETE, SI BRUCIA!

Ad alcuni perdere peso sembra una cosa misteriosa, ad altri impossibile, ma in realtà non è così complicato. Non si tratta di calorie, grammi di grasso o carboidrati. Alla gente piace dire che perdere peso è semplicemente una questione di calorie, cioè assumerne meno di quante se ne bruciano. Calorie che entrano, calorie che escono. Personalmente non ci ho mai creduto, e ho visto con i miei occhi che per certe persone non è affatto così. Il punto non è assumere meno calorie, ma bruciarne.

In altre parole, è una questione di metabolismo. Attivatelo, accendetelo come un falò e brucerete tutto ciò che consumate, anche se mangiate tanto. Avete presente quelle persone snelle che mangiano quanto vogliono e non ingrassano mai? Ecco, loro hanno un metabolismo veloce. E avete presente quelli che non mangiano quasi niente eppure hanno sempre addosso dei chili in eccesso? Ecco, loro hanno un metabolismo lento che si è «raffreddato» e non brucia come dovrebbe.

Costipate il vostro metabolismo fino a renderlo una catasta di legna umida e non farà un bel niente per voi. Se buttate scarti e robaccia varia su una pila di ciocchi di legno, otterrete solo un mucchio di legna bagnata e rifiuti ammuffiti. Non potrete mai accendere un fuoco con quella roba. Lo stesso succede quando buttate cibo-spazzatura, zucchero raffinato e tutti quegli alimenti che probabilmente non dovreste introdurre in un organismo con un metabolismo lento. Accumulate grasso su grasso, e sembra che niente bruci.

Ma voi non volete avere grasso in eccesso. Volete essere snelli e muscolosi. Volete energia, ormoni sani, un colesterolo equilibrato, buoni livelli di zucchero nel sangue, e capelli, pelle e unghie belli da guardare. Volete sprizzare salute da tutti i pori, non soffrire. Volete avere un aspetto fantastico sentendovi bene, ma non ne potete più di privazioni.

Nessun problema! Basta «sistemare» la catasta di legna bagnata. Fatela asciugare, aggiungete un po' di ciocchi più piccoli, spruzzatevi sopra un po' di benzina e accendete con un fiammifero. Date fuoco a tutto, fate un bel falò e potrete mangiare come una persona normale, e come non avreste mai creduto di poter fare di nuovo.

Il problema per molte persone, e forse anche per voi, è che se sono sovrappeso e a dieta da una vita per tenere il proprio peso sotto controllo (probabilmente senza riuscirci nemmeno nel lungo periodo), è perché ciò che pensavano li avrebbe aiutati in realtà li sta danneggiando. Seguire una dieta a lungo termine, se non cronica, equivale a gettare acqua sul fuoco del vostro metabolismo, trasformandolo lentamente, anno dopo anno, nella pila di legna bagnata di cui vi ho parlato. Meno mangiate, più il vostro metabolismo si raffredda, e meno riuscirete a mangiare domani.

È esattamente questa la ragione per cui certe persone non riescono a perdere peso, anche se non mangiano molto. La loro fiamma metabolica si è spenta e non riescono a riaccenderla, la legna è bagnata, i rifiuti si sono accumulati e l'intero meccanismo si è inceppato.

Hanno bisogno di una spinta. Hanno bisogno di riaccendersi.

COM'È NATA LA DIETA DEL SUPERMETABOLISMO

Tutto è iniziato con una coppia di pecore. Non sto scherzando! Dovete sapere che sono un'«agricola», nel senso che ho studiato scienze agrarie e ho avuto un'intensa collaborazione con la FFA (Future Farmers of America). Ho un'autentica passione per le scienze, e mi sono laureata non in scienze alimentari, come forse pensavate, ma in scienze animali. È lì che ho cominciato a capire che il cibo si può usare, sistematicamente e deliberatamente, per modellare il proprio corpo nello stesso modo in cui uno scultore plasma un pezzo d'argilla.

Sono sempre stata affascinata da come funzionano le cose, e in particolare da come funziona il nostro corpo. Da ragazzina avevo anche una grande passione per gli animali, e già allora decisi che avrei fatto la veterinaria.

All'università ho seguito un corso di studi fortemente orientato verso le scienze animali, e Temple Grandin, autrice di bestseller come *Gli animali ci rendono umani*, docente di questa disciplina e rinomata consulente in materia di allevamento del bestiame, è stata la mia fonte di ispirazione e il mio mentore. Ho frequentato corsi di allevamento di ovini e bovini, e in particolare di alimentazione del bestiame. Ho lavorato come tecnico di chirurgia veterinaria, e dopo l'università, per prepararmi alla specializzazione in veterinaria, ho fatto un tirocinio sull'alimentazione alla Colorado State University.

Tutte queste esperienze hanno contribuito a offrirmi una prospettiva sorprendente sull'alimentazione, e non solo quella animale. Più cose imparavo, infatti, più mi rendevo conto che alcuni concetti

SIATE CAVALLI DA CORSA

Amo i cavalli. Li monto, li studio e li ammiro. Sono anche convinta che possano insegnarci cose importanti sul metabolismo.

Ci sono cavalli che crescono e riescono perfino a ingrassare consumando una quantità modesta di cibo. Altri, invece, possono anche rimpinzarsi ma fanno fatica a mettere su qualche chilo.

Che cos'è che fa la differenza? Il loro metabolismo. Nelle scienze animali c'è un concetto chiamato «indice di conversione», e corrisponde alla quantità di cibo necessaria per far crescere di un chilogrammo un animale. Come si nutre un manzo per ottenere la migliore marmorizzazione e distribuzione del grasso, e quindi la carne più pregiata? Come si nutre un cavallo per ottimizzare le fibre muscolari a contrazione lenta e a contrazione rapida, renderli più veloci, più forti e resistenti?

L'applicazione di questi principi agli animali, nell'ambito dell'allevamento sia del bestiame sia dei cavalli da corsa, è un business enorme. Quindi perché nessuno sfrutta le preziose informazioni scientifiche che abbiamo ricavato da questi animali e le applica all'aumento di peso e al dimagrimento degli esseri umani? Sarebbe rivoluzionario. Infatti è esattamente quello che sto per fare con voi.

Allora, che cavallo volete essere? Quello che si accontenta di poco eppure ingrassa lo stesso, o quello che pur mangiando rimane agile e tornito? Siete pronti a correre in pista, o pensate di trascinarvi fuori a pascolare?

si potevano applicare anche agli esseri umani; che era possibile studiare una dieta che accelerasse il metabolismo, e quindi la velocità di combustione dei grassi del nostro corpo.

Decisi di concentrarmi sul benessere anziché sulla malattia, così mi domandai: Come potrei aiutare la gente a mantenersi in salute usando le mie conoscenze nell'ambito delle scienze animali? Potrei riuscirci sfruttando il mio passatempo preferito, che è il cibo? Tutto questo mi portò a cambiare il mio orientamento professionale.

Nel 1995 stava guadagnando popolarità la figura del wellness consultant. Per diventare un wellness consultant certificato era necessario completare una serie di corsi scientifici, tra cui anatomia, fisiologia, alimentazione, esercizio fisico e gestione dello stress, nonché ottenere un diploma ufficiale in primo soccorso e rianimazione cardiopolmonare. Sembrava fatto apposta per me, così m'immersi nello studio. Volevo essere in grado di valutare lo stato di salute di una persona e di darle consigli utili e pregnanti riguardo all'alimentazione, l'esercizio fisico e la gestione dello stress.

Ottenni la qualifica ufficiale di wellness consultant specializzata in salute olistica, alimentazione, attività fisica e gestione dello stress, e a quel punto non riuscivo più a smettere d'imparare! Collezionai più di una decina di certificazioni di livello avanzato. Mi piaceva. Avevo trovato la mia vocazione, la mia professione. Cominciai a esercitare privatamente come nutrizionista e wellness consultant, e prima ancora che me ne rendessi conto mi ritrovai con tanti studi pieni di clienti: il mio primo studio, un ambulatorio di assistenza medica integrata a Fort Collins, nel Colorado; poi uno studio molto tranquillo ispirato alla filosofia zen, a Beverly Hills; uno animatissimo a Burbank, a due passi dagli studios della Warner Brothers e della Disney, e del Los Angeles Equestrian Center; e il mio studio più recente a Irvine, in California, dove l'attività si concentra specificamente sull'uso dei miei prodotti per aiutare le persone a perdere peso rapidamente e in modo permanente. (Questi prodotti *non sono indispensabili* per seguire la dieta del Supermetabolismo, ma possono essere utili, se ne avete bisogno.)

Non ho mai pubblicizzato la mia attività, è bastato il passaparola per farla andare a gonfie vele, praticamente fin dall'inizio. Perché? Per il modo particolare in cui uso il cibo per modellare il corpo. Se ottieni dei risultati, la voce si sparge in fretta.

Molte persone arrivano da me su consiglio dei medici che conoscono il mio metodo e sanno che è affidabile. Parecchi hanno problemi di salute cronici come diabete, celiachia, disturbi della tiroide, artrite, patologie cardiache o disturbi ormonali. Molti hanno problemi di fertilità. Tutti hanno bisogno di migliorare le proprie condizioni fisiche per poter guarire più facilmente. Una persona più sana e con un peso corporeo più adeguato guarisce più in fretta. Ma non basta che i miei clienti dicano di sentirsi meglio, perché il miglioramento della loro salute dev'essere dimostrato non solo dalla diminuzione di peso ma anche dagli esiti degli esami di laboratorio: colesterolo, livelli di zucchero nel sangue, pressione. E poiché questo accade, sono sempre più numerose le persone che mi chiedono una consulenza.

Ho sempre privilegiato il rapporto personale con i miei clienti. Cerco di incontrarli tutte le settimane, o almeno una sì e una no, e a mano a mano che migliorano modifico i loro programmi adattandoli alle loro esigenze. Tuttavia, poiché sono diventati sempre di più, a un certo punto è diventato difficile offrire questo tipo di consulto diretto.

Molte persone venivano da posti distanti centinaia, persino migliaia di chilometri, e tante mi chiedevano di andare a casa loro. Spesso le accompagnavo agli appuntamenti con i loro medici, e a volte cucinavo persino con loro (in effetti, è una cosa che faccio ancora adesso). Questo contatto personale mi piace, ma purtroppo di Haylie ce n'è una sola e non possiede il dono dell'ubiquità!

Non potevo essere dappertutto nello stesso momento, e non sempre le persone che desideravano parlare con me avevano la possibilità di venire nei miei studi. Dovevo quindi trovare un modo per «incontrarle» anche quando non potevo farlo fisicamente. Dovevo elaborare un sistema per far perdere peso in modo rapido, efficace, significativo e permanente da poter «spedire» in giro per il mondo al posto mio, così ho raccolto i principi e le tecniche che usavo di persona con i miei clienti e li ho sviluppati in questo libro. L'ho fatto perché chiunque, senza limiti geografici, possa seguire la mia dieta. Una dieta che garantisce risultati rapidi e straordinari.

C'è però una condizione: per ottenere questi risultati dovrete fare come vi dico. Nelle prossime quattro settimane sarete «miei», e questo dovete essere disposti ad accettarlo. Se volete davvero dimagrire, dovete lasciare che sia io a comandare. Dovete affidarvi a me e impegnarvi.

Il cibo può fare molto per voi, ma è necessario che occupi nella vostra vita un posto diverso da quello che probabilmente ha avuto finora. Il cibo dovrà vestire un abito nuovo. È un vostro strumento, non una fonte di intrattenimento. È non è affatto un nemico. È al vostro servizio, e voi siete i suoi padroni. Lo farete lavorare per voi, e lavorare sodo. In ventotto giorni noterete una profonda differenza.

Mi dicono che so essere dura. Dispotica, se necessario. In ogni caso, se sarò inflessibile con voi non sarà per divertirmi. Non sarò una di quelle che vi incoraggiano a cambiare vita indicandovi vaghe linee guida. Al contrario, vi mostrerò *esattamente che cosa fare*. Questo è un libro d'azione, non di teoria. Il programma che vi propongo vi nutrirà, sia fisicamente sia emotivamente. Vi darà energia, vi procurerà tantissimi complimenti, e soprattutto cambierà il vostro stato di salute.

Certo, posso essere dura quando si tratta del programma, ma solo per il vostro bene. Mi state a cuore. E ho a cuore la vostra vita e la vostra salute. Sono qui per aiutarvi. Per seguire la dieta del Supermetabolismo non è necessario contare le calorie, i grammi di grasso o altro. Volete perdere peso, non fare esercizi di matematica, giusto? L'unica cosa che dovrete fare è mangiare, mangiare del buon cibo, cibo vero e gustoso, nell'ordine e nel modo in cui vi dirò di farlo. Datemi quattro settimane e trasformerò il vostro metabolismo in un fuoco ardente.

CI SONO PASSATA ANCH'IO, E SO COM'È

Nel caso foste ancora lì a chiedervi se correre il rischio e fidarvi del mio metodo, lasciate che vi rassicuri. Vi capisco. So che cosa vuol dire essere sovrappeso e sentirsi stanchi, frustrati e disillusi, a un passo dal gettare la spugna. L'ho sperimentato in prima persona. E so anche che cosa significhi lottare con le emozioni e cercare consolazione nel cibo. So che cosa sia passare attraverso un divorzio o essere una madre single. So che cosa vuol dire cercare di dimagrire quando ci si trova in condizioni di stress, in cui ci si sente male, confusi e smarriti. E so anche che cosa vuol dire stare meglio, dimagrire, guarire, avere speranza e trovare la propria strada. L'ho percorsa tutta, quella strada. E ho fatto il mio dovere.

Ho la fissa dell'informazione. Ho passato anni a leggere libri di endocrinologia, a partecipare a seminari avanzati di medicina, a documentarmi su ormoni e immunologia, allergie alimentari e medicina erboristica. Se un cliente vuole indicazioni su che acqua bere, vado a seguire un seminario sull'acqua per potergli dare la risposta giusta.

Negli anni mi sono creata una rete di specialisti a cui so di potermi rivolgere con fiducia in caso di necessità, professionisti che lavorano nei migliori ospedali americani ed europei. Quando vi dico che una certa cosa può aiutarvi, non è perché lo penso io e basta, ma perché la scienza dice che è *vera*.

Una volta una mia cara amica mi ha chiesto perché vado sempre oltre i miei semplici doveri professionali. Scherzando, le ho risposto che ho trovato un mestiere che mi permette di dare sfogo alla mia ossessione per il perché delle cose. In realtà, lo faccio per voi. Mi stanno a cuore i vostri risultati e mi interessa davvero che riusciate a introdurre cambiamenti positivi nella vostra vita. Voglio che ciascuna delle persone che si affida a me sia felice, sana e soddisfatta di sé, e voglio che anche voi lo siate.

Con questo libro vorrei farvi diventare esperti del vostro metabolismo. Vorrei che vi rendeste conto di come ciò che fate per riequilibrare i componenti chimici del vostro organismo e accelerare il metabolismo influisca sulla vostra salute. I cibi agiscono in diversi modi nel corpo. Alcuni costruiscono tessuto muscolare, altri contribuiscono a immagazzinare grasso o ad aumentare gli zuccheri nel sangue. E alcuni forniscono energia immediata. La dieta del Supermetabolismo altera e potenzia il vostro metabolismo ricorrendo a specifici cibi funzionali combinati in varie fasi allo scopo di stimolare precise modificazioni fisiologiche nel vostro organismo.

Durante ciascuna fase vi renderete conto di *percepire* davvero questi cambiamenti nel vostro corpo. E quando arriverete alla fine, vi accorgerete, in modo molto reale e tangibile, che il vostro corpo reagisce ai cibi e il vostro metabolismo può essere alimentato, anziché intasato e ridotto all'impotenza.

Questa è una dieta ricca di piacere, non di privazioni. Voglio mettervi su una strada nuova, rivitalizzare il vostro metabolismo esaurito, portarvi a godere di nuovo del cibo, non ad averne paura, a negarvelo o a concedervene solo minuscole porzioni. La dieta del Supermetabolismo non prevede gli effetti collaterali sgradevoli delle solite diete. Non patirete la fame! Darete un bello scossone al vostro metabolismo, e glielo darete nel modo giusto, così da migliorare il vostro rapporto grasso-muscoli, godervi la sensazione meravigliosa di un corpo più sano e pieno d'energia e senza rinunciare al buon cibo!

Perciò venite con me e godetevi l'esperienza. Sarà entusiasmante per voi ma anche per me. Seguite le regole e sentirete levarsi le fiamme del vostro metabolismo. Non sarete i primi a fidarvi della mia dieta. L'hanno fatto e lo fanno personaggi famosi, atleti, attori, rock star, e anche persone affette da patologie croniche. Ma soprattutto medici, quindi potete fidarvi anche voi.

Benvenuti nel mio studio, allora. Accomodatevi. Sarò la vostra nutrizionista personale per quattro settimane, dopo le quali spero di incontrarvi e sentirvi molto di meno.

Conoscere
il proprio metabolismo

CAPITOLO I

Come siamo arrivati qui?

OGGI chiediamo ai nostri corpi più di quanto abbiamo preteso in qualsiasi altro periodo della storia. Chiediamo loro di vivere alimentandosi con un cibo che, per la presenza di additivi chimici, conservanti e altre sostanze impiegate nella lavorazione, è di una qualità che non è mai stata così bassa. Ci ingozziamo di zuccheri e dolcificanti artificiali, derivati del latte zeppi di ormoni e alimenti come grano, mais e soia così geneticamente modificati che digerirli è di per sé un'impresa. Viviamo in un mondo in cui il terreno è impoverito, l'aria è inquinata e l'acqua è zeppa di sostanze chimiche presenti nell'ambiente. Mangiamo e beviamo da contenitori di plastica che rilasciano ulteriori sostanze chimiche nei nostri cibi e nelle nostre bevande. Inoltre, conviviamo con livelli di stress altissimi, spesso devastanti. È ovvio che non ci sentiamo alla grande! Siamo sempre stanchi, ci ammaliamo troppo spesso e forse abbiamo preso qualche chilo di troppo (magari anche più di «qualche»).

Ogni giorno incontro persone che hanno bisogno di un cambiamento nella propria vita. Alcune sono malate, altre non lo sono ancora, ma stanno andando in quella direzione. Tutti hanno bisogno di dimagrire un po', in modo che il loro corpo possa funzionare meglio. E hanno bisogno di farlo subito. È urgente. Hanno la sensazione di sprecare tempo prezioso, quando invece potrebbero (e potreste anche voi) sentirsi in salute, pieni d'energia, forti e vivi.

Dovete smetterla di preoccuparvi del cibo e del grasso, e di quello che vi dice la bilancia al mattino. Magari in passato siete riusciti a perdere un bel po' di chili – 10, 20, 25 o anche di più –, ma adesso quel peso lentamente e subdolamente sta tornando, e siete nel panico. O forse siete semplicemente stanchi di stare a dieta, tanto da immaginare che esista, contro ogni speranza, un sistema migliore per dimagrire, un sistema che vi permetta di *mangiare di nuovo*.

Mi dispiace che nessuno vi abbia mai spiegato davvero come funziona il vostro corpo con il cibo, e che se ingrassate la colpa non è vostra, ma della chimica del vostro organismo. Mi dispiace che lo stress vi abbia risucchiati in un circolo vizioso da cui non riuscite a venire fuori, e che il vostro stato di salute e il vostro aspetto vi suscitino rabbia, depressione o persino paura. Io vi mostrerò un'altra strada.

I cibi che mangiate e il modo in cui scegliete di vivere dovrebbero essere per voi fonte di forza ed energia, non di affaticamento, obesità, malessere, disperazione o addirittura disprezzo per voi stessi. Gli studi dimostrano che, una volta rallentato, il ritmo metabolico non torna facilmente alla normalità, nemmeno dopo che avrete ripreso un'alimentazione regolare.

Quando vi riducete alla fame, il vostro corpo si adatta a vivere con meno calorie rallentando il vostro metabolismo. Ciò significa che ogni volta che non rispettate la dieta è molto probabile che ingrassiate. Sembrerebbe che il vostro corpo cerchi vendetta, in realtà sta semplicemente tentando di salvaguardarvi da una futura riduzione di cibo.

Quando siete sotto stress, il vostro organismo secerne degli ormoni che gli indicano di immagazzinare grasso e bruciare tessuto muscolare. Quando siete zeppi di sostanze chimiche, pesticidi e inquinanti, l'organismo crea nuove cellule grasse per alloggiare queste tossine, in modo che non vi avveleniate e non vi ammaliate. E quando consumate cibi privi di nutrienti o farciti di coloranti, aromi e dolcificanti artificiali, il corpo fa del suo meglio per sopravvivere a queste sostanze estranee, rallentando il metabolismo per ridurre al minimo il danno. Nel mondo in cui viviamo, quindi, rischiamo tutti di subire un rallentamento del metabolismo.

Vogliamo cambiare tutto questo. È ora di lasciarsi alle spalle il senso di colpa, il rimorso e il disprezzo di sé e di incamminarsi verso il futuro. È questo il grande cambiamento di cui ha bisogno il vostro corpo, un cambiamento che darà vita a una nuova e più sana versione di voi stessi. La persona nuova che sarete vedrà il cibo come uno strumento per riparare i danni e ripristinare la salute. Amerà la frutta, i cereali, le proteine e i grassi sani. Saprà come reagisce il corpo a particolari cibi e a un modo di mangiare strategico, e avrà tutte le risorse per perdere peso sempre.

Scopriremo il vostro nuovo voi, e lo faremo adesso. Ci vorrà un po' di lavoro, ma non è niente che non siate in grado di fare. Non vi chiederò di patire la fame, questo non dovrete farlo mai più. Probabilmente è proprio perché l'avete fatto in passato che ora vi ritrovate nei pasticci. Quindi tracciamo una bella linea a terra: niente dovrà più essere come prima. Se il cibo è stato vostro nemico in passato, d'ora in avanti non lo sarà più. State per entrare nel vostro futuro, nel quale il cibo sarà la vostra medicina. Una medicina di cui avete bisogno anche se siete sovrappeso di soli 5 o 10 chili. In questa nuova dimensione dovete imparare tre cose: *allentare* la tensione, *sbloccare* il grasso e *liberare* il vostro metabolismo.

Nessuno proverebbe mai a riparare un'auto senza sapere com'è fatta o come funziona, e così dev'essere anche per quello straordinario capolavoro biologico che è l'essere umano. Quindi per prima cosa vediamo che cos'è e come funziona il metabolismo, poi analizzeremo una serie di convinzioni errate sul cibo e sul dimagrimento che probabilmente vi hanno ostacolati in passato.

CHE COS'È IL METABOLISMO?

Ma che cos'è il metabolismo? È un processo, e consiste in una serie di reazioni chimiche che avvengono nelle cellule di tutti gli organismi viventi allo scopo di mantenerli in vita. Modifica o trasforma il cibo in calore e combustibile o sostanza (tessuto muscolare, grasso, sangue, tessuto osseo). Il metabolismo è costantemente all'opera per bruciare, immagazzinare o costruire.

Avete un metabolismo perché siete vivi, e la vita richiede energia. Tutti abbiamo bisogno di energia per sopravvivere – respirare, muoverci, pensare, reagire –, e questa energia possiamo ricavarla solo consumando e metabolizzando (o trasformando) cibo. Abbiamo bisogno di combustibile e di sostanza. Un metabolismo sano e funzionante ci consente di avere a disposizione l'esatta quantità di energia necessaria per le nostre azioni, una quantità adeguata di energia di riserva e una struttura (il corpo) forte ed equilibrata.

IL FALÒ INTERNO

Prima di andare al cuore della dieta del Supermetabolismo, proviamo a capire per quale motivo il vostro metabolismo potrebbe avere rallentato, e perché per voi perdere peso è diventato così difficile.

Ricordate, il metabolismo è il sistema che il vostro corpo usa per gestire l'energia proveniente dal cibo che consumate. La incanala in varie direzioni a seconda di ciò che mangiate e di ciò che fate. Il bello del vostro metabolismo è che può essere manipolato, perché il modo in cui mangiate, vi muovete e vivete in generale influisce sulla quantità di cibo che viene immagazzinata nel vostro organismo sotto forma di grasso, su quanta ne viene trasformata in energia e quanta ne viene usata per costruire quella struttura che è il vostro corpo.

Ho imparato il concetto di manipolazione studiando le scienze animali. L'industria del bestiame usa le conoscenze in materia di energia, immagazzinamento e struttura fornite dalle scienze animali per creare capi di bestiame perfettamente proporzionati da vendere sul mercato come cibo e ricavarne enormi profitti.

Il rovescio della medaglia è che il metabolismo può anche mettervi nei guai, se lo manipolate creando un corpo che non volete. Le diete, i cibi privi di nutrienti e uno stress eccessivo rallentano il metabolismo anziché accelerarlo. Ingrassare, convivere con una costante sensazione di malessere generale e persino ammalarsi di una malattia cronica sono tutti meccanismi a cui il corpo ricorre per far fronte alle nostre azioni o all'ambiente in cui viviamo. La vostra pancia o il vostro sedere potrebbero essere più grossi di quanto dovrebbero a causa dell'ecosistema ambientale, emotivo e biochimico in cui sono inseriti.

> **DATO DI FATTO**
> Il metabolismo rispecchia il vostro stile di vita poiché crea un corpo in grado di sopravvivere alle condizioni cui è sottoposto.

I SEGRETI DELLA T3 E DELLA RT3

Una ragione per cui le diete croniche rallentano il metabolismo è che riducono il corpo alla fame. Questo sottopone a una sollecitazione eccessiva le ghiandole surrenali, le quali a loro volta inducono nell'organismo una serie di reazioni chimiche che bloccano la normale produzione dell'ormone tiroideo necessario alla combustione dei grassi (triiodotironina, o T3) e fanno invece aumentare la produzione di un tipo di ormone tiroideo diverso che favorisce l'immagazzinamento del grasso (triiodotironina inversa, o RT3).

Ho semplificato parecchio, ma in sostanza l'ormone RT3 intercetta gli ormoni recettori disseminati nel corpo – specialmente nell'addome, nelle cosce e nel sedere –, un po' come un portiere difende la porta dal pallone. Di conseguenza, l'ormone T3 non riesce a entrare e a bruciare il grasso come dovrebbe.

L'RT3 è un ormone indispensabile. Se non ce l'avessimo, dovremmo mangiare ogni due ore, altrimenti moriremmo. Viene secreto per comunicare all'organismo di non bruciare troppo in fretta quelle 500 calorie fornite dalla colazione o dal pranzo. Dice al corpo: «Attenzione, potrebbero essere le uniche che ti arrivano». Oppure: «Non bruciare tutto il pranzo subito, potresti non avere più niente con cui sostentarti fino alle due del pomeriggio di domani!» È un po' come se vi dicessero che avete a disposizione quattro tazze di riso e due di fagioli per un mese. Ovviamente, razionereste quel cibo in modo da poter sopravvivere, non lo mangereste tutto il primo giorno. Questo è ciò che «vede» l'RT3 quando siete troppo stressati e non mangiate abbastanza: quattro tazze di riso e due di fagioli.

Quando produce troppa RT3, l'organismo comincia a immagazzinare grasso anziché bruciarlo, anche se ne abbiamo già una bella scorta. Come abbiamo visto, l'RT3 si comporta con la T3 come un portiere davanti alla porta. Il vostro cervello, però, registra la presenza di una grande quantità di ormoni tiroidei, non importa di che tipo, e ne riduce la produzione in generale. Al che il vostro metabolismo rallenta e cominciate a immagazzinare tutto ciò che mangiate, anche i cibi sani, sotto forma di grasso.

L'unico sistema per invertire questo processo è ridare una bella spinta al metabolismo, e il modo migliore per farlo è liberarsi delle vecchie ed errate convinzioni in materia di cibo.

Prima di tutto faremo piazza pulita di alcuni miti del metabolismo che intralciano il vostro il cammino, e nel prossimo capitolo parleremo dei cinque fattori chiave del dimagrimento che metteremo a punto con la nostra dieta. Dopodiché passeremo alla parte più ghiotta: il cibo!

MITO METABOLICO N. I: SE RIUSCISTE A MANGIARE DI MENO, ALLA FINE DIMAGRIRESTE

Una delle principali convinzioni errate che sento esprimere dai miei clienti è che se riuscissero a mangiare di meno, probabilmente dimagrirebbero. In realtà è esattamente il contrario. Non sapete quanti dei miei clienti sovrappeso vengono da me e mi dicono che assumono non più di 1.200-1.400 calorie al giorno, e spesso facendo anche attività fisica quasi ogni giorno della settimana. Ma nonostante questo, non riescono a perdere peso. Mi dicono: «Giuro, è tutto quel che mangio!» o «Dico davvero!» neanche avessi intenzione di mandarli dal preside perché hanno falsificato il diario alimentare.

Credo a quello che dicono. Sì, perché mangiare di meno in realtà peggiora la situazione! Quando il vostro metabolismo è troppo lento, immagazzinate persino l'insalata come grasso, e sicuramente non ne bruciate un milligrammo.

Un giorno ho spiegato a una mia cliente che a causa del modo in cui il sistema ormonale (o apparato endocrino) del suo organismo stava rispondendo, anche i carboidrati contenuti nelle ottime insalate che mangiava venivano utilizzati come veicolo per imma-

DATO DI FATTO

Ridurvi alla fame fa molto male ai vostri muscoli. Avete presente quella sensazione che provate quando avete fame ma non mangiate? A un certo punto la fame vi passa, giusto? Sì, ma non perché avete mangiato, bensì perché il vostro corpo si è «pappato» i suoi stessi tessuti per trovare il combustibile di cui aveva bisogno.

Questo andrebbe bene se il corpo esercitasse il suo cannibalismo sul grasso in eccesso accumulato nei punti in cui non vorreste ci fosse. Purtroppo, però, le cose non vanno così. Prima di tutto il corpo si accanisce sui muscoli. Poiché il grasso è immagazzinato per eventuali situazioni d'emergenza, il corpo ritiene che per fare uno spuntino sia meglio il vostro tessuto muscolare, e allora si fa un bel panino di bicipite!

Praticamente, il muscolo è considerato più sacrificabile. Il vostro corpo sceglie quella che per lui è la soluzione migliore per mantenervi in vita, ma il risultato può essere devastante, se uno sta cercando di dimagrire e allo stesso tempo di mettere su massa muscolare. Non sarebbe meglio farsi uno spuntino?

gazzinare grasso. Sconvolgente e ingiusto, vero? Eppure, anche i cibi più salutari possono fare questo, se il vostro sistema metabolico ha bisogno di una sistemata.

La mia cliente era convinta di fare la cosa giusta mangiando molta lattuga, ma stando a dieta da anni (oltre che a causa dei prodotti dietetici che assumeva, dello stress, delle abitudini alimentari irregolari e di un programma di attività fisica esagerato), era diventata talmente resistente ai carboidrati che persino quelli contenuti nella lattuga trovavano il modo d'infiltrarsi nel suo organismo, dove venivano trasformati in zuccheri e immagazzinati come grasso anziché essere metabolizzati. Pazzesco!

Ho anche dei clienti che saltano la colazione, non mangiano fino alle due del pomeriggio e poi, tra quell'ora e il momento di andare a letto consumano 4.500 calorie. Quando si decidono a mangiare, i loro corpi sono ormai entrati in «modalità fame», e sono inferociti perché sono rimasti a lungo senza cibo. Allora vanno nel panico e non riescono a smettere di mangiare, e sono fortunati se 4.500 calorie bastano a placare la fame.

Perché il corpo reagisce in modo così aggressivo? Quando non mangiate fino al pomeriggio, lo costringete a svegliarsi, fare la doccia, vestirsi, pensare, guidare, lavorare e magari fare anche attività fisica *senza un goccio di carburante*. È un'autentica crudeltà! E sapete che cos'altro succede quando non fornite al vostro corpo il carburante di cui ha bisogno? Riesce ugualmente a trovare del cibo dentro di sé, e precisamente nel tessuto muscolare: per questo non crollate morti stecchiti. È stato dimostrato che un corpo ridotto alla fame cerca il combustibile prima di tutto nei muscoli, non nel grasso. Quindi se non lo nutrite, il vostro corpo «mangerà» i propri muscoli per continuare a vivere.

Alla luce di tutto questo, ritenete ancora che valga la pena saltare i pasti? Volete davvero temere di mangiare persino la lattuga, o peggio nutrirvi solo con quella per il resto della vostra vita?

MITO METABOLICO N. 2: SE UNA COSA
VI PIACE MOLTO, VUOL DIRE CHE VI FARÀ MALE
O VI FARÀ INGRASSARE

Troppo spesso stare a dieta significa trattenersi, limitare le porzioni, evitare particolari tipi di cibo, ridurre il numero dei pasti o modificarne gli orari. Quasi nessuna delle persone obese, vittime di diete estreme, riesce a godersi il cibo che mangia. Consumano pasti insipidi, noiosi e ripetitivi a base di alimenti che spesso, come nel caso dei cosiddetti cibi dietetici, sono privi dei nutrienti capaci di stimolare il rilascio delle endorfine, cioè gli ormoni del benessere che contribuiscono a farci sentire appagati e vitali. Queste persone non solo sono costantemente affamate, ma anche stanche e depresse. Stare a dieta può essere un'esperienza terribilmente alienante.

La vita è meno bella senza il buon cibo. Mangiare in quel modo è limitativo, monotono e sicuramente inefficace, perché sconvolge il vostro naturale sistema di percezione degli alimenti. Un altro effetto positivo della dieta del Supermetabolismo sarà infatti quello di stimolare tutti i vostri sensi per far ripartire il metabolismo, recuperare il gusto della socialità e creare una comunità intorno al vostro nuovo modo di mangiare. Il piacere è una sensazione potente che stimola il rilascio delle endorfine, riduce gli ormoni dello stress, migliora il metabolismo e aiuta a bruciare i grassi!

Personalmente, l'idea di vivere mangiando solo petto di pollo e verdure bollite, *e di ingrassare lo stesso*, mi sembra una tortura. Se proprio dovessi morire da grassona, vorrei almeno che fosse una fine gloriosa, con una cheesecake in una mano e un gelato nell'altra! E anche voi potrete gustarvi cheesecake e gelato, se darete un bello scrollone al vostro metabolismo, così che riprenda a bruciare come dovrebbe.

Quando non mangiate abbastanza, il corpo si preoccupa subito di conservare le riserve di grasso, e allora crea altro grasso da qualsiasi cosa mangiate, rilasciando speciali ormoni della fame (gli antipatici RT3) che vengono liberati solo in caso d'emergenza e che bloccano la combustione dei grassi. Quando mangiate grandi quantità di cibo ricco di nutrienti in modo corretto, il corpo si rilassa perché capisce che l'emergenza è passata, e allora ricomincia a bruciare i grassi, cheesecake compresa.

IL PIACERE: UNO STIMOLATORE NATURALE DEL METABOLISMO

Lo stress provoca un rallentamento del metabolismo: l'organismo sotto stress registra una situazione d'emergenza e reagisce impostandosi sulla modalità «immagazzinare grassi». Lo stress può inoltre causare un aumento del livello di cortisolo e una riduzione dell'effetto degli ormoni tiroidei sul metabolismo. Il piacere, invece, ha l'effetto opposto. Quando godete del cibo che mangiate, collaborate efficacemente con la natura per accelerare il metabolismo. Non solo: non avete bisogno di mangiare più del necessario.

Il piacere stimola il metabolismo inducendo le ghiandole surrenali a produrre endorfine. A loro volta le endorfine, i messaggeri liberati dal sistema nervoso centrale per trasmettere una sensazione di benessere, stimolano il cervello a produrre serotonina, l'«ormone del buonumore», che a sua volta stimola la tiroide a produrre l'ormone che brucia il grasso: quando si dice reazione a catena...

Il piacere è all'origine di una straordinaria cascata di eventi che abbassa i livelli della leptina, un ormone che fa sentire la fame. Dopo avere fatto sesso, per esempio, i vostri livelli di leptina sono al minimo. Trarre piacere dal cibo può avere lo stesso, identico effetto. Quando vi godete quello che mangiate, ottenete un duplice esito benefico: vi sentite appagati e sazi.

Quando vi affrancate dal senso di colpa e dal disprezzo per voi stessi e vi godete il cibo, accade una cosa ancora più straordinaria: cominciate a volervi più bene. Il piacere, la gioia e l'entusiasmo per il cibo si trasformano in piacere, gioia ed entusiasmo per le scelte che fate in materia di alimentazione e di vita in generale.

Non molto tempo fa un mio cliente mi ha mandato questo messaggio: «È stata una serata piacevole ed eccitante! Spero che tutto questo possa stimolare la mia tiroide a bruciare il tiramisù che ho mangiato con tanto gusto! Domattina le farò sapere quanto peso».

Quindi avete due possibilità. Potete decidere di stare sempre a dieta, assumere 1.200 misere calorie al giorno e dire addio *per il resto della vostra vita* all'idea di fare una bella grigliata. Eh sì, perché se mai sgarrerete sarà un disastro, in un attimo vi ritroverete di nuovo grassi. È così. L'ho visto accadere parecchie volte. Oppure potete

PROFILO DEL DIETOMANE

Emery, una mia cliente, è la tipica dietomane. È un'insegnante delle scuole elementari, e quando venne da me era quasi 15 chili sovrappeso. Aveva provato praticamente di tutto: Weight Watchers, diete ipocaloriche, diete iperproteiche e altre ancora. Sapeva perfettamente come si fa una dieta. Conosceva tutti i trucchi. Tuttavia, con il passare degli anni i metodi che usava per perdere peso avevano smesso di funzionare.

Seguiva una dieta a basso contenuto calorico, ma l'aveva buttata talmente giù che non le dava il minimo piacere, e soprattutto aveva soffocato il suo metabolismo al punto che Emery non riusciva più a perdere peso. Mangiava petto di pollo lesso rigorosamente senza pelle e broccoli, assumeva all'incirca 1.200 calorie al giorno e non mangiava mai fuori pasto, eppure era ancora parecchio sovrappeso e non riusciva a perdere un grammo.

La feci accomodare e le dissi che aveva bisogno di seguire il mio programma di quattro settimane, secondo il quale avrebbe mangiato cinque volte al giorno e avrebbe consumato solo i cibi che le avrei indicato, nelle ore e nell'ordine specificati.

Quando guardò il programma alimentare che avevo preparato per lei, sbarrò gli occhi e mi fissò con aria terrorizzata: «Se mangio tutta questa roba prenderò 10 chili in quattro settimane!» esclamò. «Non posso assolutamente mangiare così tanto.»

Le dissi che se fosse aumentata di 10 chili sarei andata a casa sua a cucinare per lei e le avrei riempito il frigorifero tutti i giorni. Accettò la sfida. In ogni caso, sarebbe stata lei a guadagnarci.

Oggi Emery pesa 13 chili di meno, e ancora non riesce a crederci. L'ultima volta che l'ho vista mi ha detto: «È pazzesco! Non riesco a capire che cosa mi sia successo!» Ma io lo so. Ha semplicemente lasciato che il cibo lavorasse per lei, non *contro* di lei.

decidere di riavviare il vostro metabolismo e vivere all'insegna del metabolismo veloce. In altre parole, fare la fame (stare sempre a dieta) non va bene. Mangiare, invece, va bene e fa bene. Ricordate ancora che cosa significa mangiare, vero? Nutrirsi di cibi sani senza nessun senso di colpa? Non vi suona nessun campanello in testa? È la cosa più importante che vorrei ricordaste.

Ripetete con me: mangiare va bene, mangiare fa bene.

MITO METABOLICO N. 3: PERDERE PESO È UNA QUESTIONE DI CALORIE ASSIMILATE E CALORIE BRUCIATE

Se siete a dieta e state facendo la fame da anni, l'idea che mangiare va bene potrebbe ancora non convincervi del tutto. Ma aspettate: ho un'altra notizia sconvolgente.

Le calorie sono una bugia. Ecco come reagiscono le persone quando me lo sentono dire: «Come può fare la nutrizionista e non credere nelle calorie?»

In verità faccio la nutrizionista da tanto tempo proprio perché non ci credo! All'inizio i miei clienti sono spiazzati e increduli, ma non mi occorre molto per convincerli. Quando si rendono conto che in realtà i loro problemi non sono causati dalle calorie e che non devono più contarle (dato che non sono reali), è come se uscissero di prigione.

A quale dietomane non piacerebbe vivere in un mondo in cui le calorie non esistono? Beh, voi *vivete* in un mondo così.

Forse pensate che sia pazza, e magari vi arrabbiate sentendomi fare certe affermazioni (non sareste i primi), ma è così. Preferisco credere che Babbo Natale e la Befana facciano regolarmente jogging insieme fuori stagione piuttosto che un petto di pollo o un biscotto o un sandwich al tonno abbiano, diciamo, 200 calorie. È come dire che un atleta e mia nonna di novant'anni anni spendono la stessa energia per sollevare 20 chili.

Ovviamente non è così. È un'idea assurda. Come lo è l'idea che una tazza di popcorn cotti nell'olio abbia 55 calorie o due fette di pizza ai peperoni ne abbiano 420.

Una delle maggiori e più diffuse convinzioni errate della nostra epoca è che dimagrire sia semplicemente una questione di calorie che entrano e calorie che escono. Sembra logico, ma non è affatto vero. La teoria calorie in entrata-calorie in uscita è un'enorme, grossolana e ingannevole semplificazione del modo in cui il corpo usa l'energia. E secondo me è anche un persuasivo strumento di marketing sfruttato dalle aziende per promuovere cibi affatto salutari o addirittura dannosi.

Una caloria, nel senso in cui viene intesa nell'industria alimentare, è in realtà una kilocaloria (kcal), ovvero 1.000 calorie, unità di misura utilizzata in chimica (la chiamiamo caloria per semplice convenzione). Una caloria è la quantità di energia necessaria per aumentare di 1 grado Celsius la temperatura di 1 chilogrammo d'acqua, quando il cibo è sigillato e ridotto in cenere in un contenitore immerso nell'acqua.

A scuola e nella pratica clinica non sono mai riuscita a convincermi dell'idea che le calorie si dovessero considerare come palline o molecole che, messe insieme, formano il cibo. Non è così. Una caloria non è un oggetto. Che cosa c'entra con voi e con il vostro corpo del cibo polverizzato e sigillato in un contenitore immerso nell'acqua? Assolutamente nulla!

Una caloria è semplicemente energia. In un cibo che non è ancora stato ridotto in cenere (o mangiato) è potenziale energia. Fuori dei laboratori questa potenziale energia, o «caloria», ha davvero poco a che fare con un esperimento di combustione del cibo.

Nel mondo reale le calorie sono soggette a milioni di variabili, dato che ogni persona ha un corpo e una composizione biochimica unici. Quindi una caloria non sarà per voi la stessa cosa che è per un altro. Ciò che conta davvero, molto più del numero di astratte «calorie» che consumate o non consumate, è il modo in cui bruciate il cibo, o distribuite l'energia, una volta che entra nel vostro corpo.

Nel mondo reale, in un corpo umano reale, una caloria è semplicemente energia potenziale, e una persona potrebbe ingrassare sia con 1.400 sia con 2.400 calorie al giorno, ma con le stesse calorie potrebbe anche dimagrire: tutto dipende da ciò che il corpo fa con la potenziale energia che si ritrova a disposizione. Se quelle calorie le brucia come carburante, allora puf! sono state usate e non ci sono più. Se invece le immagazzina come grasso, le calorie si depositano sui fianchi, sulla pancia o sul sedere, e se ne stanno lì tranquille in attesa di essere utilizzate. L'idea che 200 calorie siano la stessa cosa per voi e per me è assurda. Allora perché preoccuparsi delle calorie? È fuorviante e deprimente, e mi manda fuori dei gangheri.

Il corpo umano è una complessa combinazione di milioni di processi chimici interconnessi, ciascuno potenzialmente in grado di influire su quanto accade al cibo che mangiate e all'energia che impiegate, nonché sul modo in cui il cibo interagisce con le fibre muscolari che acquisite o perdete, e con le cellule grasse che accumulate o di cui vi sbarazzate.

Provate a pensarla così. Immaginate di dover spostare un'automobile, che essendo molto pesante è piuttosto difficile da muovere. Se però vi do la chiave o vi mando un carro attrezzi, tutto diventa più facile. Ma se non avete la chiave né il carro attrezzi e il freno a mano dell'auto è tirato, probabilmente l'auto rimarrà lì dov'è.

Bruciare «calorie» è qualcosa di simile. Immaginate di dover bruciare 100 astratte calorie. Se il vostro metabolismo non funziona a dovere, è come non avere la chiave o il carro attrezzi per spostare l'auto. Bruciare 100 calorie diventa quindi difficilissimo, se non impossibile. È un po' come spingere un'auto in salita con il freno a mano tirato. Se invece avete la chiave, cioè un metabolismo veloce alimentato da cibo ricco di nutrienti, bruciarle diventa un gioco da ragazzi. Basta girare la chiave e partire.

Questo non significa che una persona con un metabolismo veloce potrebbe assumere regolarmente 8.000 calorie al giorno (a meno che non sia un nuotatore olimpionico), ma che quando vi capiterà di avere una giornata particolarmente calorica, il vostro corpo sarà pronto a bruciarne buona parte.

È importante che il vostro fuoco metabolico sia sempre acceso, nel caso vi capitasse d'incappare in una supercoppa di gelato alla crema con una magnifica colata di salsa di cioccolato...

A QUALE VELOCITÀ BRUCIATE?

Quello che davvero è indicativo di che cosa accade al vostro corpo quando mangiate non sono le calorie, ma la *velocità a cui bruciate*, cioè il vostro metabolismo.

Come ho già detto, è il vostro metabolismo a decidere che cosa fare del cibo che consumate, cioè se bruciarlo, usarlo per costruire la struttura del vostro corpo, immagazzinarlo nel fegato sotto forma di glicogeno da poter utilizzare rapidamente oppure trattenerlo come grasso in vari punti del vostro corpo (sapete quali intendo: sedere, cosce, pancia eccetera).

La velocità a cui bruciate dipende da una miriade di fattori diversi che non hanno niente a che vedere con il numero di calorie del cibo prescelto. Avete una gamba rotta e il vostro corpo ha bisogno di energia per ripararsi? Avete dormito bene ieri notte? Sono quattro giorni che non andate di corpo? Siete disidratati? Vi siete scollati dalla sedia della vostra scrivania nelle ultime sette ore?

Tutto questo influisce sul modo in cui utilizzate le calorie. Importanti sono anche la densità di nutrienti e il tipo di cibo che consumate, gli orari e il modo in cui mangiate, nonché il vostro

DATO DI FATTO

Le calorie vuote creano promesse vuote. Non fanno nulla per il vostro metabolismo. Le calorie dense di nutrienti, invece, lo rivitalizzano. Non preoccupatevi delle calorie: piuttosto, state attenti al contenuto dei cibi che scegliete di consumare.

livello di stress, la quantità di attività fisica che fate e la composizione del vostro corpo, cioè il rapporto muscoli-grasso. Non c'è modo di ridurre tutto questo a un numero.

MITO METABOLICO N. 4: I DOLCI FANNO INGRASSARE

Non incolpate il povero, squisito cioccolato, né il gelato, le torte di compleanno o i biscotti, se il vostro metabolismo è in stallo. I dolci servono a fare festa! Se li consumate occasionalmente e avete un metabolismo veloce, potete mangiarli senza il minimo senso di colpa. Se invece il vostro metabolismo è lento, vi si appiccicano addosso come qualsiasi altra cosa mangiate. Aggiungetevi il senso di colpa ed ecco che lo stress aumenta, e così il rilascio di ormoni responsabili dell'immagazzinamento del grasso. Alla fine avrete peggiorato la situazione da tutti i punti di vista.

Ripeto sempre ai miei clienti che il senso di colpa fa ingrassare quanto un sacchetto di ciccioli di maiale. Se avete voglia di un dolce, mangiatevelo perché volete farlo e godetevelo, ma soprattutto niente stress. Se non ci riuscite, lasciate perdere. Non vale il prezzo che pagherete dopo.

VERITÀ METABOLICA N. 1: PER DIMAGRIRE DOVETE FARE PACE CON IL CIBO

Un altro punto importante su cui vorrei che cominciaste a riflettere prima di iniziare il programma, è che se volete ripristinare il vostro metabolismo e invertire la cascata di reazioni biochimiche indotte dallo stress e dalle diete seriali che porta a un rallentamento del metabolismo, dovete partire da un cambiamento fondamentale: dovete fare la pace con il cibo. Il vostro metabolismo lo vuole e ne ha bisogno. Il vostro organismo è progettato per avere un rapporto sereno con il cibo, quindi è il caso che vi ricordi come dovrebbe rispondere il vostro corpo quando lo assimila.

Ogni volta che ingerite del cibo, nel vostro organismo si verifica una serie di reazioni biochimiche. Il corpo impara a conoscerle, tanto che quando toccate, o anche solo guardate del cibo, reagisce nel modo in cui ha imparato a fare e comincia a rispondere prima ancora che lo mangiate effettivamente. I dietomani, invece, cercano di allontanarsi dal cibo. Hanno sviluppato un rapporto talmente negativo con esso che non sanno più che cosa significa relazionarsi in maniera sana.

È come la storia d'amore della vita di ciascuno di noi, così mi piace definire questo rapporto. Può essere caldo e sensuale, piccante e dolce, mieloso e infarcito di varietà. È un rapporto che esprime come nessun altro il concetto di «finché morte non ci separi», perché senza cibo non abbiamo vita. E in mancanza di cibo sano è praticamente impossibile avere una vita sana.

Quando vedono un cibo allettante o ne sentono il profumo, la prima cosa che molti dietomani pensano è: No! Oppure vengono assaliti dal senso di colpa. Non è così che il corpo dovrebbe reagire al cibo.

Immaginiamo che dobbiate andare a un pranzo, un'occasione di festa incentrata sul cibo come il cenone di Natale o un incontro nel vostro ristorante preferito. Che cosa fate? Se siete un dietomane, probabilmente vi farete prendere dall'ansia: Oddio, come faccio? Salto l'antipasto anche se tutti lo mangiano? Posso bere un drink, ma saltare il dolce, oppure assaggiare tre cucchiaini di dolce ma non bere niente di alcolico. Dovrò studiare un sistema per stare a tavola senza ingurgitare un solo grammo di carboidrati. Ma la cosa peggiore di tutte è pensare: Sarà meglio che nel resto della giornata non prenda niente, così a tavola potrò mangiare tutto.

Come potreste godervi un momento del genere se vi stressate in questo modo? Non solo vi private della possibilità di godere delle occasioni piacevoli della vita, ma lo stress a cui vi sottoponete innescherà automaticamente il processo di immagazzinamento del grasso.

Se fate patire la fame al vostro corpo e quando vi presentate alla cena vi ingozzate, il vostro organismo farà incetta di tutte le calorie che assumete e le trasformerà subito in grasso. In altre parole, quando siete convinti di fare la cosa giusta, cioè quello cui una persona a dieta secondo voi dovrebbe sottoporsi, in realtà fate esattamente il

PROFILO DEL DIETOMANE DISPERATO

Avevo un cliente che chiamerò Jack. Era un uomo molto alto, sovrappeso di 45 chili. Voleva provare il mio programma e lo fece due volte in due mesi. Voleva disperatamente dimagrire perché la sua assicurazione non gli avrebbe coperto un intervento al ginocchio, se non avesse perso quasi 20 chili. In quel periodo era presissimo dal lavoro e sottoposto a una forte pressione. Gli dissi: «Jack, cogli quest'opportunità e mangia esattamente quello che ti diremo di mangiare. Il programma è facile da seguire. Perciò giù la testa, concentrati e fallo senza mollare. Sul lavoro tieni duro, va' avanti e vedi che cosa succederà quando sbucherai dall'altra parte del tunnel».

Due mesi dopo Jack è venuto a trovarmi: aveva perso 25 chili ed era piuttosto arrabbiato con me: «Avrebbe dovuto essere faticoso. Avrei dovuto avere sempre fame. Perché non l'ho fatto prima? Che cosa mi è successo?»

Con i suoi ritmi di lavoro forsennati e il suo bisogno disperato di fare quell'operazione al ginocchio, non aveva neanche avuto il tempo per riflettere sul programma e sui risultati che aveva ottenuto. Era furioso perché non gli era mai stato detto prima che avrebbe potuto perdere peso semplicemente riattivando il suo metabolismo e innescando di nuovo il processo di combustione dei grassi. Era arrabbiato perché per molto tempo aveva avuto un rapporto negativo con il cibo.

Prima di venire nel mio studio aveva passato anni di sofferenza con diete e digiuni senza mai riuscire a liberarsi dei chili in eccesso. Adesso ha raggiunto il peso che si era prefissato, si è fatto operare al ginocchio, è diventato un appassionato di corsa campestre e fa molta attività fisica. Quando ci sentiamo percepisco ancora in lui un'ombra di frustrazione per avere convissuto per anni con un metabolismo rallentato, e avere saputo tardi della dieta del Supermetabolismo.

contrario, cioè la cosa più sbagliata di tutte, e non credo sia vostra intenzione immagazzinare altro grasso!

Invertiremo questa reazione. In vista di un pasto speciale, sarebbe molto più salutare per il vostro metabolismo se reagiste pensando: Wow, mi hanno invitato a quel magnifico pranzo! Mi piace il cenone di Natale. Non vedo l'ora di andare nel mio ristorante preferito! Dopodiché dovrete nutrirvi prima di andarci, consumare normalmente i vostri pasti durante la giornata in modo che il metabolismo funzioni al meglio (vi dirò come farlo più avanti).

Alimentarsi correttamente prima di un grande evento e assumere un atteggiamento positivo terrà a bada gli ormoni dello stress. Anziché dire: «Allarme rosso, immagazzinare ogni molecola di grasso!» il vostro organismo dirà: «Dai! Prepariamoci al grande evento! Tiriamoci su le maniche e diamoci da fare!» In questo modo il vostro metabolismo sarà pronto a lavorare a pieno ritmo, e voi sarete predisposti a bruciare gli eventuali eccessi a cui potreste indulgere durante la cena.

Inoltre sarà anche più probabile che vi godiate l'occasione, ma non necessariamente ingozzandovi di cibo. Sarete più distesi, più felici, più padroni delle vostre azioni, e gusterete con piacere il cibo che mangerete.

Riuscite a immaginare qualcosa di meglio? (Parleremo delle strategie per affrontare le occasioni speciali nel Capitolo 10.)

È un modo di pensare e di vivere completamente nuovo, e vi piacerà. Ripristinate il vostro metabolismo, e fatelo mangiando buon cibo: non dovrete più preoccuparvi delle calorie o del senso di colpa, né di come affrontare situazioni conviviali o di qualsiasi cosa associata al cibo.

Detto questo, quindi, per le prossime quattro settimane testa bassa e pedalare: lasciate che questo programma rimetta in pista il vostro corpo!

Innamoratevi nuovamente del cibo e lasciate che vi sostenga, vi nutra e vi faccia varcare la soglia di un nuovo modo di concepire il momento del pasto.

VERITÀ METABOLICA N. 2: IL CIBO È QUALCOSA CHE PRIMA ERA VIVO, PERCHÉ VIENE DALLA TERRA, DAL MARE O DAL CIELO

Per essere chiamata cibo, una cosa dev'essere vera. Sì, vera come le mele, le arance, l'avocado, il pollo, le patate, il maiale, i gamberetti, le mandorle, il mango. Sostanze chimiche, dolcificanti artificiali, coloranti, tinture, bloccagrasso, conservanti, pesticidi, sostanze plastiche, diluenti, detergenti per il forno, diserbanti e insetticidi non sono cibo.

Avete mai pensato a che cosa servono alcune di quelle sostanze chimiche presenti in ciò che mangiamo? Che cosa sono esattamente il giallo 5 e il blu 6? A che cosa servono in un corpo l'alluminio, il benzoato di sodio, i chinoloni, la camoisina, la tartarazina 19140? L'altro giorno stavo leggendo l'etichetta di una confezione, e il secondo ingrediente elencato era «giallo tramonto FCF15985 (E110)». Non sapendo se quel «giallo» sarebbe saltato fuori cuocendo il prodotto al forno, alla griglia o in padella, ho deciso di lasciar perdere e preparare qualcos'altro per cena.

Molte di quelle sostanze chimiche sono state studiate per aggiungere colore alle vernici o per togliere le macchie dai tappeti, per costruire navi o giubbotti antiproiettile. Non sono cibo, quindi non dovete mangiarle!

Usatele per decorare la vostra casa o per costruirvi un rifugio antiatomico, ma non mettetevele nello stomaco. L'American Medical Society ha coniato un termine per queste sostanze chimiche industriali presenti in varie forme negli alimenti: «obesogeni», i quali mandano all'aria il normale equilibrio ormonale dell'organismo, inibiscono il metabolismo dei lipidi (grassi) e fanno ingrassare! Purtroppo, e ironicamente, quasi tutti gli alimenti dietetici confezionati sono zeppi di obesogeni. Non mangiateli. Se sentite ancora il bisogno di chiedere perché o non siete preoccupati che l'accumulo di queste tossine possa uccidervi, allora lasciate che vi fornisca ulteriori informazioni su cui riflettere.

Il cibo vero è ricco di nutrienti e fibra. Se lo consumate, il corpo può fare buon uso di tutto quello che contiene. Non ci sono sostanze chimiche da filtrare, né conservanti che impediscono l'assorbimento dei nutrienti o additivi che scatenano qualche bizzarro esperimento scientifico all'interno del vostro organismo.

Sono una nutrizionista, e ogni giorno mi sento chiedere – di persona, al telefono, via SMS o e-mail – se va bene mangiare questa o quella cosa. Rispondo di sì per tutto ciò che è cibo vero, ma non mi sentirete mai consigliare obesogeni.

Scegliete cibo vero e date una bella sistemata al vostro metabolismo!

CAPITOLO 2

I cinque protagonisti: perché sono essenziali per ripristinare il metabolismo

GRAN parte della mia formazione è avvenuta nel mondo della medicina olistica, e a molti miei colleghi piace parlare del rapporto mente-corpo-spirito. Dicono che una persona non è mai una cosa sola se non mette in relazione queste tre. È un'idea bella e giusta, e in linea teorica sono d'accordo con loro, ma non sono sicura di sapere che cosa significhi esattamente. Come si fa, in concreto?

Da «agricola» quale sono – la mia formazione agraria rialza la testa un'altra volta –, ho formulato una mia personale versione di questo concetto. Anziché di mente, corpo e spirito preferisco parlare di cervello-carne-ormoni. Non suona granché bene ed è decisamente meno etereo, ma secondo me ha più senso.

Prima di tutto il cervello, o mente, perché è essenziale per il benessere. Come pensate al cibo? Come decidete di creare un rapporto sano con quello che mangiate? Nella vostra vita, che scelte consapevoli fate riguardo alla salute? Come affrontate lo stress?

L'abbiamo già detto nel capitolo precedente: bisogna che usiate il cervello, se avete intenzione di cambiare la vostra vita, il vostro rapporto con il cibo e la vostra salute in generale.

Poi la carne. Per vivere bene avete bisogno di una struttura robusta: ossa dense, muscoli forti, sangue pulito e pelle elastica. Dovete fare in modo di conservare il vostro corpo e massimizzarne il rendimento, se volete sentirvi sani e forti, e se volete bruciare, sviluppare o immagazzinare energia a seconda delle vostre esigenze fisiche del momento, le esigenze della carne.

Infine gli ormoni. Gli ormoni sono come lo spirito: non si vedono, ma hanno un effetto importantissimo su tutto quello che fate, sentite e siete. È la secrezione degli ormoni a far funzionare e a mettere in moto il vostro organismo. Gli ormoni fanno pulsare il cuore e garantiscono che l'energia presente nel corpo sia immagazzinata e liberata. Inoltre, un corretto equilibrio ormonale è essenziale per avere un metabolismo veloce.

Un altro aspetto fondamentale degli ormoni è il modo in cui reagiscono all'ambiente in cui vivete o al mondo esterno. Per esempio, se incontrate un bell'uomo o una bella donna, può darsi che il vostro cuore cominci a palpitare, oppure, se vi imbattete in un uomo dall'aspetto minaccioso o in una donna adirata, può darsi che inizi a battere forte e ve lo sentiate in gola.

Sono tutte interazioni ormonali che inviano informazioni al cervello e provocano una reazione fisiologica, cioè del corpo. Noi vogliamo controllare alcune delle interazioni ormonali che influiscono sul peso e sulla salute, così che il vostro corpo funzioni al meglio.

Per stare bene, tutti e tre questi elementi – cervello, carne e ormoni – devono funzionare in perfetta armonia.

Nel capitolo precedente abbiamo parlato della necessità di cambiare atteggiamento mentale e di riconsiderare il nostro rapporto con il cibo e l'alimentazione. Ora passiamo agli altri due aspetti: il corpo e gli ormoni. Certamente sapete che cosa pensate in ogni momento, ma non è detto che sappiate come funziona il vostro fegato, che cosa fa esattamente la vostra tiroide o se i vostri ormoni sono equilibrati.

Il corpo è come una casa – un tempio, come dicono –, quindi dovreste sapere che cosa succede dentro questa preziosissima struttura, e soprattutto che cosa potete effettivamente fare per migliorarne la salute e velocizzare il metabolismo. Partiamo dai cinque protagonisti del titolo di questo capitolo.

I CINQUE PROTAGONISTI DEL CORPO

Ora parliamo in termini un po' più specifici di che cosa accade dentro il vostro corpo quando il metabolismo è lento. Tranquilli, non vi farò una lezione di anatomia, ci sono già parecchi libri sull'argomento. A ogni modo, userò espressioni come: «Questo è cibo per il fegato», o «Questo lo facciamo per supportare le ghiandole surrenali». O ancora: «Pensate a come si esalteranno gli ormoni T3 quando mangerete questo». E voglio che sappiate di che cosa sto parlando. Voglio che conosciate che cosa fa il vostro corpo, in modo che insieme possiamo sistemare ciò che non funziona.

Perciò seguitemi nei prossimi paragrafi, partecipate attivamente a questo processo, e quando arriverete alla fine del capitolo e del libro conoscerete molto meglio il vostro corpo. Inoltre, avrete tutti gli strumenti necessari per sviluppare il corpo sano, agile e perfettamente funzionante che la natura ha progettato per voi.

IL FEGATO

Il fegato è vitale per mantenere in buone condizioni e in attività il vostro organismo. Attraverso il fegato avvengono oltre seicento funzioni metaboliche note, e inoltre questo organo biotrasforma, o rende attivi, praticamente ogni nutriente, ormone e sostanza chimica. È il vostro cavallo da tiro, senza il quale potreste vendere la fattoria.

Il fegato secerne la bile, un liquido con un brutto nome ma estremamente potente che scompone i grassi, nonché i nitriti e i nitrati che assumete mangiando carne e affettati. Gli ormoni vengono

---

I CINQUE PROTAGONISTI

1. Il fegato
2. Le ghiandole surrenali
3. La tiroide
4. La ghiandola pituitaria
5. La sostanza del corpo: grasso bianco, grasso bruno e muscoli

secreti da ghiandole disseminate in tutto il corpo, ma è il fegato che li scompone e li rende biologicamente attivi così che possano svolgere le proprie funzioni. È l'organo che preme l'interruttore della luce una volta che avete avvitato la lampadina.

Il fegato influisce sul vostro equilibrio elettrolitico, su gonfiore e infiammazione, disidratazione, dilatazione e ritenzione idrica. Funge inoltre da filtro per il sangue che attraversa l'apparato digerente. Trasforma le vitamine B in coenzimi e metabolizza nutrienti come le proteine, i grassi e i carboidrati.

Il fegato produce anche la carnitina, che prende il grasso e lo scorta nei mitocondri, le piccole centrali energetiche, o convertitori di grasso, del corpo. La quantità di carnitina presente nel vostro organismo determina la quantità di grasso che può essere bruciata. *Questo semplice rapporto tra fegato e mitocondri può influire sulla combustione dei grassi, e quindi sulla velocità metabolica, fino a oltre il 90 per cento.* Più la produzione di carnitina nel fegato è veloce ed efficiente, più veloce ed efficiente sarà il metabolismo.

Il cibo che mangiate deve nutrire il fegato, non danneggiarlo. Se non lo alimentate adeguatamente e con la giusta frequenza per garantirne il funzionamento ottimale, ostacolerete anche il resto dell'organismo. Essendo così strettamente legato al metabolismo, il fegato è uno degli organi chiave di cui ci prenderemo cura con la dieta del Supermetabolismo.

LE GHIANDOLE SURRENALI

Le ghiandole surrenali sono piccole ghiandole posizionate al di sopra dei reni, nella parte bassa della schiena, e secernono gli ormoni che regolano la risposta dell'organismo a tutti i tipi di stress: fisico, emotivo, ambientale e mentale. Sono responsabili della produzione degli ormoni che permettono al corpo di adattarsi in maniera funzionale o disfunzionale alle situazioni che cambiano. Questi ormoni determinano il modo in cui accedete al combustibile presente nel vostro corpo, nonché quello che fate del combustibile che consumate, cioè del cibo. Lo immagazzinate come grasso o lo bruciate per produrre energia?

Immaginiamo che dobbiate passare la notte svegli per apportare delle modifiche al vostro libro prima di restituirlo al vostro editor. Continuate a mangiare ogni tre ore, alimentando il vostro corpo, i vostri ormoni e il vostro cervello, o dopo avere cenato non consumate più niente? Potreste fare così se foste andati a dormire, ma poiché siete svegli e state lavorando dovete continuare a mangiare, altrimenti il vostro corpo rimarrà senza carburante e penserà immediatamente che stiate facendo la fame, e prima ancora che ve ne rendiate conto rallenterà il suo metabolismo.

Tra gli ormoni specifici del metabolismo prodotti dalle ghiandole surrenali ci sono il cortisolo, l'adrenalina, l'aldosterone e l'epinefrina. Vengono tutti rilasciati in risposta a stress e/o piacere. I fattori di stress possono essere gravi, per esempio un incidente d'auto, oppure lievi, come un pasto saltato. Le ghiandole surrenali reagiscono allo stress acuto, per esempio quello provocato da una tragedia, esattamente come allo stress cronico prodotto da una relazione che non funziona, da un ambiente di lavoro sgradevole o da una situazione famigliare pesante.

La secrezione di questi ormoni dello stress regola il rilascio di glucosio da parte dei muscoli e delle cellule epatiche per stimolare o rallentare la velocità metabolica del vostro organismo. Ciò significa che questo processo è nutriente-dipendente, cioè dipende dal cibo che mangiate o non mangiate. Quando attraversate un periodo di stress, la brusca crescita di ormoni che avviene nel vostro organismo è influenzata da ciò che avete appena mangiato. Se nei momenti di stress nutrite il vostro corpo con il cibo adeguato, non immagazzinerete grasso ma lo brucerete.

In termini più semplici, lo stress sottrae nutrienti all'organismo da punti in cui non potete permettervi di perderli (come i muscoli). Se la vostra alimentazione è sana e ricca di nutrienti, il corpo non dovrà ricorrere a questo stratagemma e riuscirete a gestire lo stress. Se invece non mangiate abbastanza o non consumate cibo adeguato

PARENTESI SCIENTIFICA

Diamo un'occhiata più da vicino a che cosa accade esattamente quando il vostro corpo è sotto stress. Prima di tutto l'ipotalamo (una ghiandola delle dimensioni di una mandorla situata nel cervello) stimola la ghiandola pituitaria (o ipofisi, una ghiandola delle dimensioni di un pisello situata alla base del cranio) a secernere un ormone, l'ACTH (*adrenocorticotropic hormone*, ormone adrenocorticotropo).

L'ACTH stimola le ghiandole surrenali (piccole ghiandole nella parte bassa della schiena, subito sopra i reni) a produrre cortisolo. A sua volta il cortisolo stimola l'ipotalamo (una parte del cervello) a dire alla ghiandola pituitaria (un'altra parte del cervello) di rallentare la produzione di TSH (*thyroid-stimulating hormone*, ormone tireostimolante).

Mi seguite ancora?

Il TSH rallenta la produzione degli altri ormoni bruciagrasso, i T3, che causano una formazione in eccesso di ormoni RT3, responsabili dell'immagazzinamento del grasso e del rallentamento del metabolismo. In assenza di un'adeguata alimentazione, tutto questo processo fa sì che le ghiandole surrenali stimolino un altro ormone, l'aldosterone, a scomporre il muscolo (nella forma di glucosio immagazzinato come glicogeno) per trovare combustibile e quindi a collaborare con gli ormoni RT3 per convertire aggressivamente il glucosio in grasso da immagazzinare. E questa non è una buona cosa, visto che vi state sforzando di perdere peso e stare bene!

Se avrete una bella scorta di amminoacidi (per esempio la taurina) derivati dalle proteine, una buona provvista di sali minerali come lo iodio, zuccheri complessi e un fegato con una buona funzionalità enzimatica (che dipende dai nutrienti presenti nel cibo), invece di cannibalizzare i muscoli per procurarvi combustibile nei momenti di crisi riuscirete a mantenere una buona secrezione di cortisolo anche nelle situazioni d'emergenza. Questo farà in modo che gli ormoni T4 vengano convertiti nei bruciatori di grassi T3, ormoni biologicamente attivi e metabolicamente aggressivi, invece che in quei fastidiosi RT3 che causano così tanti problemi quando ne producete troppi.

Il vostro corpo funzionerà come una macchina da combattimento agile ed efficiente, anziché lasciarsi prendere dal «combatti e fuggi» e immagazzinare grasso.

in quantità sufficiente, a causa di una complessa catena di reazioni chimiche il vostro metabolismo rallenterà. Se consumate il cibo giusto nel momento giusto, alimentate le vostre ghiandole surrenali, permettendo loro di resistere allo stress senza dover ricorrere al rallentamento del metabolismo.

Le ghiandole surrenali possono letteralmente collassare quando un corpo viene sottoposto a uno stress eccessivo per un lungo periodo. Questo accade perché l'organismo ha secreto cronicamente quegli ormoni dello stress che dovrebbero invece essere conservati per le situazioni di crisi brevi. Avete presente quell'ondata emotiva che ci travolge quando siamo spaventati o trasaliamo? Beh, è un'impennata di ormoni. E questi ormoni «combatti e fuggi» sono preziosissimi. Dovrebbero essere tenuti in serbo per le situazioni di vera emergenza, mentre molti di noi vivono e sopravvivono ogni giorno, senza tregua, con l'energia ricavata da questi ormoni.

Il nostro corpo non è stato progettato per funzionare così! Quando l'impennata di ormoni dello stress è costante, il corpo è in una condizione di crisi perenne. Una delle cose che succedono in questa situazione è che gli ormoni rallentano la combustione del carburante, perché l'organismo non riesce a vedere la fine della richiesta estenuante. Il collasso delle ghiandole surrenali è un problema che riscontro sempre più spesso tra i miei clienti. E ad aggravare ulteriormente questa situazione sono la qualità sempre più scadente del cibo che consumano e l'aumento delle sostanze chimiche presenti nell'ambiente. Per questo è così importante scegliere cibi che siano il più possibile puliti (cioè integrali e biologici). Le vostre ghiandole surrenali vi ringrazieranno.

LA TIROIDE

La tiroide è una superstar metabolica! È una ghiandola a forma di farfalla situata al centro della gola, ed è un po' la caldaia del vostro corpo. La ghiandola pituitaria che avete nel cervello (e che analizzeremo meglio più avanti) è il termostato, mentre l'ipotalamo, altra ghiandola situata nel cervello, è l'addetto al controllo del termostato.

La vera caldaia è la tiroide, e gli ormoni che produce, come i T3 e i T4, sono il calore. Quando la temperatura diventa troppo alta, il termostato deve essere abbassato; quando diventa troppo bassa, il termostato deve essere alzato. Se uno di questi tre meccanismi non funziona correttamente, la temperatura del corpo – un riflesso diretto del metabolismo, cioè della velocità a cui il corpo brucia energia – sarà sballata, o troppo calda o troppo fredda.

La tiroide svolge molti compiti metabolici tramite numerose funzioni nel corpo, tra cui l'estrazione dello iodio dal cibo per produrre gli ormoni tiroidei T3 e T4. Gli ormoni T3 e T4 viaggiano nel circolo ematico e influiscono sul metabolismo attraverso la conversione dell'ossigeno e delle calorie in energia. Fantastico! È esattamente quello che volete: una caldaia efficiente alimentata dal cibo che riscaldi la vostra casa-corpo rendendola calda e confortevole. L'ormone T3, in particolare, è un supereroe del metabolismo veloce, essendo all'incirca quattro volte più forte dell'ormone T4.

Ma la tiroide ha anche un lato oscuro: un ormone chiamato T3 inverso (RT3). Ve l'ho già presentato nel capitolo precedente, ma voglio parlarne di nuovo qui perché è importantissimo per il processo di ripristino del metabolismo. L'ormone RT3 è un po' come quel parente importuno che si presenta alla porta di casa vostra a Natale ma non sa comportarsi come si deve, e inevitabilmente rovina il pranzo a tutti. È un ormone tiroideo deformato che non è molto efficace nello stimolare il metabolismo, anzi impedisce agli ormoni T3 di funzionare come dovrebbero. L'RT3 non intende mandare all'aria il vostro stato di salute e i vostri piani di infilarvi in quei jeans così stretti. Al contrario: è una risposta brillante per impedire all'organismo di andare in riserva e patire la fame. Il problema è che quando siete a dieta sapete benissimo che non state patendo davvero la fame (anche se con certe diete l'impressione è proprio quella), ma il vostro corpo non ha gli strumenti per avere la stessa certezza.

Nelle situazioni di stress cronico, di aggravamento di una patologia o di privazione nutrizionale, gli ormoni RT3 lanciano un segnale di allarme rosso al vostro organismo e vanno immediatamente a bloccare i siti dei recettori T3, creando un'azione di disturbo per impedire a quegli ormoni di fare il loro lavoro. Gli RT3 gettano una bella secchiata d'acqua sul vostro fuoco metabolico nel tentativo disperato di preservare le vostre riserve di grasso, in modo che non moriate a causa di quella che per il vostro organismo è una carestia catastrofica. Il risultato è che il vostro corpo smette di bruciare e comincia a immagazzinare. A volte il termostato del corpo deve vedersela con problemi gravi come la tiroidite di Hashimoto, la malattia di Graves o un organismo che produce perossidasi tiroidea (attaccando la propria tiroide). Queste patologie tiroidee restano spesso non diagnosticate, e possono essere in larga parte responsabili di un metabolismo lento.

La dieta del Supermetabolismo è studiata per stimolare e indurre la corretta produzione di ormoni da parte della tiroide. Ma poiché possono verificarsi problemi con questa ghiandola, è importante controllare la chimica ematica della tiroide per essere sicuri che funzioni come si deve. Molti libri sulla salute femminile parlano della tiroide perché l'ipotiroidismo è una patologia spesso non diagnosticata che può causare rallentamento del metabolismo, aumento di peso, perdita dei capelli, sfaldamento delle unghie, costipazione, mal di testa e affaticamento, quindi consiglio sempre ai miei clienti di sottoporsi a degli esami della tiroide (spiegherò quali alla fine di questo capitolo).

LA GHIANDOLA PITUITARIA

Ho accennato rapidamente alla ghiandola pituitaria nel paragrafo precedente, ma vale la pena parlarne in maniera più approfondita. Come ho detto, la considero il termostato del corpo. Secerne ormoni che regolano o adeguano le azioni di molti altri ormoni presenti nell'organismo.

Per esempio, la ghiandola pituitaria stimola la tiroide a secernere i suoi ormoni con il TSH, l'ormone tireostimolante (stimolatore della tiroide, appunto). Se il livello di TSH è alto significa che la tiroide ha bisogno di parecchia motivazione o sollecitazione per fare il suo lavoro (ipotiroidismo). Immaginate la ghiandola pituitaria che grida alla tiroide: «Datti da fare, scansafatiche! Chi si ferma è perduto!»

Se il livello di TSH è normale, alla ghiandola pituitaria basta dire semplicemente: «Ottimo lavoro, continua così». Se invece è molto basso, la tiroide potrebbe essere iperattiva (ipertiroidismo), e in tal caso la ghiandola pituitaria si limiterà a bisbigliare. Naturalmente, come ho spiegato prima, se la tiroide produce grandi quantità di ormoni RT3 che immagazzinano il grasso, può essere che la ghiandola pituitaria interpreti la situazione come abbondanza di ormoni tiroidei e si limiti quindi a bisbigliare quando invece dovrebbe gridare. Per questa ragione, un normale esame della tiroide non è necessariamente indicativo di una funzionalità tiroidea ottimale, perché non distingue gli RT3 dai T3 bruciagrassi.

La ghiandola pituitaria regola anche la produzione di ormoni sessuali come gli estrogeni, il progesterone, il testosterone e il DHEA (*dehydroepiandrosterone*, deidroepiandrosterone). La regolazione di ciascuno di questi ormoni, oltre che di quelli surrenalici, è cruciale per la salute del corpo e la velocità del metabolismo. La ghiandola pituitaria, quindi, non è soltanto il termostato della caldaia che è il nostro corpo, ma anche il centro di controllo di quell'immenso ecosistema che sono i nostri ormoni.

LA SOSTANZA DEL CORPO

L'ultimo protagonista che influisce direttamente sul metabolismo è la «sostanza» del vostro corpo, termine con cui mi riferisco al grasso, alle ossa, al tessuto connettivo e ai muscoli. L'organismo immagazzina la maggior parte del combustibile di riserva sotto forma di muscoli o di grasso. Siccome il muscolo si contrae, si rilassa, batte, spinge e tira costantemente, per crearlo e conservarlo è necessario parecchio combustibile. Ecco perché si dice che i muscoli consumano più calorie, o energia, del grasso. Il grasso se ne sta semplicemente seduto lì: l'avete mai visto fare qualcosa di diverso dal ricadervi oltre la cintura o dal traballarvi sulle cosce? Macché, il grasso non fa un bel niente, quindi per conservarlo serve pochissimo combustibile o calorie. (E ricordate: se non mangiate e quindi non fornite al vostro organismo combustibile dall'esterno, questo scomporrà il muscolo e immagazzinerà parte di quel combustibile sotto forma di altro grasso!)

Nel corpo ci sono due tipi principali di grasso: quello bianco e quello bruno. Per decenni gli studiosi hanno ritenuto che il grasso bruno fosse presente e importante solo nei neonati e nei bambini piccoli per tenerli al caldo e mantenere la loro temperatura corporea. Oggi, invece, si pensa che pur essendo presente solo in minuscole quantità negli adulti, il grasso bruno svolga un ruolo cruciale nella regolazione del livello di zuccheri nel sangue e del metabolismo. Il grasso bruno è bruno perché è ricco di mitocondri (ricordate quelle minuscole parti della cellula che bruciano combustibile e producono energia?).

Più obesi siete, meno grasso bruno avete, e più grasso bianco (quello che tremola) avete immagazzinato nel corpo. Il grasso bruno brucia combustibile nove volte più velocemente del grasso bianco. Ma allora perché il corpo ama così tanto quello bianco da accumularlo come il peggiore degli avari farebbe con l'oro? Semplice: perché pensa che potrebbe servire come combustibile di riserva! (Grazie mille, diete croniche!) Il grasso bianco esiste principalmente per fungere da combustibile a lungo termine, e il vostro corpo farà uno sforzo erculeo per conservarlo, nel caso dovesse verificarsi un'emergenza.

Il grasso bianco, però, non è del tutto cattivo. Anzi ne avete bisogno, perché svolge una funzione molto importante. È presente sotto la pelle (grasso sottocutaneo) e intorno ai vostri organi (grasso viscerale), e serve a mantenere la temperatura corporea, proteggere gli organi e fungere da sito di stoccaggio dell'energia per le esigenze future. Il grasso bianco, inoltre, secerne alcuni ormoni e regola il rilascio di altri, e questi ormoni comunicano direttamente con le ghiandole surrenali, la ghiandola pituitaria e l'ipotalamo.

Tuttavia, quando il metabolismo rallenta, il vostro corpo entra in modalità superproduzione di grasso bianco, accumulandolo come certe persone raccolgono giornali, scarpe, volantini pubblicitari o gatti randagi. Potreste anche restare sepolti vivi dal peso di tutta questa energia immagazzinata sotto forma di soffocante grasso bianco.

Il grasso bruno, da parte sua, è un grasso termogenico o «bruciagrassi». Diversamente da quello bianco, invece di immagazzinare energia preferisce bruciarla. Contribuisce anche a stimolare il metabolismo riscaldando il corpo, migliorando il flusso sanguigno e rendendo più facile fornire nutrienti al grasso bianco. Inoltre regola il colesterolo e i trigliceridi, trasporta le scorie nell'intestino perché siano eliminate, sintetizza le proteine e immagazzina e metabolizza gli acidi grassi utilizzati per l'energia. Infine metabolizza e immagazzina i carboidrati, stoccandoli sotto forma di glucosio per i globuli rossi e il cervello.

Un aspetto interessante del grasso bruno è che negli adulti di solito è presente solo dietro le scapole, intorno al collo e sotto le clavicole, proprio in quei punti in cui diciamo di sentire o accumulare la tensione e lo stress. Gli ormoni dello stress influiscono direttamente sull'attività del grasso bruno, che può essere il vostro migliore amico quando volete migliorare il metabolismo, perché tramite la sua attività ormonale libera una quantità enorme di energia a partire dal cibo.

Pare inoltre che il grasso bruno sia attivato dal freddo, mentre il rilascio dell'energia immagazzinata nel grasso bianco pare venga stimolato dal caldo. Sia la combustione dell'energia nel grasso bruno, sia il rilascio di energia dal grasso bianco sono supportati da una corretta funzionalità della tiroide.

Tornerò ancora su questi cinque protagonisti, poiché sono fondamentali per usare il cibo per scolpire il corpo. Nutrire il fegato, coccolare le ghiandole surrenali, massimizzare la funzionalità della ghiandola pituitaria e della tiroide e mettere a punto l'equilibrio grasso bruno-grasso bianco sono tutte pietre angolari della dieta del Supermetabolismo.

Cambiando il modo di mangiare riuscirete a facilitare delle risposte ormonali sane allo stress, a dare un salutare scossone al metabolismo e a migliorare la già efficace e bilanciata distribuzione di grasso, acqua e muscoli nel corpo. In un breve arco di tempo potrete vedere con i vostri occhi l'incredibile potere del cibo guardandovi semplicemente allo specchio!

IL RUOLO DEL VOSTRO MEDICO

«Come faccio a sapere se ho il metabolismo lento?»

È una delle domande che mi sento rivolgere più spesso, ed è la ragione fondamentale per cui chiedo ai miei clienti di sottoporsi a qualche esame di base prima di cominciare la dieta, giusto per vedere quanto sono fuori equilibrio. Gli esami non sono indispensabili, ma possono aiutarvi a capire esattamente a che punto siete e quanta strada dovrete compiere.

Quando consiglio di fare questi esami di laboratorio aggiungo anche che sono soltanto una parte della «sbirciatina» dentro il vostro corpo. È come quando siete alla ricerca di una casa nuova. Un giorno ne individuate una bella e vi chiedete se chiamare l'agente immobiliare e andare a visitarla. Prima di telefonare, però, vi infilate nel cortile e date un'occhiata attraverso la finestra. La casa ha un bel soggiorno con il soffitto a volta, il pavimento di legno e parecchia luce. Fantastico! Però non riuscite a vedere tutte le stanze. Il piano superiore potrebbe essere un disastro, potrebbero esserci degli abusivi, dei topi, dei graffiti alle pareti. Oppure potrebbe essere bello come il pianterreno. Non potete saperlo, perché non avete una visione esauriente. Allo stesso modo, qualche esame di laboratorio non vi dirà tutto della vostra salute, ma vi permetterà di ricavarne un quadro d'insieme preliminare.

Inoltre, ricordate che anche se tutti gli esami sembrano a posto ma siete sovrappeso, fuori forma o avete un'alimentazione povera, vuol dire che il vostro corpo si sta sobbarcando l'immane fatica di mantenere in condizioni normali la composizione chimica del vostro organismo nonostante le circostanze avverse in cui si trova. Molti clienti mi mostrano gli esiti dei loro esami ed esclamano: «Ecco, è tutto nella norma. Sto benone! Il dottore mi ha detto di stare tranquillo». Ma non sono mai riuscita a trattenermi dall'esclamare: «Ma si guardi! Non è vero che sta bene!»

È così frustrante essere sovrappeso e sentirsi dire dal proprio medico: «I suoi esami sono perfetti, sta benissimo. Ci rivediamo l'anno prossimo». Alcuni clienti mi raccontano quanto questo li faccia infuriare: «Ma mi vede o no?» vorrebbero gridare. E hanno ragione. Perciò ricordate: gli esami sono una sbirciata, ma non sono tutto, perché non dev'esserci una malattia visibile per avere il metabolismo lento. Potete accusare sintomi importanti e rientrare ugualmente nella sfera della «normalità». Potete avere valori perfetti ma un metabolismo terribile. Se siete sovrappeso di oltre 5 chili, il vostro metabolismo non è quello che dovrebbe essere.

Allora perché prendersi la briga di fare questi esami? Perché alcuni possono segnalare la presenza di problemi di salute di cui potreste non essere consapevoli, oppure confermarvi che state facendo bene e che avete soltanto bisogno di una spintarella. Gli esami di laboratorio non offrono un quadro completo, ma possono fornire a voi e al vostro medico qualche utile indizio.

A proposito del medico: se quello che avete ora non vi soddisfa, questo è il momento di cambiarlo. Cercatene uno che abbia un atteggiamento aperto nei confronti dei vostri sforzi per dimagrire e migliorare il vostro metabolismo. Di medici in gamba ce ne sono molti in circolazione. Nei miei studi c'è una situazione unica e privilegiata, perché ogni giorno lavoro a stretto contatto con medici straordinari, e ho a disposizione laboratori interni per ogni tipo di esame. Voi potreste non trovarvi in condizioni altrettanto felici, quindi se il vostro medico si rifiuta di farvi fare degli esami, ditegli che è stata la vostra nutrizionista a richiederli. Inoltre, tenete presente che nessuno degli esami di cui parlerò in seguito è particolarmente costoso o specialistico.

Quando valuto degli esami, la prima cosa che vado a cercare, a parte i valori anomali, sono i dati che indicano un metabolismo veloce, se ce ne sono. Conoscere i vostri valori vi permetterà di

LAVORO DI SQUADRA

Quando ho cominciato a lavorare nel campo della sanità naturale, la nutrizione rientrava nella categoria della cosiddetta «medicina alternativa» e si percepiva chiaramente un atteggiamento «noi contro loro» da entrambe le parti, cioè medici olistici da un lato e medici tradizionali dall'altro. Non ho mai condiviso questa mentalità, e fortunatamente le cose stanno cambiando: oggi i medici tradizionali aperti ai metodi della medicina olistica sono più numerosi, e i medici olistici collaborano con quelli tradizionali nell'interesse dei loro pazienti.

Sono sempre stata dell'idea che potenzialmente chiunque può aiutarmi a indirizzare i miei pazienti sulla via della salute. Uno dei miei mentori, la dottoressa Jackie Field, diceva sempre: «È nel migliore interesse del paziente avere uno studio senza pareti divisorie». Come dire: se non avete le risposte in casa, uscite e cercate qualcuno che le abbia. Create una squadra di esperti che vi appoggi nel vostro progetto di ottenere un metabolismo sano e veloce, un'alimentazione corretta e un sistema efficace per combattere lo stress. E ricordate: il capitano della squadra siete voi!

sapere se avete la composizione chimica di una persona con un metabolismo lento o di una con un metabolismo veloce, oppure se siete da qualche parte a metà strada.

Ricordate che non sono un medico, quindi la mia opinione riguardo a quali valori indicano un metabolismo veloce potrebbe differire da quella del vostro medico. Ma non sono nemmeno una persona qualunque che vi chiede di fare esami inutili. Gli esami che consiglio ai clienti che vengono nei miei studi devono essere tutti prescritti dal loro medico. Ne richiedo ogni giorno, e non di rado i medici domandano il mio parere sugli esiti, perché anche quando i valori sono «normali», li valuto per quello che mi dicono riguardo al metabolismo della persona, soprattutto se il mio scopo è aiutarla a dimagrire.

Ecco quindi gli esami che vorrei chiedeste al vostro medico di prescrivervi:

- **Tiroide:** chiedete al vostro medico di valutare TSH, T3, T4 e RT3. Non dimenticate l'ormone RT3 (T3 inverso), che non sempre viene inserito nel quadro tiroideo. Questi valori possono rivelare la presenza di patologie tiroidee, ma ce ne sono anche altri, come il TPO (anticorpo anti-TPO), che vale la pena prendere in considerazione se si sospetta una tiroidite di Hashimoto o una malattia di Graves.

Se sballati, certi valori possono dire molto sullo stato di salute generale e su quanto sia importante nutrire il vostro corpo e il suo metabolismo. Se avete un metabolismo veloce, i valori dovrebbero essere simili a quelli della tabella seguente, altrimenti dovremo lavorare perché lo diventino.

	NORMALE	METABOLISMO VELOCE
Quadro tiroideo		
TSH	0,4-4,5 mlU/L	< 1,0 mlU/L
T3	2,3-4,2 pg/ml	3,0-4,2 pg/ml
T4	0,7-2,0	1,5-2,0
RT3	90-350 pg/ml	≤ 120 pg/ml
Quadro lipidico		
Colesterolo	125-200 mg/dl	165-185 mg/dl
Trigliceridi	meno di 150 mg/dl	75-100 mg/dl
HDL (colesterolo «buono»)	più di 46 mg/dl	≥ 70 mg/dl
LDL (colesterolo «cattivo»)	meno di 130 mg/dl	≤ 100 mg/dl
Quadro glicemico		
Emoglobina A1C	meno di 6,0	< 5,4
Glucosio (a digiuno)	65-99 mg/dl	75-85 mg/dl*
Ormoni complementari		
Cortisolo	5-23 mcg/dl	8-14 mcg/dl
Leptina	18	10-12

* Se rimanete nei 70, bruciate grasso come pazzi!

LA LEPTINA

La leptina è un ormone che favorisce l'immagazzinamento del grasso bianco, e tipicamente è stimolata dalla produzione di cellule grasse, dando vita a un circolo vizioso di produzione di grasso. Infatti la leptina blocca i siti recettori per gli ormoni sessuali, compresi estrogeni, progesterone e testosterone. Quando ciò accade, l'organismo inizia a immagazzinare gli ormoni invece di usarli, e questo a sua volta stimola lo stoccaggio di grasso. Per esempio, quando l'organismo immagazzina estrogeni, può capitare di avvertire gonfiore e aumentare bruscamente di peso. Prima di portare le vacche al macello, infatti, si somministra loro una dose di estrogeni, inducendo un rapido aumento di peso e una ritenzione di liquidi.

Per noi umani lo stress, l'abitudine di saltare la colazione e le fluttuazioni ormonali che si verificano durante la gravidanza, la menopausa e anche l'andropausa (la menopausa maschile) sono le cause più comuni di un aumento di leptina. Alcuni di questi fenomeni sfuggono al nostro controllo, quindi è necessario fare tutto il possibile perché gli ormoni continuino a essere equilibrati dalla ghiandola pituitaria, metabolicamente convertiti dal fegato e prontamente disponibili per sviluppare muscolo e non immagazzinare grasso.

Vogliamo inoltre aiutare le ghiandole surrenali usando il cibo come combustibile. La dieta del Supermetabolismo è concepita esattamente per questo, cioè per permettervi di controllare direttamente ciò che potete, creare un ambiente favorevole a un metabolismo veloce e risolvere gli squilibri che si sono accumulati. La colazione, per esempio, è di sicuro un elemento che potete controllare, quindi fatela!

- **Estrogeni:** solo per le donne. Credo sia un'ottima idea controllare il livello di estrogeni, qualunque sia la vostra età. Se vi state avvicinando alla premenopausa, cioè a quel periodo che precede la menopausa e può durare fino a dieci anni, il livello di estrogeni può rivelare se la causa dei vostri sintomi è uno scompenso ormonale. Prima di allora è buona cosa fare regolarmente un controllo, in modo da individuare subito un eventuale squilibrio. Le forme di estrogeni a cui prestare attenzione sono tre: estradiolo, estriolo ed estrone. L'estradiolo è quello che quasi tutti i medici preferiscono monitorare. Nel caso di eccessivo aumento di peso a livello dell'addome o nelle donne in fase postmenopausa, personalmente presto attenzione all'estrone, perché la sua produzione non è limitata alle ovaie. L'estrone, infatti, può essere stimolato dalle cellule grasse e dalle ghiandole surrenali, e può essere collegato a un aumento di peso causato dallo stress. Esistono molte scuole di pensiero riguardo a quali dovrebbero essere i livelli ideali per questi tre estrogeni. Ai fini del metabolismo, il mio intento è garantire che tutti e tre rientrino nella fascia della «normalità», e che nessuno sia fuori controllo. Se avete il ciclo, fate in modo di controllare il livello di estrogeni il più possibile vicino al terzo giorno, è uno dei momenti migliori per ottenere una valutazione accurata dei livelli ormonali.

- **Testosterone:** solo per gli uomini. I valori normali sono compresi tra 200 e 800, ma gli uomini con un metabolismo veloce possono avere valori più alti, tra 800 e 1.200. Personalmente, considero buono un valore pari a 600 o più alto. Conoscere il livello di testosterone vi permetterà di crearvi un buon quadro generale del vostro stato di salute e, se necessario, di intervenire per migliorarlo. In tal caso, quello che dovrete fare è mangiare. La dieta del Supermetabolismo è concepita per garantire all'organismo il combustibile necessario per mantenerlo sano. Il cibo è quindi la medicina.

Se i vostri valori sono fuori posto e avete il metabolismo rallentato, per prima cosa cambiate alimentazione! Un cavallo potete anche continuare a frustarlo finché non taglia la linea del traguardo, oppure potete nutrirlo, allenarlo e prendervi cura di lui. Può darsi che in entrambi i casi riusciate a vincere la corsa, ma se continuate a frustarlo, prima o poi il cavallo cede, rallenta e «scoppia».

Nella vita e nella salute non c'è niente di garantito, ma più vi prenderete cura di voi stessi e del vostro metabolismo, più il vostro organismo sarà in grado di disintossicarsi, eliminare ciò che va eliminato, bruciare grassi, mantenere un peso corporeo adeguato, trovare un equilibrio ormonale e prevenire malattie e disturbi.

Nutritevi e prosperate! È questo che voglio per voi. Tutto comincia con un metabolismo sano e perfettamente funzionante. Siete pronti a scoprire come garantirvene uno?

PARTE SECONDA

Come funziona il programma

Allentare (Fase 1), sbloccare (Fase 2), liberare (Fase 3): tre fasi diverse, una settimana dirompente

ORA sapete che cosa rischia chi è sempre a dieta o segue un'alimentazione povera di sostanze nutritive. Bene, ma come si può rimediare?

Quando il metabolismo non fa più il proprio dovere, per rimetterlo in forma ci vuole una specie di personal trainer, una figura in grado di prendere la materia prima, cioè il corpo, e scolpirlo in modo da renderlo perfetto. Quindi immaginate che io sia il vostro personal trainer, e che questo libro sia la scheda degli esercizi che vi ho assegnato.

Mi spiego: se fate un solo esercizio, o un solo tipo di attività fisica come la corsa o la cyclette ellittica, l'organismo si abitua a quel tipo di attività e presto smettete di migliorare. Arrivate a un punto morto. Usate sempre gli stessi muscoli, ogni giorno nello stesso modo, e così trascurate tutto il resto.

Proprio come il cross training (o allenamento incrociato) dà una scrollata alla routine stimolando costantemente l'organismo, anche questo libro vi scuoterà dalle vostre abitudini alimentari, e lo farà in due modi:

1. Inondando l'organismo di alcuni nutrienti vitali che oggi non assume.
2. Chiedendo al fisico una prestazione impegnativa, però mai per più di un paio di giorni consecutivi.

Questa strategia mantiene il corpo costantemente impegnato e reattivo, sostenendolo e spiazzandolo al tempo stesso, rovesciando le dinamiche biochimiche che ne hanno portato il metabolismo a rallentare. È come dare la sveglia all'organismo accendendo un fuoco che brucerà calorie e grasso come mai prima.

Sottoporre il metabolismo a questo allenamento incrociato significa anche programma alimentare (presto ne vedremo alcuni) per non ripiombare mai più nella routine e nella noia. Due giorni mangiando in un modo, altri due in un altro, poi altri tre con un nuovo mix di nutrienti specifico e completamente diverso: questo sistema stimola il metabolismo, rende il momento del pasto più interessante e soprattutto funziona!

Non è un trucco, è la natura che è fatta così. È un principio fondamentale della fisica: un corpo in stato di quiete tende a rimanere immobile finché qualcosa lo costringe a muoversi, e un corpo in movimento tende a conservare il moto finché qualcosa lo costringe a fermarsi. Per il metabolismo è lo stesso: una volta costretto a muoversi, tenerlo in movimento è più facile.

Ora non resta che capire come riuscirci.

LA DIETA DEL SUPERMETABOLISMO: TRE FASI DIVERSE, UNA SETTIMANA DIROMPENTE

- **Fase 1:** *allentare* la tensione e calmare i surreni (giorni 1 e 2).
- **Fase 2:** *sbloccare* il grasso accumulato e sviluppare massa muscolare (giorni 3 e 4).
- **Fase 3:** *liberare* la combustione: ormoni, cuore e calore (giorni 5, 6 e 7).

Ora cerchiamo di capire come le tre fasi della dieta metabolica riescano a costringere l'organismo a bruciare grassi, sviluppare massa muscolare, riequilibrare gli ormoni e gettare le basi per una vita più sana. Un'alimentazione varia è essenziale alle varie funzioni biologiche, fisiologiche e neurochimiche, e qui sta il senso di queste fasi. Per mantenere la normale fisiochimica del corpo sono necessari carboidrati complessi, zuccheri naturali, proteine, grassi e persino sale. In certi momenti occorrono dosi terapeutiche elevate di questi elementi, specie se ve ne siete privati per troppo tempo. Introdurre questi nutrienti nell'alimentazione – non tutti simultaneamente – aiuta a ricostruire, arricchire e rifornire un corpo depauperato e un metabolismo ormai stanco.

Ciascuna di queste fasi dura poco, proprio per evitare di affaticare un sistema o un organo in particolare. Protrarre una sola fase per troppo tempo sarebbe come mettersi a pulire la casa da cima a fondo dopo avere passato la notte in bianco: alla fine sarete stravolti, e la casa non sarà granché pulita. La vostra casa-corpo, invece, va pulita stanza per stanza, un po' alla volta, ed è quello che faremo.

Per quattro settimane seguirete a rotazione queste tre fasi. Ogni fase è appositamente concepita per far lavorare e riposare sistemi dell'organismo diversi, e ciascuno avrà occasione di lavorare ogni settimana nell'arco del ciclo fisiologico di ventotto giorni.

Segmentando il lavoro in questo modo, l'organismo riceverà l'attenzione e il sostegno necessari, ma anche gli stimoli che gli servono, fase per fase o un paio di giorni alla volta. Passando alla fase successiva, gli organi e i sistemi impegnati in quella precedente possono rilassarsi, riposare e ricostituirsi. Un metabolismo sano deve fare tre cose:

1. Assimilare gli alimenti e trasformarli in energia.
2. Liberare il grasso accumulato.
3. Trasformare il grasso liberato in energia.

Ciascuna fase, se eseguita correttamente e nel giusto ordine, permette di svolgere tutte queste operazioni. Ma prima di poter ricavare energia dagli alimenti bisogna calmare i surreni. La Fase 1 ha proprio questo obiettivo: allentare la tensione e lo stress. Vediamo come si compone.

moderatamente proteica e povera di grassi.

Abbonda di alimenti ricchi di carboidrati:

Riso integrale	Pasta di riso integrale
Avena	Piadina di farro o di riso integrale
Quinoa	Latte di riso
Riso selvatico	

È ricca di zuccheri naturali:

Mango	Pere
Mele	Ananas
Fichi	Fragole
Pesche	Anguria

È ricca di vitamine B e C:

Carne di manzo magra	Arance
Tacchino	Guava
Avena	Kiwi
Lenticchie	Limone e lime

Contiene una moderata quantità di proteine ed è povera di grassi.

Come mangiare

Non è necessario iniziare la Fase 1 di lunedì, ma credo sia la cosa più semplice. Scegliendo dall'elenco degli alimenti previsti per questa fase (*vedi* elenco a fine libro), consumerete:

- Tre pasti ricchi di carboidrati, con poche proteine e poveri di grassi.
- Due spuntini a base di frutta.

Il menu della vostra giornata potrebbe essere il seguente:

COLAZIONE	SPUNTINO	PRANZO	SPUNTINO	CENA
Cereali	Frutta	Cereali	Frutta	Cereali
Frutta		Proteine		Proteine
		Verdura		Verdura
		Frutta		

Attività fisica

Durante la Fase 1 faremo almeno un allenamento aerobico intenso, per esempio corsa, cyclette ellittica o una lezione di aerobica a ritmo sostenuto. Per la Fase 1, ricca di carboidrati, questo tipo di allenamento è l'ideale.

Questa prima fase è per gli amanti dei carboidrati: dalla frutta alla pasta, dal riso ai cracker, dal pane tostato alle gallette (*vedi* p. 243). Questi alimenti ricchi di carboidrati, moderatamente proteici ma poveri di grassi hanno l'effetto di nutrire il surrene e allentare lo stress fisiologico. Vorrei che in questa prima fase l'organismo si innamorasse letteralmente del cibo, in modo che sia piacevole e divertente da seguire. La frutta dolce e i cereali integrali stimolano le endorfine nel cervello e inondano l'organismo di nutrienti subito accessibili, rendendo la Fase 1 nutriente e allettante al tempo stesso.

A livello biologico, l'obiettivo è stimolare l'attività dei cinque protagonisti dei processi digestivi e del metabolismo: fegato, ghiandole surrenali, tiroide, ghiandola pituitaria, sostanza del corpo. Le ghiandole surrenali, in particolare, vengono nutrite proprio da questo flusso costante di zuccheri naturali, favorendo la calma e l'efficienza dell'organismo. Il surrene risponde ai picchi e ai cali glicemici secernendo ormoni dello stress che si specializzano proprio nell'accumulo di grasso. Stabilizzando invece l'apporto di zuccheri – anche elevato, purché entro certi limiti – le ghiandole surrenali si calmano e iniziano a metabolizzare i grassi in maniera più efficiente. Questo bilanciamento degli zuccheri è fondamentale per i soggetti diabetici, insulinoresistenti o ipoglicemici, e in caso di forte aumento di peso o di elevati livelli di trigliceridi.

Gli alimenti della Fase 1 (*vedi* lista completa a p. 243) sono scelti appositamente perché ricchi di sostanze che stimolano il metabolismo. In particolare, contengono le vitamine B e C. Le vitamine del gruppo B sono presenti in fagioli, carne e cereali integrali. Stimolano la tiroide e innescano la termogenesi, che rivitalizza il metabolismo bruciando i grassi.

Le vitamine del gruppo B sono anche fondamentali nel metabolismo di grassi, proteine e carboidrati. La vitamina C presente in frutta come arance e fragole, ma anche in verdure come broccoli e patate dolci,* contribuisce alla trasformazione del glucosio in energia, che è uno degli obiettivi della Fase 1. Queste vitamine agevolano il trasporto del glucosio nei mitocondri – minuscole fornaci che bruciano i grassi nelle cellule –, dove viene frazionato e trasformato in energia anziché accumularsi nei tessuti sotto forma di grasso. Il ricco apporto di vitamina B previsto nella Fase 1 aiuta inoltre le ghiandole surrenali a stimolare il metabolismo dei grassi e lo sviluppo di massa muscolare magra.

La Fase 1 persuade delicatamente il metabolismo che l'emergenza è finita e può tranquillamente rimettersi a digerire gli alimenti, utilizzandone energia e nutrimento invece di accumularli sotto forma di grasso per carestie e privazioni future.

Nei primi due giorni si rieduca l'organismo a trasformare il cibo in energia anziché in adipe. È come se gli dicessimo: «Tranquillo, va tutto bene». E con gli alimenti scelti per la Fase 1, l'organismo si convincerà e inizierà a pensare che forse l'emergenza è finita davvero. A rendere concreto questo risultato nella Fase 1 è la stimolazione degli enzimi digestivi. Inondando l'organismo di un simile flusso di nutrienti e di energia, questo può rimettersi a scomporre gli alimenti e a estrarne le sostanze nutritive di cui sono ricchi.

Ma è bene che la digestione sia il più possibile agevole, per questo l'assunzione di proteine rimane moderata e quella di grassi

---

* Per patata dolce si intende l'*Ipomea batatas*, un tubero dalla buccia tendente al rosso con polpa giallo arancio e sapore simile alla zucca.

molto ridotta. Grassi e proteine sono più difficili da digerire rispetto ai carboidrati di cereali e frutta, quindi mantenendone limitato il quantitativo, l'organismo fatica di meno e si sente incoraggiato. Gli enzimi della digestione estraggono vitamine, minerali e fitonutrienti dagli alimenti consumati, e il metabolismo inizia così a riprendersi dalla privazione cui è stato sottoposto. La scelta alimentare della Fase 1 è pensata per risultare gradevole all'organismo. Elimina tutte quelle cose che provocano stress fisico, quei sabotatori del metabolismo che sono il grano, i latticini e la caffeina, tutta roba che provoca irritazione o infiammazione gastrointestinale rallentando l'intestino e inducendo l'insulinoresistenza. Questi alimenti per ora sono fuori gioco.

La Fase 1 calmerà le ghiandole surrenali, riducendo la produzione di ormoni dello stress, che favoriscono l'adipe. La glicemia si stabilizza e l'organismo si sente improvvisamente fuori pericolo. La Fase 1 è piacevole per l'organismo, ma lo è anche per voi. I sapori dolci e gradevoli dei suoi alimenti vi daranno conforto sia fisico sia emotivo, tutto secondo i piani. Molti dietomani non vedono questi alimenti da mesi, se non da anni. È tempo di tornare alla normalità. Nella Fase 1 non ci si sente a dieta, ma nella «normalità».

Chi ha sempre fatto diete povere di carboidrati, appena vede l'elenco degli alimenti della Fase 1 di solito va nel panico, perché si è sempre sentito ripetere che fanno male. Allora: i carboidrati non fanno male, anzi il cibo non fa male. A patto, beninteso, di scegliere alimenti sani. La frutta, il riso integrale, l'avena o i cereali alternativi come la quinoa o l'amaranto, oppure le lenticchie o i fagioli, sono tutti cibi sani.

I carboidrati da non assumere assolutamente in questa fase sono *gli zuccheri raffinati, il frumento e il mais*, poiché molto più gravosi per l'organismo e di cui quasi tutti abbiamo abusato per decenni. Se invece non avete mai seguito diete povere di carboidrati e siete abituati ad alimenti e zuccheri raffinati che non richiedono un grosso sforzo digestivo, allora dovrete riabituarvi. Gli alimenti ricchi di zuccheri raffinati tendono a impigrire il pancreas, le ghiandole surrenali, la tiroide e la cistifellea. È un po' come avere sempre fatto cyclette a ritmo supermoderato e distrattamente davanti al televisore e poi trovarsi all'improvviso davanti un istruttore che vi fa lavorare sul serio. Ma questo non è un centro di addestramento reclute: qui l'istruttore è un tipo gentile ed educato che vuole aiutarvi a ritrovare la forma senza sfinirvi, facendovi recuperare forza e resistenza.

Si tratta di nutrirsi e di coccolarsi, non vogliamo brutalizzare nessuno. Basta luoghi comuni, in tutti i sensi. Le vitamine del gruppo B, in questa Fase 1, aiuteranno ad allontanare la naturale sensazione di panico che si prova temporaneamente quando l'organismo si vede privato di zuccheri raffinati e farine bianche, che danno dipendenza.

Un ulteriore effetto di questa prima fase è che non avrete più attacchi di fame. Niente zuccheri raffinati, bibite o frutta secca o essiccata in questa fase: rendono le cose troppo facili e fanno impigrire il metabolismo. Sì, invece, a mele e pere succose, ananas, fragole, anguria e arance, ma anche a frullati di frutta, farro, avena e pasta di riso integrale.

Oltre alla frutta e ai cereali integrali, in questa Fase 1 assumerete anche proteine di alta qualità, come quelle del pollame biologico, ma anche di erbe e spezie come prezzemolo e coriandolo, che stimolano gli enzimi della digestione, così avrete parecchie proteine facilmente digeribili. Tutto ciò che consumerete sarà ricco di nutrimento, perché più un alimento è nutriente, maggiore è la spesa calorica necessaria all'organismo per assimilarlo. Così si dà la sveglia a organi ed enzimi digestivi: «Forza, ragazzi, abbiamo del lavoro da fare!»

Di solito i miei clienti adorano la Fase 1 perché è ricca di alimenti gustosi che non fanno sentire a dieta. Un ulteriore beneficio è che i carboidrati buoni danno una spinta all'umore, attenuano il bisogno sconsiderato di zuccheri e contribuiscono a tenere a bada il panico da astinenza da caffeina, se per i prossimi ventotto giorni la terrete alla larga dall'organismo (cosa che vi consiglio caldamente di fare). La scelta alimentare della Fase 1 contribuisce a tenere a freno questa «crisi», e lo stesso farà la frequenza dei pasti: cinque o anche sei al giorno, quindi preparatevi!

Con calma, serenità e in un clima di abbondanza: così vogliamo iniziare la Fase 1. Segnaliamo all'organismo che tutto quello che gli occorre è prontamente disponibile; estraiamo dagli alimenti il loro nutrimento per saziare il surrene, e un surrene felice e satollo prepara il corpo a rilasciare il grasso accumulato.

Niente più stato d'emergenza, niente più carestie. Se siete stati sempre a dieta, l'organismo lo interpreterà come un importante segnale di sollievo.

GLICEMIA: CHE COSA SIGNIFICA?

Avrete certamente sentito la parola «glicemia» prima di leggere questo libro, così come le espressioni «indice glicemico» e «alimenti a basso indice glicemico». Si parla molto di indice glicemico (IG), ma pochi sanno che cosa sia esattamente. Ai miei clienti lo spiego così: è la velocità con cui un certo alimento rilascia zuccheri.

Prendiamo un bicchiere di spremuta d'arancia e una tazza di spicchi d'arancia. Entrambi contengono lo stesso quantitativo di zuccheri, diciamo 23 grammi, ma l'IG della spremuta è superiore, perché l'organismo trasformerà gli zuccheri della spremuta in zuccheri nel sangue molto più velocemente. Questo avviene perché le fibre presenti negli spicchi interi e non spremuti rallentano l'assorbimento degli zuccheri.

Il problema degli alimenti con un indice glicemico molto elevato, come gli zuccheri raffinati estratti dal loro naturale involucro (l'arancia, per esempio) e trasformati in succo, in zucchero semolato, sciroppo d'acero o altri edulcoranti ancora, è che vanno in circolo nel sangue troppo rapidamente. Quando l'organismo riceve troppi zuccheri in una volta, cioè più di quanti riesce a tramutarne in energia per la muscolatura, reagisce spedendoli dritti nelle cellule adipose.

La Fase 1 prevede alimenti a IG elevato, ma non elevatissimo. Infatti non compaiono spremute, frutta secca o essiccata e zuccheri raffinati di ogni tipo, né i frutti più zuccherini in assoluto, come uva o banane. Ci concentreremo invece su frutta e cereali integrali ricchi di fibre, in modo da rimanere in quella zona virtuosa in cui l'organismo è costantemente rifornito di zuccheri che danno energia, ma non più di quanta il fisico possa gestirne, altrimenti finirebbe con l'accumulare altro grasso.

Ma perché si perde peso nella Fase 1? Mi piace illustrare la dinamica in atto nel corpo con un esempio. Immaginate che la vostra migliore amica vi chieda di poter organizzare la sua festa di fidanzamento a casa vostra, con antipasti ricercati, una bella torta, regalini da distribuire ai presenti e addobbi vari. Sapendo che avete già molto da fare, i casi sono due: o rispondete con un cortese diniego, o vi rassegnate ad affrontare uno stress pazzesco che rischia di sopraffarvi.

È come chiedere al vostro corpo di perdere peso quando già siete stressati e privati dei nutrienti. Il corpo rischia di rispondervi: «Mi dispiace, ma proprio non riesco ad accontentarti». Oppure farà come volete, ma non ne sarà affatto contento. E allora sarà un disastro.

Immaginate invece che la vostra amica vi faccia la sua richiesta in questi termini: «So che sei molto impegnata, quindi chiamerò un catering che non solo serva da mangiare, ma che dopo pulisca e riordini tutto. E alla fine manderò anche un'impresa di pulizie per lavare la moquette». Beh, a questo punto che ve ne pare? Non male come prospettiva, no? Anzi, rischiate pure di divertirvi. Non siete abituati a un simile servizio, neppure quando organizzate le vostre feste. Così, quando arriveranno quelli del catering e qualcuno esclamerà: «Oh, no! Abbiamo dimenticato le forchette!» voi sarete talmente entusiasti e su di giri che vi infilerete in cucina gongolanti e risponderete: «Forchette? Non vi preoccupate, ne ho quante ne volete!»

È così che chiedete al vostro corpo di perdere pesi nella Fase 1. Dando all'organismo il naturale apporto di zuccheri, carboidrati, fibre e proteine di cui ha bisogno per funzionare correttamente e agevolmente, la richiesta di bruciare grassi può essere facilmente soddisfatta. Ma così il corpo non ingrassa? È come per le forchette della festa: l'organismo non avrà difficoltà a cedere del grasso da bruciare, perché non sarà assillato da altre restrizioni alimentari. Ha ciò che gli serve per sentirsi bene, e in abbondanza. Bruciare grassi? direte voi. Certo! L'organismo riceve il sostegno di cui ha bisogno, quindi anche bruciare grassi diventa semplice e piacevole.

La dieta del Supermetabolismo vuole ottenere lo stesso risultato perseguito da qualsiasi altra dieta, cioè perdere peso, ma in questo caso le premesse sono molto diverse.

Ciò non significa che la Fase 1 non abbia regole. Per esempio, una cosa da evitare rigorosamente in questa fase è l'eccesso di grassi. Niente mandorle o avocado. Fornendo carboidrati senza grassi, l'organismo inizia a metabolizzare le proprie riserve di grasso per recuperare i lipidi di cui ha bisogno.

È questo il duro lavoro che gli chiediamo in questa Fase 1, che a voi potrà sembrare una passeggiata, ma per l'organismo è molto impegnativa. I deliziosi carboidrati e le proteine servono quindi a distrarlo, nutrendolo ma allo stesso tempo obbligandolo a cercare il grasso altrove. Inizierete così a bruciare adipe anziché massa muscolare, perché non avrete bisogno di ciò che si trova nei muscoli. Quello lo prenderete altrove. In piena festa degli zuccheri naturali, il corpo neppure noterà di avere iniziato seriamente a bruciare grassi. Per questo la Fase 1 viene per prima, perché inonda l'organismo di sostanze nutritive e lo fa partire in quarta in un modo apparentemente allettante, ma che in realtà impegna seriamente il corpo.

FASE 1: LA GIORNATA TIPO

Nella Fase 1 farete colazione entro mezz'ora dal risveglio. Mangerete cereali e frutta, per esempio avena e frutti di bosco (niente noci o semi di lino, sono alimenti previsti nella Fase 3), oppure melone e una fetta di pane di farina di farro o di riso integrale. La mia assistente va pazza per la crema di riso integrale calda con le pesche bio che compra surgelate. Una mia cliente mette invece l'avena nel frullato di frutta (*vedi* questa e altre ricette per la Fase 1 nel Capitolo 11).

Tre ore dopo, uno spuntino a base di frutta. Potete scegliere mango o ananas, clementina, melone o fragole.

Altre tre ore e il pranzo consiste di un cereale, proteine, una porzione di verdura e un frutto, sempre scegliendo dall'elenco degli alimenti previsti per la Fase 1 a p. 243. Potete mangiare pollo e broccoli, o tacchino, fagioli bianchi e zuppa di cavolo nero, oppure prosciutto di tacchino con lattuga e pomodori accompagnato con pane di grano germogliato, insieme con pesche o ananas grigliato o una mela cotta. E ricordate di non buttare gli avanzi: se siete al secondo giorno della Fase 1, potete consumare tranquillamente ciò che vi è rimasto dalla sera prima.

Come spuntino pomeridiano, altra frutta: potete sempre portare con voi una mela o una clementina, oppure tagliate a fette e gustatevi una bella pera succosa.

A cena di nuovo un cereale, una porzione di verdura e una di proteine. Per esempio, un filetto con i broccoli e pasta di riso integrale, o un chili di tacchino, o pollo e riso selvatico. Solo a parlarne mi viene l'acquolina!

FASE 1: SPUNTINI SEMPLICI E A COLPO SICURO

Mela
Arancia
Mango surgelato
Ananas surgelato

Per ulteriori spuntini in Fase 1, *vedi* le ricette a p. 184.

In questi due giorni, quindi, il corpo si riabituerà a trasformare gli alimenti che assume in energia, anziché accumularli sotto forma di grasso. Grasso che si è accumulato proprio dove non volevate, e di cui ci occuperemo molto presto, ma per ora l'obiettivo è fare in modo che l'organismo riprenda a bruciare ciò che mangiate.

Questa era la Fase 1, che dura solo due giorni e vi farà sentire benissimo. Ma ricordate: solo cereali, verdura, frutta, proteine magre e pochissimi grassi. È fondamentale. Intesi? Perfetto. Allora passiamo alla Fase 2.

FASE 2
SBLOCCARE IL GRASSO ACCUMULATO
E SVILUPPARE MASSA MUSCOLARE

In breve

È la fase altamente proteica, ricca di verdure, povera di carboidrati e di grassi.

È ricca di cibi che sostengono la funzionalità epatica (che a sua volta aiuta le cellule a disfarsi del grasso):

Verdure in foglia	Cipolle
Broccoli	Aglio
Cavolo	Limoni

È ricca di proteine magre:

Manzo magro	Maiale magro
Carne bianca	Tonno
(pollo o tacchino)	Prosciutto di tacchino
Pesce povero di grassi	Carne di manzo essiccata
(palombo, sogliola,	senza nitrati (jerky)
rombo, halibut)	

È ricca di verdure alcalinizzanti e poco glicemiche:

Cavolo nero	Lattuga
Erbette	Rucola
Bietole	Crescione

È ricca di alimenti che stimolano la produzione di carnitina:

Manzo	Merluzzo
Carne bianca	Asparagi

Non comprende frutta o cereali ed è povera di grassi.

segue

Come mangiare

Se la Fase 1 è iniziata di lunedì, la Fase 2 è per il mercoledì e il giovedì. Scegliendo dall'elenco degli alimenti per questa fase riportato a p. 245, consumerete:

- Tre pasti ricchi di proteine, poveri di carboidrati e poveri di grassi.
- Due spuntini proteici.

Il menu della vostra giornata potrebbe essere:

COLAZIONE	SPUNTINO	PRANZO	SPUNTINO	CENA
Proteine	Proteine	Proteine	Proteine	Proteine
Verdura	Verdura (facoltativa)	Verdura	Verdura (facoltativa)	Verdura

Attività fisica

Durante la Fase 2 fate almeno un allenamento anaerobico (pesi), con carichi elevati e numero di ripetizioni ridotto. Sollevare pesi stimola nettamente il metabolismo, quindi dateci dentro! Se avete dubbi sulla corretta esecuzione degli esercizi, rivolgetevi a un istruttore qualificato, oppure seguite lezioni di ginnastica in cui si faccia uso di pesi.

Nella Fase 2 ci sono alimenti completamente diversi da quelli consumati nella Fase 1. Sono cibi che spingono il metabolismo a produrre massa muscolare e a eliminare l'adipe, poiché ricchi di proteine magre che l'organismo trasforma prima in amminoacidi, poi facilmente in muscoli. Le proteine insieme alle verdure scelte rendono praticamente impossibile anche solo a una parte di questi alimenti di trasformarsi in adipe.

Poiché siete appena usciti dalla Fase 1, in cui le ghiandole surrenali sono state tranquillizzate e i livelli di cortisolo riportati a valori ragionevoli, l'organismo tende a rilasciare le cellule grasse accumulate su fianchi, glutei, ventre e cosce. Gli amminoacidi, inoltre, sono l'ideale per stimolare il fegato e rivitalizzare i meccanismi di trasporto dei grassi, che favoriscono l'accelerazione del metabolismo. Per ricavare energia non bruciate più soltanto gli alimenti, ma anche il grasso accumulato, quindi rigate dritto a tavola e non dimenticate gli esercizi con i pesi, anche perché state iniziando a mangiare con uno scopo, non più a casaccio.

L'obiettivo della Fase 2 è agire in modo intensivo sulla struttura dell'organismo, trasformando il grasso accumulato in muscoli. È una fase talmente mirata e intensa che non si può protrarre per più di due giorni. È incentrata sui muscoli, e i muscoli divorano calorie (energia potenziale): contrarli e distenderli costantemente richiede carburante. Quindi più siete muscolosi, più bruciate grassi. Del resto, avete mai visto l'adipe fare altro se non penzolarvi intorno alla pancia?

Quanti più muscoli metterete su durante la dieta del Supermetabolismo, tanti più alimenti potrete consumare, e più sostenuto sarà il ritmo del vostro metabolismo.

Lo scopo di questa fase ricca di proteine, povera di carboidrati e povera di grassi è rivitalizzare la muscolatura e rilasciare il grasso accumulato. Nella Fase 1 abbiamo esortato l'organismo a calmarsi e a iniziare a digerire davvero gli alimenti, anziché accumularli. Adesso mangeremo in modo mirato per assorbire proteine e perdere grasso.

Gli alimenti previsti per la Fase 2 permettono di utilizzare l'energia immagazzinata sotto forma di grasso e di bruciarla come carburante. Le proteine magre e le molte verdure sono fondamentali, perché «sbloccano» l'adipe accumulato e lo mandano in circolo nel sangue. Questo prepara l'organismo alla Fase 3, quando sarà invece il momento di concentrarsi sulla produzione di ormoni che brucino rapidamente il grasso liberato. Ma per bruciare le cellule grasse, bisogna anzitutto liberarle dalla «trappola» in cui si trovano.

Iniziate a capire come tutto è collegato? Con la Fase 1 abbiamo risolto il problema più urgente (calmare l'organismo e convincerlo a smaltire ciò che assume). Con la Fase 2 stiamo invece liberando il grasso intrappolato, che andremo a bruciare nella Fase 3, ma solo quando sarà il momento: per poter essere usato come combustibile, dobbiamo prima renderlo accessibile. Per questo sono permesse prelibatezze come filetto di maiale e halibut, omelette di albumi e tonno, bistecche, pollo e tutte le verdure verdi che volete, dai broccoli agli spinaci, dagli asparagi al sedano, dai finocchi al cavolo nero, e anche i funghi. E per le verdure non intendo mezza tazza* di questo o di quello, ma porzioni generose: quattro tazze di broccoli, un mazzo di asparagi o una manciata di spinaci. Via libera a tutte queste verdure, perché hanno la proprietà di sbloccare il magico processo di trasformazione delle proteine in favolosi muscoli.

Privilegiare le proteine magre e le verdure meno glicemiche durante questa fase favorisce la conservazione e lo sviluppo della massa muscolare, e al tempo stesso fa perdere peso corporeo principalmente sotto forma di grasso.

Ricordate che cosa ho detto: se non riceve un sufficiente apporto di nutrienti, l'organismo ignora il grasso e attinge dai muscoli. La Fase 2, infatti, serve a fare in modo che questo non accada più.

È una fase poco glicemica, poiché non ci sono alimenti che facciano salire di molto il livello di zuccheri nel sangue. Dopo tutta quella buona frutta e i cereali della Fase 1, ora ci muoviamo nella direzione opposta. I prossimi due giorni saranno una festa delle proteine magre: pollo o tacchino, pesce bianco e tagli magri di manzo, maiale e albumi. E mangerete anche parecchie verdure poco glicemiche e alcalinizzanti, soprattutto quelle verdi come cavolo, cavolo nero, cetrioli, broccoli, lattuga, spinaci e altre verdure prive di amidi come peperoni rossi e cipolle, e pure i funghi.

A costruire i muscoli sono gli amminoacidi ottenuti dalla scomposizione delle proteine. Un flusso costante di proteine facilmente digeribili (cioè poco grasse) consente di continuare a sviluppare massa muscolare, che è uno degli aspetti cruciali della Fase 2. A maggiore massa muscolare corrisponde un metabolismo più veloce: è una semplice equazione, quindi meno muscoli significano un metabolismo più lento. Questo spiega perché durante la Fase 2 l'organismo viene

* 1 tazza equivale a 240 ml.

inondato di proteine, e perché sono invece scarsissimi i carboidrati. L'obiettivo è favorire la costruzione di massa muscolare e il consumo di grassi, anziché il consumo di zuccheri ottenuti dai carboidrati, come invece avveniva nella Fase 1. Non perdete mai di vista questo meccanismo: confondere l'organismo per perdere grasso.

La Fase 2, inoltre, stimola il fegato in maniera diversa, grazie ai nutrienti e all'effetto alcalinizzante delle verdure verdi. La Fase 2 si concentra sugli amminoacidi, e in particolare sul modo in cui questi promuovono la funzionalità epatica.

Gli alimenti altamente proteici e scarsamente glicemici della Fase 2 sembrano fatti apposta per il fegato, che è responsabile di oltre seicento funzioni metaboliche, tra cui la trasformazione di ogni nutriente in una forma biodisponibile all'organismo. Ed è il fegato a spingere l'organismo a liberarsi dei grassi accumulati: è un aspetto essenziale, quindi è indispensabile attenersi scrupolosamente all'elenco degli alimenti e al programma alimentare previsti per la Fase 2, poiché sono stati concepiti per stimolare il fegato scomponendo le proteine in amminoacidi, che vengono poi trasformati in sostanze utili al fegato come la carnitina.

Abbiamo già parlato della carnitina. È uno dei nutrienti più potenti per stimolare il metabolismo, e quindi per liberare l'adipe accumulato nella circolazione sanguigna, dove potrà essere impiegato per la produzione di energia. La carnitina funge da veicolo delle cellule adipose, trasportandole direttamente nei mitocondri perché vengano bruciate. È questa la sede in cui ha luogo tra l'80 e il 90 per cento dei processi metabolici, in questo minuscolo organo delle cellule.

Consumare alimenti che stimolano la conversione delle proteine in amminoacidi e in carnitina serve infatti ad accedere direttamente a queste minuscole fornaci bruciagrasso. Portato il grasso alla fornace, questo può finalmente bruciare.

Gli alimenti della Fase 2 stimolano la cistifellea, cui spetta il compito di scomporre i grassi, nonché il pancreas, che scompone le proteine (e produce l'insulina, il regolatore degli zuccheri nel sangue:

ecco perché nella Fase 1 l'abbiamo così coccolata). La Fase 2 inco-
raggia questi due importanti organi a produrre gli specifici enzimi
digestivi necessari alla Fase 3, quella del metabolismo dei grassi.

Come avrete capito, si tratta di un vero e proprio allenamento
del metabolismo, e anche piuttosto impegnativo, ma tutto questo
cross-training del metabolismo vi consentirà di usare ciò che mangiate per perdere peso.

La Fase 2, inoltre, inonda l'organismo di vitamina C, che toni-
fica e rafforza i surreni appena nutriti con la Fase 1. Più i surreni
sono forti, meno reagiranno nei momenti di stress. La Fase 2 aiuta
a rendere il corpo più resistente allo stress, poiché vi rinforza sul
piano fisico, ormonale ed emotivo. Non solo: le verdure verdi amare
consumate in abbondanza forniscono alla tiroide una ricca serie di
nutrienti, dalla taurina alla iodina, proprio per aiutarla a secernere
gli ormoni utili alla Fase 3. E poiché l'assunzione di grassi è ancora
ridotta al minimo, l'organismo continua ad attingere dal grasso
accumulato per bruciarlo.

In questa fase il corpo costruisce soprattutto massa muscolare,
grazie all'elevato apporto proteico. Ma non è questo il solo processo
termogenico che dà forma al fisico: anche le tante verdure alcalinizzanti che assumete in questi due giorni hanno lo stesso effetto.

A questo punto l'organismo è pronto a digerire tutte le proteine:
nella Fase 1 abbiamo già sollecitato gli enzimi digestivi, ma tutta
la verdura della Fase 2 darà alla digestione una spinta ancora più
significativa. Possiamo fare il pieno di proteine, ma poiché i grassi
sono limitati la digestione è ancora più sollecitata di quanto non lo
fosse nella Fase 1. È un ottimo allenamento per il metabolismo, ma
ricordate: deve durare solo due giorni, poi seguirà la fase dedicata
alla riparazione, quella curativa.

Stiamo ripristinando gradualmente le capacità dell'organismo
con l'aiuto dei fitonutrienti contenuti nelle verdure poco glicemiche.
Oltre a essere alcalinizzanti, le verdure verdi sono ricche di azoto,
essenziale per la costruzione di massa muscolare. L'azoto aiuta inoltre
l'organismo a frazionare tutte quelle proteine in amminoacidi, che

PARENTESI SCIENTIFICA

Per funzionare bene, all'organismo serve mantenere un certo pH. Ciò significa che il livello di acidità nel sangue deve restare entro determinati valori, sia per garantire le varie funzioni vitali, sia per avere un organismo sano. E il pH può essere influenzato dall'alimentazione.

Alcuni alimenti, come la carne, tendono a stimolare la produzione di acidi, perché la digestione della carne richiede più acidi. Le diete con molta carne e pochi vegetali alcalinizzanti agevolano l'acidificazione dell'organismo e lo mettono in uno stato di chetoacidosi. Così i grassi bruciano, ma a un prezzo altissimo. Spesso chi segue queste diete sviluppa una resistenza ai carboidrati, e tende a ingrassare appena si discosta da questo regime alimentare. Le diete con troppa carne sono inoltre gravose per i reni, aumentano la produzione di ormoni dello stress e lo stato infiammatorio generale. Seguire una dieta iperproteica senza un congruo apporto di verdure rallenta spaventosamente il metabolismo, con il rischio di trovarsi peggio di prima: appena si abbandona una dieta di sole proteine, è possibile mettere su una ventina di chili. Se avete seguito un regime del genere, il vostro metabolismo ha bisogno di una seria riparazione. E se in passato avete fatto body building, sapete qual è il rischio di un'elevata acidificazione per i muscoli: un eccessivo accumulo di acido lattico, che penalizza la crescita della massa muscolare.

Il bello della Fase 2 è che abbina un alto apporto proteico a una grande quantità di verdure verdi, che sono alcalinizzanti. Le verdure sono essenziali per impedire all'organismo di piombare in uno stato di acidità indesiderato. Le verdure hanno inoltre l'effetto di stimolare gli enzimi digestivi che aumentano la combustione dei grassi: è un po' come appiccare il fuoco nel camino. In realtà le verdure alcalinizzanti sono molte, ma quelle verdi scarsamente glicemiche lo sono in particolare. Ecco perché le diete che prevedono centrifugati o frullati di verdure verdi vengono definite «alcalinizzanti».

Le verdure verdi sono eccezionali in caso di forte apporto proteico, quindi consumatene in abbondanza per mantenere il pH dell'organismo entro limiti sani. Vedetela così: le proteine sono il ceppo di legno, le verdure verdi l'esca per il fuoco. Accendere direttamente il ceppo è difficile, ma con un'esca sarà più facile e immediato. Mescolate proteine e verdure alcalinizzanti, e il vostro metabolismo si accenderà.

serviranno a conservare e a sviluppare la massa muscolare. Tutte le proteine così assunte verranno facilmente assimilate dall'organismo. La Fase 2 trasforma letteralmente la composizione dell'organismo, costruendo muscoli laddove servono e bruciando il grasso dove è solo d'impiccio.

I fan della carne adorano questa fase, ed è di grande aiuto anche per chi seguiva un'alimentazione povera di carboidrati. Se amate cenare con una bistecca e un'insalata, o con una lonza di maiale e broccoli, o con un filetto di sogliola e asparagi, allora vi troverete benissimo in questa Fase 2. Forse non sentirete neppure il bisogno di carboidrati, essendovene saziati nella Fase 1. Questi due giorni voleranno, se pensate a tutta la ciccia che state sbloccando, e a quanti muscoli «innescametabolismo» state sviluppando.

FASE 2: LA GIORNATA TIPO

Nella Fase 2, la mattina dovete fare colazione entro mezz'ora dal risveglio, con proteine magre e verdura, per esempio un'omelette di albumi e spinaci, o del prosciutto di tacchino arrotolato con foglie di lattuga.

Due o tre ore dopo, uno snack proteico con un po' di verdure verdi, se volete. Potete mangiare del roast beef con un cetriolo a fettine oppure dei bocconcini di pollo senza nitrati.

Anche a pranzo ci sono proteine e verdure, magari pollo grigliato con lattuga e una generosa porzione di verdure della Fase 2, o del

FASE 2: SPUNTINI SEMPLICI E A COLPO SICURO

Carne di tacchino essiccata (jerky)
Tonno al naturale in scatola
Salmone affumicato
Albume sodo

Naturalmente, è sempre possibile aggiungere delle verdure. Per ulteriori spuntini in Fase 2, _vedi_ le ricette a p. 200.

tonno con peperoni rossi. E non dimenticate che potete anche terminare gli eventuali avanzi di una cena della Fase 2.

Lo spuntino del pomeriggio dovrà essere di nuovo proteico: un po' di affettato o della carne secca (a p. 214 trovate la ricetta per prepararvela da soli), oppure tre uova sode senza tuorlo, o del tonno con un po' di sedano.

A cena, altre proteine e verdura. Magari lonza di maiale e broccoli, petto di pollo e asparagi, o una bistecca con spinaci al vapore. Se non siete abituati a mangiare pochi carboidrati, la Fase 2 vi sembrerà piuttosto spartana, ma ricordate: è solo per due giorni e fa benissimo! E potrebbe essere più facile del previsto, perché assumere pochi carboidrati tende a smorzare l'appetito, a condizione di non insistere troppo a lungo.

E SE NON PIACE MANGIARE CON POCHI CARBOIDRATI?

La Fase 2 può risultare faticosa per chi ama la frutta, gli amidi e l'avena a colazione, ma sono solo due giorni e servono moltissimo. Tutto ciò che avete dato all'organismo nella Fase 1 è servito ad alimentare il processo di costruzione della Fase 2. E trattandosi di appena due giorni, non è necessario che ve ne innamoriate. Va bene così. In questa fase stiamo riparando il metabolismo, non è un giro al luna park.

Se rispettare queste regole vi innervosisce, distraetevi facendo pesi e sentite il calore che scolpisce il vostro corpo.

Vedetela così: se doveste fare fisioterapia dopo un infortunio, probabilmente vi piacerebbe la parte dei massaggi, ma odiereste dovervi toccare la punta dei piedi migliaia di volte al giorno. Eppure entrambe le cose sono essenziali per un buon recupero. Alcune parti sono fastidiose, ma rientrano nel programma di riabilitazione. Quindi, se vi capita di lamentarvi, ecco che cosa vi dico: sono fiera di voi, perché state accettando di uscire dai soliti schemi. Andate benissimo. State facendo esattamente il lavoro necessario per guarire, quindi continuate così.

Intanto è arrivato il momento della Fase 3, e sono sicura che vi piacerà.

FASE 3
LIBERARE LA COMBUSTIONE: ORMONI, CUORE E CALORE

In breve
È la fase ricca di grassi sani e di frutta poco glicemica, povera di carboidrati e povera di proteine.

È ricca di grassi sani:

Frutta secca e semi	Olive
Avocado	Olio d'oliva
Cocco	

Proteine grasse in quantità limitate:

Salmone	Semi di canapa
Burro di sesamo o di mandorle	Hummus

Frutta poco glicemica:

More	Mirtilli rossi
Mirtilli	Pompelmo
Lamponi	Limone e lime

Verdura, tuberi e legumi poco glicemici:

Carciofi	Melanzane
Asparagi	Spinaci
Fagioli	Alghe marine
Cavolfiore	Batate
Verdure in foglia	

Carboidrati non raffinati in quantità moderate:

Orzo	Quinoa e pasta di quinoa
Riso selvatico	Pane di grano germogliato
Avena	

Alimenti che stimolano la tiroide:

Alghe marine	Gamberetti
Olio di cocco	Aragosta

Alimenti ricchi di inositolo e colina:

Legumi (fagioli, ceci, lenticchie)	Frutta secca e semi
	Cavoletti di Bruxelles
Fegato di manzo e di pollo	

Come mangiare

Se avete iniziato la Fase 1 di lunedì, la Fase 3 sarà per venerdì, sabato e domenica. Dall'elenco degli alimenti previsti per questa fase riportato a p. 247 dovete consumare:

- Tre pasti.
- Due spuntini con grassi sani.

Il menu della vostra giornata potrebbe essere:

COLAZIONE	SPUNTINO	PRANZO	SPUNTINO	CENA
Frutta	Grassi e/o proteine	Grassi e proteine	Grassi e/o proteine	Grassi e proteine
Grassi e/o proteine	Verdura (facoltativa)	Verdura	Verdura (facoltativa)	Verdura
Cereali		Frutta		Cereali/amidi (facoltativi)
Verdura				

Attività fisica

Svolgete almeno un'attività fisica che combatta lo stress, come lo yoga o gli esercizi di respirazione, oppure fatevi fare un bel massaggio. Sì, vale anche quello: non è un'attività vera e propria, ma incrementa l'afflusso di sangue ai tessuti grassi e riduce i livelli di cortisolo, e per questa terza fase è perfetto.

La Fase 3 è divertente, piacevole e molto efficace. È la fase nella quale viene liberato tutto il potenziale di un metabolismo attivo, e in cui ci si concentra su quello che chiamo «albero termogenico»: ormoni, cuore e calore. Questi tre fattori favoriscono il riscaldamento metabolico dell'organismo e innescano i processi di combustione.

In questa fase verranno reintrodotti i grassi, che non avete assunto nei quattro giorni precedenti. A questo punto l'organismo è pronto: gli enzimi digestivi fanno faville, i muscoli sono belli pimpanti e il corpo è abbondantemente rifornito di alimenti nutrienti, e proprio quando ce n'è più bisogno inizia l'afflusso di grassi sani per il cuore, dando il via ai meccanismi che ricavano energia dai grassi.

Ora cominciate a bruciare sia i grassi che assumete, sia quelli sbloccati nella Fase 2. La Fase 3 è ricca di grassi, pochi carboidrati, poche proteine e frutta poco glicemica, ed è qui che si cominciano a vedere i primi cambiamenti. È la fase che appiattisce il ventre e spiana i rotoli di cellulite. Assumerete un aspetto diverso e tutti vi chiederanno se siete dimagriti, domanda a cui potrete tranquillamente rispondere di sì.

Questa fase è tutta incentrata sul calore, e vi farà sicuramente apparire più belli. È diversa da quelle precedenti: dura tre giorni anziché due ed è probabilmente quella più critica della dieta del Supermetabolismo, ma non avrebbe alcun senso se prima non avessimo gettato le basi con le altre due fasi.

Per tutta la settimana l'apporto di grassi è stato minimo, perché abbiamo inondato l'organismo di sostanze provenienti da carboidrati scelti, verdure verdi in quantità e proteine di qualità, inducendolo a bruciare il grasso accumulato e a sviluppare muscoli. Ma al quinto giorno della settimana l'organismo comincia a sospettare qualcosa: Un momento, si dice. Qui non arrivano più grassi. Forse è il caso di metterne da parte un po'? Niente affatto, gli risponde la Fase 3. Ecco il grasso che fa per te: abbondante, delizioso e salutare!

La Fase 3 è ricca di grassi, ma non di grassi qualsiasi. Niente fritti, niente pezzi di formaggio, per carità! Sì invece ai grassi sani di noci, avocado, semi e olio d'oliva, di sesamo o di vinaccioli.

Ecco che cosa succede mangiando in questo modo. Nella Fase 2 i nutrienti derivati dalle verdure verdi hanno permesso di ripristinare e di rifornire gli organi e le ghiandole responsabili dello smaltimento dei grassi. La cistifellea, in particolare, stimolata dal pancreas, ora sa come bruciarli alla grande. Un po' come per fare soldi ci vogliono soldi, per bruciare grassi ci vogliono grassi, ed è esattamente ciò che avviene in questa Fase 3.

L'energia liberata dalla scomposizione delle cellule grasse è enorme. È denaro racchiuso nella cassaforte nascosta nel pavimento sotto il letto, e sotto uno strato di cemento, ma la dieta del Supermetabolismo è il martello pneumatico per andare a prenderlo. I benefici per la salute sono strabilianti, non solo in termini di prevenzione delle malattie, ma anche per come ci si sente fin da subito. Quando la gente si lamenta e piagnucola per il grasso sulla pancia, sui fianchi

PARENTESI SCIENTIFICA

Nella Fase 3 non trascurate la porzione di verdure a colazione. È molto importante: la verdura contiene cellulosa, e un elevato consumo di cellulosa permette di produrre una grande quantità di enzimi proteolitici, che servono per scomporre ogni alimento in componenti digeribili e utilizzabili. Consumando molti grassi bisogna assicurarsi che vengano scomposti e trasformati in energia, per evitare che si accumulino. Senza tale scomposizione la Fase 3 non sarebbe completa, e questo processo è agevolato proprio dalla verdura.

Non dimenticate che anche la Fase 3, come la Fase 1, può trarre in inganno: sembra piacevole perché il cervello è investito da un flusso di ormoni del benessere che fa apparire tutto facile, ma in realtà l'organismo svolge un lavoro enorme. Ci si sente sazi e contenti, eppure sfruttare e digerire tutto quel grasso alimentare richiede tanta energia, e l'energia richiede cibo. Abbiamo già visto che le calorie in entrata non sono pari a quelle in uscita, e questo è più che mai vero per la Fase 3, ma perché sia così è necessario mangiare verdura, anche a colazione.

o sotto il mento, io dico sempre: «Buon per te! Hai delle riserve da bruciare, con tutti i benefici del caso!»

Quando iniziate a fornire all'organismo i grassi giusti, quelli buoni, dopo tutto il lavoro che è stato costretto a fare per trovare il grasso accumulato e metabolizzarlo, può finalmente tirare il fiato. L'organismo parte in quarta a bruciare sia i grassi recenti assunti con la nuova alimentazione, sia quelli accumulati in passato. I grassi che gli state fornendo con quello che mangiate, così facili da scomporre, contribuiscono a innescare un flusso di enzimi lipolitici dalla cistifellea, che vanno a caccia del grasso accumulato, lo prelevano a forza e lo danno in pasto alla fornace. Paradossalmente, assumere grassi dopo qualche giorno di astinenza permette di bruciarne come non mai. È il classico esempio di che cosa significa *calmare* gli ormoni dello stress, *sbloccare* il grasso accumulato e *liberare* gli ormoni che bruciano il grasso: il metabolismo viene spiazzato perché colto di sorpresa, ed è questa la forza del metodo.

La Fase 3 è intensa e potente. L'afflusso di grassi alimentari sani alimenta il cervello, la libido, la tiroide e i surreni, e tutto inizia a funzionare come un macchinario ben oliato. Dal momento che il grasso è più ricco di energia rispetto ai carboidrati o alle proteine, in questa fase noterete probabilmente una vampata d'energia. Il flusso sanguigno aumenta e il metabolismo inizia a bruciare più di prima. Vengono combinati due fenomeni molti interessanti: l'intensità della combustione dei grassi e l'effetto rilassante provocato da un sufficiente apporto di grassi.

La Fase 3 ha lo stesso effetto dello yoga, che fa calare gli ormoni dello stress e fornisce all'organismo le sostanze necessarie per produrre ormoni antistress. Tutto questo bruciare grassi e produrre ormoni è piacevole ma impegnativo. Anche perché l'organismo deve espellere tutte le tossine intrappolate nel grasso ora liberato. È dunque importante bere molta acqua e tenere sveglio l'intestino. Anche una sauna per eliminare un po' di tossine è consigliabile, in questa fase.

È della massima importanza mantenere tutto perfettamente in funzione: espellere tossine contribuisce a darvi un nuovo aspetto più snello e più atletico, perché insieme con le tossine se ne vanno anche il gonfiore e lo stato infiammatorio, nonché la cellulite. Se invece non vi liberate del grasso in eccesso e delle tossine, finirete con il riassorbirli: sarebbe come disfarsi della ciccia sul fianco destro per rimetterla su quello sinistro, e non è certo ciò che vogliamo. Invece vogliamo che il grasso se ne vada, non che trasloghi. Cercate di visualizzare quel grasso denso e giallastro liberato nella Fase 2 dalle cellule adipose che ora fluttua nel sangue e inizia a dissolversi. Gli ormoni che si attivano nella Fase 3 trasformano il grasso in sostanze idrosolubili facilmente frazionabili dai mitocondri per ricavarne energia, e facilmente eliminabili tramite il sudore, le urine e il sangue. Il grasso si sta letteralmente sciogliendo, si vede dal vostro aspetto!

Se la concentrazione di tossine è eccessiva, i reni lanciano un allarme rosso all'ipotalamo, alle ghiandole surrenali, all'ipofisi e alla tiroide per spingerli a rallentare. Questa è l'ultima cosa che ci vuole durante questo processo di detossificazione, quindi l'acqua è essenziale, poiché contribuisce a diluire le tossine, evitando che la loro espulsione stressi l'organismo.

A ogni modo, non noterete granché l'intensità fisiologica della Fase 3, specie con un adeguato apporto idrico, perché sarete totalmente assorbiti dalle delizie che mangerete: avocado, salmone, burro di mandorle, noci. Potete usare l'olio di sesamo per cucinare, o una spruzzatina di olio d'oliva sull'insalata, e accompagnare la verdura con hummus o guacamole. Tutte squisitezze che vi faranno bene.

La Fase 3 si concentra sulle sostanze capaci di stimolare il metabolismo in modo da fargli espellere il grasso dal corpo. Per esempio, gli alimenti contemplati in questa fase sono ricchi di colina e inositolo, fondamentali per metabolizzare i grassi e per evitare che rimangano intrappolati nel fegato. Queste sostanze, presenti in abbondanza nel tuorlo d'uovo e nella frutta secca, impediscono che il grasso appena liberato venga riassorbito, favorendone l'espulsione definitiva.

In questa fase è ammesso anche il pesce grasso, che abbassa i livelli di cortisolo e concorre a instaurare un sano equilibrio ormonale a livello di tiroide e di surreni. Un'altra star della Fase 3 è l'avocado, dotato di un particolare amido che contribuisce a riequilibrare la glicemia, a ridurre l'insulinoresistenza e a mettere le ali al metabolismo. La frutta secca, poi, contiene sostanze capaci di rallentare lo svuotamento gastrico: si tratta di grassi che inducono una sensazione di sazietà, la quale viene trasmessa all'organismo dall'ipotalamo e dall'ipofisi. Ma gli alimenti della Fase 3 generano anche endorfine, ovvero gli ormoni del benessere, che fanno sentire appagati e sazi.

I grassi presenti nell'olio d'oliva provocano uno spettacolare incremento dell'ossidazione, o bruciatura, dei grassi nel corpo, soprattutto del tessuto adiposo bruno usato come combustibile. Nell'istante stesso in cui addentate un morbido avocado o assaggiate il cremoso burro di mandorle, l'ipofisi inizia a secernere ormoni che concorrono alla scomposizione dei grassi.

La Fase 3 è inoltre ricca di lisina. La lisina è un amminoacido che contribuisce all'effetto asciugatura del fisico, con la cellulite che si spiana e i muscoli che appaiono più definiti. Questo è in realtà un

DATO DI FATTO

Ogni fase della dieta del Supermetabolismo fa bene al cuore, ciascuna a modo proprio. I cardiologi di una delle cliniche per cui lavoro dicono che faccio miracoli, ma ora lo sapete: è tutto merito delle tre fasi! Il cuore è composto di tessuti muscolari lisci, come il bicipite o il tricipite. E come per ogni altro muscolo, la funzione cardiaca dipende dalla capacità del miocardio di contrarsi e rilassarsi.

Nella Fase 2, con tutte quelle proteine, avete contribuito a ricostituire e guarire il muscolo cardiaco. Nella Fase 3, invece, gli fornite gli acidi grassi Omega-3 (quelli presenti nel pesce, nelle noci o nell'olio d'oliva), che fanno bene al cuore perché lo mantengono lubrificato e ne facilitano l'attività. Tornando alla Fase 1, nella seconda, terza e quarta settimana noterete una maggiore scioltezza nell'allenamento aerobico. L'attività cardiovascolare è prevista solo due giorni su sette, ma durante la dieta non occorre farne di più. Al termine dei ventotto giorni sarete non solo più snelli, più forti e più sani, ma avrete anche un cuore più «in forma».

vecchio trucco: prima di una fiera, ai cavalli o al bestiame veniva aggiunta lisina nel mangime per accentuarne il profilo muscolare. La lisina funziona in modo analogo anche nell'essere umano, non solo conferendo un aspetto migliore, ma contribuendo a liberarsi della cellulite e dell'adipe in superficie. Una mia cliente mi ha raccontato di avere perso 15 chili con un'altra dieta, ma le persone le chiedevano soltanto: «Hai cambiato taglio di capelli?» Invece, dopo avere perso i primi 5 chili con la mia dieta, tutti le dicevano: «Ma come sei in forma!» Questo è l'effetto lisina.

La lisina vi aiuterà a eliminare lo strato di grasso che nasconde i muscoli, e lo farà attraverso alimenti compresi della Fase 3 come nocciole e mandorle, semi di sesamo e di zucca, i vari burri ottenuti dalla frutta secca, la crema di sesamo (o tahina), il cocco, il tuorlo d'uovo e l'avocado.

Sebbene la Fase 3 sia ricca di grassi, non significa che in quei tre giorni potete mangiare qualsiasi cosa. La Fase 3 è poco glicemica, e per un'ottima ragione: non è una versione grassa della Fase 1, dove avevamo abbondato di alimenti ricchi di zuccheri naturali facilmente digeribili. I grassi, invece, sono la sostanza più faticosa da scomporre, il che richiede all'organismo un certo dispendio di energia. Se nella Fase 3 l'apporto di zuccheri fosse eccessivo, l'organismo finirebbe con il bruciare gli zuccheri anziché i grassi. Ecco perché in questa terza fase è essenziale mangiare alimenti poco glicemici. Ci vuole il giusto apporto di carboidrati: abbastanza da non sentire la carenza di energia, ma non così tanti da vanificare lo scopo principale, cioè bruciare i grassi.

Quindi non è questo il momento di rimpinzarsi di frutta e amidi. Nei programmi alimentari noterete cereali e frutta a colazione, un frutto a pranzo e, volendo, cereali anche a cena. Ma non vi sfugga una cosa: nessuno dei due spuntini prevede frutta o cereali, così come nessun cereale è contemplato a pranzo. È importante non sgarrare, altrimenti addio combustione dei grassi. I carboidrati di questa fase hanno il solo scopo di dare un contentino al metabolismo dei grassi. Sebbene queste prelibatezze vi piacciano tanto, non bisogna assolutamente andare oltre i tre giorni. Rifarete il pieno di carboi-drati quando sarete di nuovo in Fase 1, nella prossima settimana di dieta. Bisogna godere dei benefici di questa fase, ma non possiamo certo fermarci qui, perché abbiamo ancora molto lavoro da fare.

In fondo, dovete ringraziare il pannicolo adiposo che avete sul didietro, sulla pancia o sulle cosce, perché serve a ricordare all'or-ganismo come dovrebbe funzionare davvero. In questo senso il grasso ha una sua utilità pedagogica, e bruciandolo, il corpo impara e ricorda, così che anche a dieta finita continuerà a bruciare i grassi appena assunti e a trarre energia da quelli accumulati. In altre parole, il vostro metabolismo sarà rieducato a fare il proprio dovere, e non accumulerete più grasso superfluo.

FASE 3: LA GIORNATA TIPO

In questa fase dovete consumare la colazione entro mezz'ora dal risveglio, mangiando grassi sani, proteine, frutta, cereali e verdura scelta dall'elenco degli alimenti consentiti che trovate a p. 247. Per esempio, un'omelette (in questa fase usate pure tutto l'uovo) con spinaci, pomodori e funghi su una fetta di pane di grano germo-gliato tostata, o una scodella di avena con mandorle, pesche e latte di mandorle, più qualche fetta di cetriolo o sedano con succo di lime e sale.

Viene abbastanza spontaneo aggiungere della verdura a un'ome-lette, ma fatelo anche se a colazione optate per l'avena o per il pane

FASE 3: SPUNTINI SEMPLICI E A COLPO SICURO

Sedano e burro di mandorle
Frutta secca e semi
Avocado
Hummus e cetrioli
Guacamole

Per ulteriori snack in questa fase, *vedi* le ricette a p. 218.

tostato: serve a tenere acceso il meccanismo di sblocco del grasso, ma anche a favorire una sana digestione dei grassi. La verdura è ricca di enzimi fondamentali in tutto questo processo, e infatti vogliamo che la ciccia che avete addosso salti sul treno degli enzimi per ricavarne ormoni, muscoli ed energia.

Come spuntino mattutino, un quarto di tazza di hummus con le verdure. A pranzo, magari un avocado con una fetta di prosciutto di tacchino arrotolata con la lattuga (*vedi* questa e altre ricette per la Fase 3 a p. 217), o un'insalatona verde con il petto di pollo, e tante, tante verdure della Fase 3 condite con olio d'oliva, oppure con i condimenti presenti nell'elenco degli alimenti consentiti. Potete tranquillamente scaldare gli avanzi di una cena della Fase 3, ma scartate i cereali. A cena, gamberetti saltati o chili con avocado.

A volte le persone non hanno le idee chiare su quanti grassi consumare, e la mia risposta è quanti ne volete! E vale anche per l'olio d'oliva sull'insalata. Inzuppate pure la verdura nell'hummus o nel guacamole, spalmate pure il sedano con il burro di mandorle. È tutta roba che fa bene. Ed è solo per tre giorni. Questi grassi potenziano i processi termogenici, quindi forza! Finché vi attenete all'elenco degli alimenti consentiti e al programma alimentare per la Fase 3, non c'è alcun problema.

CAPITOLO 4

Le regole della dieta del Supermetabolismo: cosa fare e cosa non fare

ORA che sappiamo come e perché la dieta del Supermetabolismo funziona, è il momento di applicarla al vostro caso. In questo capitolo definiremo le regole da rispettare. Vi dirò esattamente che cosa dovete mangiare (e quali sono i pochi alimenti proibiti) nei prossimi ventotto giorni, che non saranno ordinaria amministrazione, bensì un periodo dedicato alle grandi riparazioni.

E se volete che funzioni, dovete accettare alcune regole, senza discutere e senza strappi. Per le prossime quattro settimane, queste condizioni non sono negoziabili.

Sono regole semplici e chiare, non particolarmente opprimenti. Voglio farvi perdere il grasso, non il senno. E voglio che non sia una galera. Ecco quindi una regola che vi piacerà: dovete nutrirvi. Anzi, la *prima* regola di questa dieta è che bisogna mangiare cinque volte al giorno, tutti i giorni, cioè trentacinque volte alla settimana. Non potrete saltare i pasti, quindi mangerete molto, eppure perderete peso. A patto, beninteso, che vi atteniate al piano strategico elaborato apposta per voi. Sono regole cruciali, e vedrete che funzioneranno.

Se volete avere successo, dovrete cambiare alcune abitudini, e non è detto che questo vi piacerà. Intendiamoci, non voglio farvi mangiare nulla a cui siate allergici o contrari per ragioni etiche, o che semplicemente detestate: le mie regole consentono un margine,

---

DIET

Cominciamo con il rappacificarci con la parola *diet* (dieta), o meglio con l'acronimo DIET, che nel mio programma sta per *Did I eat today?* (Oggi ho mangiato?), come in queste frasi:

- Oggi ho mangiato ogni tre-quattro ore?
- Oggi ho mangiato entro mezz'ora dal risveglio?
- Oggi ho mangiato rispettando la fase in cui sono?
- Oggi ho mangiato abbastanza carboidrati complessi (Fase 1), proteine magre e verdure verdi (Fase 2) o grassi sani (Fase 3)?

Ecco il nuovo significato del termine *diet*. Non voglio che l'associate mai più all'idea di fame e privazione. Per questa nuova dieta la parola d'ordine è «mangiare».

---

in questo senso. Ma supponiamo che vi rompiate una gamba. In tale malaugurato caso non andreste mai dal medico a dirgli: «Mi scusi, dottore, ma il gesso non lo posso portare. Non mi dona, e non ho nessuna voglia di usare le stampelle». Ovviamente, se c'è una frattura il gesso va portato, punto e basta. Seguire le indicazioni del medico, quindi, è una necessità ortopedica. Seguire le mie, invece, una necessità metabolica!

Leggete le regole con attenzione, poi rileggetele. Valgono per tutte le fasi di cui abbiamo parlato nel capitolo precedente, e pur essendo concepite per un periodo limitato, nei prossimi ventotto giorni potreste trovarvi talmente bene da volerle seguire per il resto della vita.

Ricordate: nessuno di noi è carente di caffeina o di edulcoranti artificiali. Anche se non siete convinti che alcune delle sostanze da cui andremo a purificarci nei prossimi ventotto giorni facciano male, posso garantirvi che bene non vi fanno.

COSE DA FARE E COSE DA NON FARE

DA FARE
Regola n. 1: mangiare cinque volte al giorno, trentacinque volte a settimana

Sono tre pasti e due spuntini al giorno. Se vi dico che non patirete la fame, o che non sentirete la mancanza della frutta, né dei carboidrati, dei grassi o delle proteine, credetemi, perché mangerete trentacinque volte alla settimana. Non potete saltare né un pasto, né uno spuntino, e questa regola è fondamentale per riparare il metabolismo. Niente sconti: anche se pensate di non avere fame, dovete mangiare.

Regola n. 2: mangiare ogni tre-quattro ore, tranne durante il sonno

Questo potrebbe voler dire mangiare anche più di cinque volte al giorno. Se rimanete svegli fino a tardi, aggiungete un ulteriore spuntino specifico per la fase in cui vi trovate. Per esempio, se finite di cenare alle sette ma non andate a dormire prima di mezzanotte, fate un terzo spuntino tre-quattro ore dopo cena. Se l'idea di trovare il tempo per tutti questi pasti nelle giornate piene vi preoccupa, non temete. Molti miei clienti sono tutte persone impegnatissime, proprio come voi, ma riescono tranquillamente a mangiare ogni tre-quattro ore. Il segreto è adattare la nuova dieta ai propri orari.

	SVEGLIA	COLAZIONE	SPUNTINO	PRANZO	SPUNTINO	CENA
Nella media	7.00	7.30	10.00	13.00	16.00	19.00-20.00
Sveglia presto	5.00	5.30	8.30	11.00	14.00	17.00
Sveglia tardi	9.00	9.30	11.30	14.30	17.00	20.00
Turni di notte	2.00	2.30	5.30	8.30	11.30	14.30-15.00
Voi						

La tabella precedente suggerisce come regolarsi se avete orari nella media, se vi alzate presto o se invece vi alzate tardi, o se fate i turni di notte. L'ultima riga è vuota, compilatela con i vostri orari.

Regola n. 3: fare colazione entro mezz'ora dal risveglio, ogni giorno

Non ritardate mai la prima colazione. Se siete tra quelli che scendono dal letto e schizzano fuori dalla porta senza fare colazione, potete sempre iniziare con lo spuntino del mattino e fare colazione al lavoro, ma è tassativo mangiare qualcosa entro mezz'ora dal risveglio, per evitare che l'organismo si ritrovi senza carburante. E per favore, non fate attività fisica a stomaco vuoto. Non si può pretendere di digiunare e poi di dare il meglio. Forse pensate che in questo modo brucerete più grassi, in realtà è una delle cose più dannose per il metabolismo.

Regola n. 4: rispettare il programma fino al ventottesimo giorno

Ventotto giorni non è un numero a caso, ma rispetta i naturali ritmi circadiani dell'organismo. Si possono aggiungere ulteriori settimane per perdere altro peso, ma per garantire un'adeguata riparazione delle varie fasi fisiologiche, quattro settimane è l'impegno iniziale minimo. È come spazzare la veranda o il cortile: la prima passata non arriva ovunque, quindi occorre riprendere alcuni punti non raggiunti la prima volta.

Regola n. 5: attenersi agli alimenti consentiti in ciascuna fase

Ci vuole osservanza assoluta. Se siete alla Fase 1 e qualcosa non figura nell'elenco degli alimenti consentiti o nel programma alimentare per la Fase 1, non mangiatela. Idem per le altre due fasi.

Ci sono cibi che non figurano in nessun elenco o programma alimentare, e non è per una dimenticanza o per un errore tipografico. Sono esclusi deliberatamente. Tra le cose da non fare, spiegherò perché certi alimenti sono esclusi. Per ora accontentatevi di sapere che, se un dato alimento non compare in nessun elenco o programma, nei prossimi ventotto giorni non dovrete mangiarlo.

Regola n. 6: rispettare l'ordine delle fasi

Due giorni in Fase 1, due giorni in Fase 2, tre giorni in Fase 3: questa è la sequenza. Iniziando di lunedì è più facile rispettare il piano della dieta.

Come abbiamo visto nel capitolo precedente, ciascuna fase risponde a un preciso obiettivo secondo una successione altrettanto precisa: *allentare* la tensione, cioè calmare l'organismo per agevolare l'assorbimento dei nutrienti; *sbloccare* il grasso accumulato e sviluppare muscoli; *liberare* la combustione dei grassi e riattivare il metabolismo.

Regola n. 7: bere ogni giorno 30 millilitri d'acqua per ogni chilogrammo di peso corporeo

Per esempio, se pesate 100 chili, dovete bere ogni giorno 3.000 millilitri d'acqua, cioè 3 litri. Se ne pesate 90, dovete berne 2.700 millilitri, cioè 2,7 litri. Soddisfatto questo quantitativo, potete permettervi delle tisane a base di erbe senza caffeina o teina, o una spremuta di lime e limone freschi addolcita con un edulcorante naturale come stevia o xilitolo (niente zucchero, miele, sciroppo d'acero, nettare d'agave). Ma la spremuta non conta ai fini del quantitativo d'acqua prescritto.

Limitate ogni bevanda naturalmente dolce a non più di due al giorno. Non voglio che le vostre papille gustative si abituino al gusto delle bevande dolci, anche quando non hanno un effetto glicemico. E ricordate: l'acqua prima di tutto.

Regola n. 8: mangiare prodotti bio, se possibile

Mi rendo conto che il cibo biologico è più caro, e che non tutti sono convinti che sia sempre migliore e più salutare. Non voglio discutere di questo, ma il fatto è che ogni sostanza sintetica introdotta nell'organismo – additivi, conservanti, pesticidi, insetticidi,

FRUTTA SECCA E SEMI

Esistono tanti ottimi burri o creme preparati dalla frutta secca e dai semi di mandorle, anacardi, nocciole, sesamo e girasole. Potete anche prepararveli in casa a partire da questi alimenti, ma evitate di comprare quello di arachidi: io ne vado pazza, ma poiché si tratta di una delle cose più malsane in assoluto (crescendo nel terreno, le arachidi sono infarcite di fertilizzanti), e visto che non viene venduto puro (sarebbe pieno di muffe), nei prossimi ventotto giorni escludetelo dalla vostra vita. Se proprio dovete ricomprarlo dopo questo periodo, almeno sceglietelo bio e senza zuccheri aggiunti.

ormoni – deve essere trattata dal fegato, sottraendo a questo organo tempo ed energia che potrebbero invece essere impiegati per riparare il metabolismo.

Ricordate: non vogliamo sprecare le energie del fegato inutilmente, quindi mangiate il più sano possibile. E cercate di mantenere l'ambiente in cui vivete il più pulito possibile. Non è il momento di imbiancare o di cambiare la moquette. Anche queste sostanze chimiche finirebbero nel fegato, distraendolo dal compito che gli abbiamo assegnato: bruciare i grassi.

Regola n. 9: scegliere carne senza nitriti e nitrati

I nitriti e i nitrati sono sostanze che vengono aggiunte alle carni trattate – affettati e salumi (anche quelli al banco gastronomia, non solo quelli già tagliati e confezionati), salsicce, carne essiccata o affumicata –, per impedire proliferazioni batteriche ed evitare che si deteriorino. Poiché i nitriti e i nitrati ottengono questo effetto rallentando la scomposizione del grasso nella carne, purtroppo sortiscono lo stesso effetto anche nel nostro organismo, quando noi vogliamo esattamente il contrario.

Se avete dubbi su un prodotto, cercate sull'etichetta frasi come «senza nitrati» o «conservato con metodi naturali», oppure chiedete al vostro macellaio se la carne contiene nitriti e nitrati.

Spesso i piccoli produttori locali vendono carni senza queste sostanze, ma ricordate: sono prodotti che durano meno, quindi consumateli subito o metteteli nel congelatore fino al giorno prima di mangiarli.

Regola n. 10: allenatevi a seconda della fase in cui siete

La dieta del Supermetabolismo si basa sull'alimentazione, ma non è solo questione di cibo.

- **Fase 1**: fate almeno un allenamento aerobico intenso, come corsa, cyclette ellittica oppure una lezione di aerobica a ritmo sostenuto.
- **Fase 2**: fate almeno un allenamento con i pesi.
- **Fase 3**: fate almeno una sessione di attività antistress, come yoga o respirazione, o fatevi praticare un massaggio, poiché incrementa l'afflusso di sangue ai tessuti adiposi, riduce il cortisolo e risponde esattamente alle vostre necessità in questa fase.

DA NON FARE

Se avete già dato un'occhiata agli elenchi dei cibi per le tre fasi, alle ricette del Capitolo 11 e ai programmi alimentari nella Parte terza del libro, probabilmente avrete notato come alcune cose che siete abituati a mangiare non compaiano da nessuna parte. Ho ottime ragioni per togliervele dal menu, perché sono alimenti che renderebbero più difficile, se non impossibile, riparare il metabolismo. Abbiamo un obiettivo, quindi rispettiamolo. Non dovrete rinunciare per sempre a certe cose, ma per il momento sì. Vediamo perché.

Regola n. 1: niente frumento

Attorno al frumento girano miliardi di dollari. Per incrementare i raccolti, e quindi il profitto, gli agricoltori hanno «ibridizzato» il frumento per renderlo resistente alle condizioni meteorologiche più estreme (lo ripeto: sono un'«agricola» e ho seguito molti corsi su

questa materia).* Di conseguenza, però, il grano non è indistrutti-
bile solo nei campi, ma anche nel nostro organismo. In altre parole,
fatichiamo parecchio a digerirlo e a estrarne i nutrienti. Se resiste
a grandine e infestazioni, quali possibilità può avere il nostro organismo? Inoltre, il frumento produce infiammazione, gas, gonfiori,
ritenzione idrica e spossatezza.

L'idea di dover rinunciare al frumento può spaventare, ma vi garantisco che non ne sentirete la mancanza. Questa dieta vi permette
di consumare tanti altri carboidrati migliori, come il riso integrale
o selvatico, l'orzo e la quinoa, oppure il pane e la pasta di farro o
di cereali germogliati.

Magari non siete abituati a mangiare questi prodotti, ma li trovate
in qualunque supermercato ben fornito, o nei negozi di alimenti
biologici (questo vale per qualunque altro alimento compreso nella
dieta), e il grano germogliato è l'unica eccezione ammessa alla regola
«niente frumento». Tenete presente che esistono vari prodotti da
forno preparati con grano germogliato o anche senza grano. Provate
in un negozio bio, probabilmente non avranno difficoltà a procurarvi
un determinato prodotto.

Regola n. 2: niente mais

Il mais è uno dei peggiori nemici del metabolismo, perché gli
agricoltori, come per il frumento, hanno modificato pesantemente
anche il granoturco per incrementarne la resa. Ma c'è anche un'altra ragione (vegetariani, non leggete): per fare venire più venature
bianche alla carne di manzo (quelle che danno più gusto) e rendere
il loro prodotto di categoria migliore, gli allevatori rimpinzano il
bestiame di mais poco prima di macellarlo. In altre parole, il mais
è sinonimo di grasso. Lo usano anche con i cavalli quando perdono
troppo peso. Il chicco di mais è quindi diventato, grazie all'ingegneria

---

* Quanto affermato in queste pagine sugli organismi geneticamente modificati vale soprattutto per il mercato statunitense, dove le colture OGM sono legali
e molto diffuse. [*N.d.R.*]

genetica, una bomba di zuccheri che fa salire alle stelle la produzione di grasso bianco, quindi rimpinzarsi di mais non è un buon affare per il vostro metabolismo.

Tra i miei clienti ci sono numerosi attori che a volte mi chiedono come mettere su peso in fretta per un ruolo che devono interpretare, e uno dei miei consigli è proprio il mais. Se volete sembrare incinte, o se volete avere una bella trippa, gote gonfie e braccia paffute, allora mangiate granoturco. Se invece volete velocizzare il metabolismo e dimagrire, statene alla larga.

Regola n. 3: niente latticini

«Ma io amo il formaggio!» mi sento dire spesso, e mi sembra già di sentire anche voi. Il formaggio piace molto anche a me, ma come tutti i latticini ha un rapporto zuccheri-grassi-proteine che sembra fatto apposta per mandare all'aria ogni tentativo di riparare il metabolismo. Il rilascio di zuccheri dal lattosio è velocissimo, e la percentuale di grassi animali nei latticini è troppo elevata.

So a che cosa state pensando, voi dietomani consumati: E i fiocchi di latte e lo yogurt greco? Sono alimenti che fanno bene e che potranno far parte della vostra vita, ma non nei prossimi ventotto giorni. E contrariamente a quanto potreste pensare, la versione peggiore in assoluto di qualsiasi latticino è il non biologico senza grassi. Quindi, riguardo ai latticini voglio che ripetiate con me: se è senza grassi, non fa per me.

I latticini magri rallentano pesantemente il metabolismo dei grassi. Inoltre, i latticini in generale stimolano gli ormoni sessuali in modi tali da inibire il metabolismo. Persino i latticini bio presentano una miscela di amminoacidi che altera l'equilibrio degli ormoni sessuali. Nella mia dieta per la fertilità, infatti, consiglio latticini con tutti i grassi, e alle donne che cercano di rimanere incinte consiglio di bere latte intero biologico. Ma per riattivare il metabolismo non va bene. Però tranquilli, non vi lascerò a corto di alternative. Nella Fase 1 potete consumare latte di riso non zuccherato, mentre nella Fase 3 sono consentiti latte di mandorle o di cocco non zuccherati.

Nella Fase 2 non è ammesso latte di nessun genere, ma ricordate: è solo per due giorni.

Regola n. 4: niente soia

Mi dispiace, cari amanti della soia. È vero che il tofu non geneticamente modificato, l'edamame e il tempeh possono risultare benefici, specie per chi non mangia proteine animali, ma non per chi sta cercando di curare il metabolismo. La soia è per sua natura estrogenosimile, nel senso che contiene estrogeni vegetali molto simili a quelli prodotti dal corpo umano, e francamente non conosco altra sostanza più efficace nel produrre adipe intorno al ventre. Inoltre, molta soia in commercio è geneticamente modificata, il che la rende più difficile da digerire.

Nella zootecnia con metodi convenzionali, la soia viene aggiunta ai mangimi per far salire a basso costo il tenore proteico, proprio come le catene di fast food aggiungono le proteine della soia agli hamburger. L'effetto estrogenico della soia provoca inoltre un rapido aumento di peso: ottimo per il bestiame, pessimo per voi. Una volta ho avuto un cliente, un attore, estremamente snello e in forma che per motivi di lavoro doveva interpretare un alcolizzato, uno sempre attaccato alla bottiglia e con la vita a pezzi. Avevo solo due settimane per renderlo credibile in quella parte, ma sapevo benissimo che cosa fargli fare. Ho aggiunto la soia alla sua alimentazione e due settimane dopo era identico a un alcolizzato, appesantito e devastato dal «vizio». La soia rallenta il metabolismo, quindi non ci sarà nella vostra alimentazione, non per i prossimi ventotto giorni (ma sappiate che se l'abolirete per sempre sarà un bene per voi).

Vegetariani, non preoccupatevi: ci sono tanti altri alimenti ricchi di proteine che potete mangiare in questa dieta. Tutti i programmi alimentari che troverete nella Parte terza hanno alternative vegetariane.

Ci sono solo due eccezioni a questa regola della soia: la salsa tamari e gli amminoacidi liquidi di Bragg. Entrambi vengono estratti dalla soia fermentata, che non comporta lo stesso fattore estrogenico, né gli stessi gonfiori.

Regola n. 5: niente zuccheri raffinati

Gli zuccheri raffinati sono una fonte d'energia rapida molto concentrata, e quando il loro apporto è eccessivo e troppo immediato, l'organismo deve fare uno sforzo enorme per mantenere la glicemia entro valori accettabili, cioè che consentano di non perdere conoscenza e di rimanere in vita. Ma questo diventa quasi impossibile se si mangia troppo zucchero raffinato, il quale entra in circolo praticamente subito. Per liberarsene, l'organismo lo spedisce dritto alle cellule adipose, dove non fa più salire la glicemia ma si trasforma in grasso. È un meccanismo di sopravvivenza.

Due soli cucchiaini di zucchero raffinato possono inibire la perdita di peso anche per tre o quattro giorni.

Quindi, se andate a una festa e vi limitate anche solo a una bibita zuccherata e a una fetta di torta, addio dimagrimento per una settimana! Ma il peggio è che vi verrà un bisogno irrefrenabile di altri zuccheri. Il momento più difficile in cui tenersi alla larga dallo zucchero è nei giorni dopo averne mangiato. In molti studi sugli animali emerge che per il cervello e per l'organismo lo zucchero dà la stessa dipendenza della cocaina.

Lo zucchero raffinato, inoltre, è immunosoppressivo. *Ne bastano due cucchiaini perché le cellule T* (globuli bianchi essenziali per una corretta funzione immunitaria) *risultino dimezzate nelle due ore successive al consumo, lasciandovi esposti a infezioni e malattie.*

A completare l'opera, lo zucchero raffinato è spaventosamente impuro. Spesso è addizionato con una glicoproteina che gli permette di penetrare la parete intestinale ancora più in fretta. Come se non bastasse – vegetariani, drizzate le antenne – quella glicoproteina viene ottenuta dal sangue o dal nero di ossa dei maiali. Infatti, non è obbligatorio dichiarare gli ingredienti animali impiegati in questo processo. Morale: statene alla larga.

Regola n. 6: niente caffeina

È fondamentale capire quanto la caffeina stressi i surreni. Le ghiandole surrenali sono importantissime: tengono d'occhio la glicemia, mantengono stabili le concentrazioni di cortisolo e regolano adrenalina e noradrenalina, i cosiddetti ormoni della fuga o della lotta. Inoltre, i surreni contribuiscono a regolare l'aldosterone, che controlla il metabolismo dei grassi, l'accumulo di zucchero e lo sviluppo di massa muscolare.

La caffeina spinge l'organismo oltre il suo naturale stato energetico, piratandone le riserve e lasciandolo depauperato e privo di energie quando vi servono veramente. Sì, spesso si dice che caffè e caffeina riducano l'appetito contribuendo al calo di peso, ma questo è vero solo per chi segue diete poverissime di carboidrati e di calorie, cioè quelle diete che uno rischia di fare per tutta la vita, perché appena smetti e riprendi a mangiare recuperi subito tutto quello che hai perso, se non di più. Per chi invece preferisce fare una vita normale e soprattutto mangiare, è meglio perdere il vizio della caffeina nei prossimi ventotto giorni, o magari per sempre…

Una cosa da sapere, inoltre, è che il caffè decaffeinato non è del tutto privo di caffeina. A seconda della marca, ne contiene dal 13 al 37 per cento del caffè normale, quindi se proprio non potete farne a meno, scegliete un caffè decaffeinato biologico, ma sappiate che continuerete ad assumere una dose di caffeina che vi stresserà le ghiandole surrenali. E se avete deciso di provocarmi con il solito piagnisteo del caffè alla mattina, almeno *non bevetelo a stomaco vuoto*, perché così l'organismo, per calmare gli ormoni stimolati dalla caffeina, succhierà zucchero dai muscoli. Il caffè prima di colazione è devastante per il metabolismo, e questo vale anche per il tè, nero, verde o bianco che sia.

Il punto è che nessuno di noi può soffrire per carenza di caffeina. Non è un minerale indispensabile all'organismo, ed è perfetta per mandare all'aria il metabolismo. So che non è facile liberarsene, perché la caffeina dà dipendenza sul piano sia psicologico sia fisiologico. Ma la buona notizia è che dopo tre-quattro giorni di sintomi tremendi è tutto finito. Niente più abbiocco pomeridiano, niente più bisogno compulsivo di farsi una «dose». Liberarsi della scimmia da caffeina è fantastico. Ecco alcuni trucchi per riuscirci:

- Cannella: aggiungetene un po' al frullato del mattino.
- Partenio: un'erba utile ad alleviare le cefalee da astinenza.
- Gingko biloba: è un vasodilatatore con lo stesso effetto e allevia quei fastidiosi mal di testa.
- Pazienza: dopo pochi giorni aprirete gli occhi al mattino e vi sentirete come se aveste vinto alla lotteria.

Regola n. 7: niente alcol

Sì, lo so. Non potete rinunciare al vostro bicchiere di vino, al vostro aperitivo o a chissà cos'altro. E non sarò certo io a dirvi che non dovrete toccare mai più un alcolico. Ma il punto è che l'alcol grava sul fegato, altro importante organo che stiamo tentando di curare. Se vi raccomando di non bere non è per farvi la predica, né per un discorso di calorie. È per il vostro metabolismo.

Effetto sul fegato a parte, ci sono anche altre ragioni per astenersi dall'alcol nei prossimi ventotto giorni. L'alcol è ricchissimo di zuccheri, nel senso che fa salire immediatamente la glicemia, cosa

LA DOPPIA VITA DELLE ALLERGIE ALIMENTARI

Sembra incredibile, ma gli alimenti di cui si sente più il bisogno possono essere quelli a cui si è intolleranti. Da bambina ero ghiotta di burro. L'avrei mangiato a cucchiaiate, e non riuscivo a trattenermi. Inoltre, soffrivo di eczema. All'epoca non potevo sapere che sentivo il bisogno di tutti quei grassi perché il mio organismo li chiedeva, ma ora so che i grassi mi servono, ma sani. E so anche di essere allergica ai latticini. Appena li ho abbandonati, la pelle si è come ripulita.

Qual è il vostro debole? Qual è la cosa di cui non potete fare a meno? Talvolta chiedo ai miei clienti: «Immaginiamo che io abbia la bacchetta magica e che possa trasformare il vostro cibo preferito nella cosa più sana del mondo. Per che cosa mi chiedereste di usarla?» Le passioni segrete più comuni sono i carboidrati, gli zuccheri, il cioccolato o i formaggi. A quel punto, con molto garbo, faccio notare che forse sono proprio quelli gli alimenti da eliminare o da ridurre per evitare allergie, almeno per qualche tempo.

che stiamo cercando di evitare. Nel Capitolo 10 spiegherò come inserire senza rischi anche un po' d'alcol nella vostra vita, ma nelle prossime quattro settimane perderete peso più rapidamente se vi accontenterete dell'acqua minerale, magari con un po' di succo di limone o di lime.

Regola n. 8: niente frutta essiccata o spremute

L'uva passa, i mirtilli e le albicocche essiccate sono ottimi spuntini una volta ogni tanto, ma non durante questa dieta. Hanno una concentrazione di zuccheri troppo alta e fibre troppo facili da digerire. Gli zuccheri della frutta essiccata o delle spremute, come quelli raffinati, entrano in circolo troppo rapidamente, e questo costringe l'organismo ad accumularne l'eccesso nelle cellule adipose. La spremuta, in particolare, fa salire la glicemia, perché se un'arancia intera contiene gli stessi zuccheri anche da spremuta, le fibre presenti nel frutto intero rallentano il passaggio degli zuccheri nel sangue. Potrete riprendere a guarnire l'avena con l'uva passa o a bervi una spremuta ogni tanto, ma solo dopo questi ventotto giorni.

Regola n. 9 e n. 10: niente edulcoranti artificiali e niente cibi «light» o «dietetici»

Lo dico sempre ai miei clienti: lasciate perdere le imitazioni. Tutto ciò che è «light», «dietetico», «zero calorie» eccetera, rimettetelo sullo scaffale. Niente cene light surgelate, niente porcherie già pronte. E niente snack da 100 calorie.

Non che sia contraria alle comodità – oggi molte aziende iniziano a proporre alternative sane anche nei cibi già pronti –, ma in questa dieta vi abituerete a preparare spuntini e cene surgelate a partire da cibo vero, o a cercare alternative fresche e sane anche al ristorante o in gastronomia. È facile, pratico e piacevole, e non ci vuole nulla.

E per favore, via tutte quelle scatolette rosa, gialle e azzurre di surrogati dello zucchero: sono veleno sia per l'organismo, sia per il metabolismo. Se proprio dovete usare un dolcificante, optate per quelli naturali come la stevia o lo xilitolo (solo di betulla).

A PROPOSITO DI QUESTE REGOLE

Sono più facili da seguire di quanto crediate, e rispettarle vi farà stare alla grande. Molti miei clienti si sono trovati così bene che non vogliono più abbandonarle. Se le avete già dimenticate tutte, memorizzate almeno questa: mangiare cinque volte al giorno, ma solo gli alimenti consentiti nella fase in cui siete.

E soprattutto, ricordate di domandarvi: Oggi ho mangiato?

LE REGOLE IN SINTESI

Cose da fare

Regola n. 1: mangiare 5 volte al giorno, 35 volte a settimana. Vietato saltare i pasti.

Regola n. 2: mangiare ogni 3-4 ore, tranne durante il sonno.

Regola n. 3: fare colazione entro 30 minuti dal risveglio. Ogni giorno.

Regola n. 4: rispettare il programma fino al 28° giorno.

Regola n. 5: attenersi agli alimenti consentiti in ciascuna fase. Ripeto: solo gli alimenti previsti per la fase in cui siete.

Regola n. 6: rispettare l'ordine delle fasi.

Regola n. 7: bere ogni giorno 30 millilitri d'acqua per ogni chilogrammo di peso corporeo.

Regola n. 8: mangiare prodotti bio, se possibile.

Regola n. 9: scegliere carne senza nitriti e nitrati.

Regola n. 10: esercizio fisico 3 volte a settimana, secondo la fase in cui siete.

Cose da non fare

Regola n. 1: niente frumento.

Regola n. 2: niente mais.

Regola n. 3: niente latticini.

Regola n. 4: niente soia.

Regola n. 5: niente zuccheri raffinati.

Regola n. 6: niente caffeina.

Regola n. 7: niente alcol.

Regola n. 8: niente frutta essiccata o spremute.

Regola n. 9: niente edulcoranti artificiali.

Regola n. 10: niente alimenti «light» o «dietetici».

CAPITOLO 5

Osservate le vostre abitudini: fate che il sistema lavori per voi

FORSE ho fatto un po' la maestrina con voi: mangiate questo, mangiate quest'altro… Ma credetemi, avevo le mie buone ragioni. A volte per educare bisogna essere duri. Tuttavia, se state pensando che non voglia sentire ragioni di nessun tipo, questo capitolo vi convincerà del contrario. Anzi, vorrei che prendeste questo libro e lo personalizzaste, adattandone i principi alla vostra vita. In fondo si tratta del vostro corpo, della vostra alimentazione e della vostra salute, quindi questa dev'essere la *vostra* dieta.

Dovete attenervi alle mie regole, su quelle non transigo, ma potete anche adattarle alle vostre circostanze personali, in modo che la dieta del Supermetabolismo funzioni nella vostra vita e nel mondo in cui vivete, non solo in teoria su queste pagine. Una volta un cliente è venuto da me e, ancora prima di sedersi, ha detto: «Va bene, facciamo questa dieta, sono pronto a rigare dritto. Ma sappia che non posso mangiare questo e quest'altro e che…»

«Calma», l'ho interrotto subito. «Si sieda e parliamone. Facciamo il punto su quello che può e non può mangiare e su quello che è disposto a fare, poi troveremo un compromesso che metta d'accordo entrambi con una stretta di mano, okay?»

In una dieta efficace le variabili in gioco sono parecchie, e se uno le ignora il fallimento è certo. È fondamentale che il mio programma diventi il *nostro* programma. Possiamo adattarlo al vostro caso e negoziare una soluzione che non comprometta la vostra individualità, ma neppure l'obiettivo finale, che è quello di perdere peso.

Talvolta arrivano davanti alla mia scrivania clienti in preda al panico. Sanno di doversi «mettere a dieta» e hanno i nervi a fior di pelle alla sola idea di come sarà. Pronunciano frasi del tipo: «So che sarà un inferno», o «So che resistere sarà impossibile». Oppure: «Mi rendo conto che sarà una delle prove più dure che abbia mai affrontato». Altri sono invece più fatalisti: «Proviamo, ma tanto non perderò un etto», o «Vedrà, sarò l'unico cliente con cui non funziona», o «Sarebbe già tanto se dimagrissi di 3 chili».

Questi momenti mi spezzano il cuore. In tanti anni ho visto molte persone cercare di perdere peso, e so quanto possa essere difficile e doloroso, e quanto spesso i chili faticosamente persi ricompaiano. Ma vi garantisco che questa volta è diverso. Certo, anche il mio è un programma severo – molti aspetti della mia dieta non sono negoziabili neppure di una virgola –, ma questa dieta non fa soffrire ed è personalizzabile. Ci sono aspetti che potete fare vostri, quindi non dovete viverla come una sentenza imposta da qualcun altro per il vostro presunto bene.

Sono la prima a voler sapere che cosa vi piace e che cosa no, quali sono i vostri piatti preferiti. Voglio conoscere, ma senza giudicare, il bene e il male della vostra storia alimentare. Avete delle ossessioni? Le mie si chiamano panna acida, burro, gelato, avocado e maionese (ovviamente, anche a me piacciono certe cose grasse e cremose!). Detesto le caramelle dure, ma amo peperoncini e minestre. Vado pazza per l'ananas, ma non per le mele.

E sono anche un'idealista. Ogni lunedì mattina parto con i migliori propositi, ma poi succede puntualmente di tutto in clinica, devo correre a scuola da uno dei miei bambini, devo prendere al volo un aereo e farmi intervistare, oppure devo incontrare un nuovo cuoco o assaggiare una vagonata di roba. Quindi mi preparo al peggio nascondendo spuntini a colpo sicuro ovunque, in auto, in ufficio, nella valigia, e preparandone di nuovi ogni volta che torno a casa. Poiché le mie settimane sono sempre una corsa a ostacoli, cerco di fare in modo che almeno mangiare non lo sia.

CHI SIETE?

Che cosa mi dite di voi? Quali alimenti trovate irresistibili? Quali detestate? Siete schizzinosi o siete di quelli che mangiano di tutto? E la vostra settimana com'è? Punti di forza, punti deboli, errori?

In questo capitolo occorre innanzitutto riflettere sulla propria vita. È qui che ci daremo una stretta di mano: verificheremo insieme quali aspetti non sono conciliabili con la forma generica di questa dieta, poi cercheremo un modo per adattarla a voi e alle vostre giornate, come ho già fatto per centinaia di altre persone.

Affare fatto?

FACCIAMO IL PUNTO

Per poter personalizzare la dieta del Supermetabolismo bisogna innanzitutto stabilire con chiarezza chi siete, cosa fate, cosa vi piace e cosa, probabilmente, non siete disposti a fare.

Quanto peso volete perdere?

A che ora vi alzate la mattina?

Fate colazione subito o solo al lavoro?

Dovete cucinare per altri o solo per voi, con la libertà di mangiare ciò che volete e quando volete?

Evitate i fornelli come la peste o siete di quelli che hanno sempre in mente di cucinare?

Siete vegetariani?

Allergici al glutine?

Avete il pallino dello sport o non mettete piede in una palestra da un pezzo?

È il momento di fare il punto. Pensate alle vostre abitudini e a come sono andate eventuali diete precedenti.

Siete abitudinari o detestate la routine?

Avete orari di lavoro flessibili?

Siete voraci di carboidrati o di carne?

Vi viene fame di pomeriggio? E di notte?

Mangiate consapevolmente o vi ritrovate a spiluccare senza accorgervene?

Sono tutte domande a cui potete rispondere con un semplice esercizio. Nei prossimi tre giorni vi chiedo di compilare un diario dell'alimentazione, in modo da avere un'istantanea delle vostre abitudini alimentari e dei vostri orari, e per capire come adattare questa dieta alla vostra vita quotidiana.

Ecco un esempio di come tenere un diario dei pasti.

ORA	COSA HO MANGIATO?	PRANZO O SPUNTINO?	PROGRAMMATO O NO?	COME STAVO PRIMA?	COME STAVO DOPO?

Oltre a rispondere alle domande, registrate accuratamente tutto ciò che metterete in bocca nei prossimi tre giorni. Chiedetevi se erano pasti o spuntini fatti lucidamente o se piuttosto era uno spiluccare inconsulto. E siate onesti, non ha senso barare. Fotografare la vostra vita quotidiana ci aiuterà a individuare eventuali ostacoli e a evitare guai peggiori. In altre parole, se volete che questa dieta funzioni, vi chiedo la massima trasparenza.

Dopo avere raccolto per tre giorni questi dati preziosi, dovete analizzarli con senso critico. Tendete a mangiare sempre agli stessi orari o in momenti casuali della giornata? Vi alzate presto la mattina o vi piace dormire fino a tardi? Fare colazione entro mezz'ora dal risveglio vi pesa? Rimanete alzati fino a notte fonda? Cenate tardi? Ci sono alimenti che in questa dieta sono vietati ma che siete soliti consumare? Questa dieta prevede cibi che non consumate sovente ma che non vi dispiacerebbe mangiare più spesso?

Confrontate il vostro diario con le regole del capitolo precedente e cercate di capire quali potrebbero rappresentare una sfida. Che cosa pensate di poter rispettare sino in fondo, e che cosa invece dovremo modificare? Su che cosa dovrete scendere a compromessi? Formaggi? Zucchero? Quali cibi, invece, potrebbero piacervi molto? L'avocado? Il burro di mandorle?

Entriamo nel dettaglio della dieta e vediamo come applicarla al vostro caso.

LA VOSTRA GIORNATA TIPO

È il primo aspetto da considerare. Se lavorate fuori casa e in orari definiti, probabilmente questo determina come e quando mangiate. Per esempio, una buona colazione entro mezz'ora dal risveglio potrebbe essere improponibile per voi, perché siete soliti schizzare in ufficio e ingurgitare qualcosa una volta lì. Ma questo non è un problema, basta che mettiate un boccone sotto i denti entro la prima mezz'ora dal risveglio, magari invertendo la prima colazione con lo spuntino di metà mattina.

Mentre vi preparate a ruzzolare fuori di casa, mangiate per esempio una mela, o un uovo sodo sul treno o in autobus, e una volta al lavoro consumate il pasto previsto per la fase in cui vi trovate: avena o pane di farro, uova o tacchino e lattuga, o sedano con burro di mandorle.

Dovrete anche chiedervi quali scelte alimentari potranno risultare più pratiche fuori casa. Per esempio, se sul posto di lavoro c'è una cucina, okay, altrimenti potrebbe essere meglio prepararsi la colazione la sera prima.

Chi fa i turni di notte ha ovviamente una giornata del tutto diversa. L'importante è che vi nutriate entro mezz'ora dal risveglio, poi regolarmente ogni tre-quattro ore, indipendentemente dall'ora in cui inizia la vostra giornata, se alle sei del mattino o alle sei di sera.

I vostri impegni quotidiani possono anche determinare il giorno di inizio della dieta: sebbene normalmente raccomandi di cominciare il lunedì, in modo da trovarsi in Fase 3 durate il weekend, visto che l'ultima fase ha una scelta di alimenti meno restrittiva, potrebbe non essere una soluzione praticabile per tutti.

Per una cliente è stato meglio iniziare di sabato, così che le sue giornate ricche di carboidrati (Fase 1) fossero sabato e domenica: è la soluzione più compatibile con le abitudini di tutta la sua famiglia, che nel fine settimana si riunisce a tavola. Lunedì e martedì cena rigorosamente a casa, e a questo punto la mia cliente può cucinare carni e verdure che vanno benissimo per tutti. Al mercoledì si trova in Fase 3, ed essendo solita uscire a cena con il marito può tranquillamente mangiare messicano e godersi il guacamole, o libanese senza rinunciare all'hummus, o giapponese con il sushi di salmone. Giovedì e venerdì sono le ultime due giornate della Fase 3, quindi sabato è pronta per ricominciare la Fase 1.

Sono le stesse valutazioni che dovete fare voi. Chiedetevi in quali giornate vi è più facile seguire una determinata fase e organizzatevi di conseguenza, scegliendo in quale giorno cominciare la Fase 1.

Le regole della dieta sono compatibili con qualunque tipo di attività settimanale, soprattutto se avrete sempre a portata di mano gli spuntini facili e a colpo sicuro (*vedi* le ricette per ogni fase nel Capitolo 11). È fondamentale. Chiunque può rispettare questa dieta adattandola alla propria vita, basta organizzarsi.

LE PORZIONI

Ogni ricetta di questo libro indica il numero di porzioni, ma ogni porzione dipende dal peso che dovete perdere. Se dovete dimagrire parecchio, per tenere attivo il metabolismo occorrerà mangiare di più, non di meno.

Per capire come preparare le porzioni, prima di tutto bisogna darsi un obiettivo, ovvero un peso da raggiungere. E non sarò io a stabilirlo. Sapete già quanto vorreste pesare e a quale peso cominciate a sentirvi bene. Prendete quel dato e confrontatelo con il vostro peso attuale, e per determinare le porzioni di quello che dovete mangiare durante la dieta fate riferimento alle tabelle successive.

CONOSCETE IL VOSTRO PESO-OBIETTIVO

Quanto volete pesare? Lo sapete già. È una cifra del tutto personale, è il peso che vi rende felici e non ha nulla, ma proprio nulla a che vedere con il peso che farebbe felice qualcun altro.

Ho avuto clienti che pesavano 110 chili e sapevano benissimo che sarebbero stati felici di pesarne 80. Altri 70 o addirittura 60. Il vostro obiettivo dovrebbe essere quello di sentirvi bene e di poter mangiare come una persona «normale». Non esiste una tabella o un grafico che schematizzi questa sensazione, poiché è del tutto personale. Per questo non consiglio mai di seguire le tabelle del peso ideale, né di basarsi sull'IMC (Indice di massa corporea).

Una volta raggiunto il vostro obiettivo, potreste decidere di darvene uno nuovo, ma per il momento stabilite quale peso volete raggiungere e scrivetelo: «Il mio attuale peso-obiettivo è _____ chilogrammi».

TIVO DIMAGRIMENTO: FINO A 10 KG

MENTO	FASE 1	FASE 2	FASE 3
Carne	120 g	120 g (60 g come spuntino)	120 g
Pesce	170 g	170 g (85 g come spuntino)	170 g
Uova	3 albumi	3 albumi (pasto) 1 come spuntino	1 uovo intero + max 2 albumi
Legumi/fagioli	½ tazza* cotti	No	½ tazza cotti
Cereali integrali (riso, pasta, quinoa)	1 tazza cotti	No	½ tazza cotti
Cracker o gallette	30 g	No	15 g
Pane, panini, piadine integrali	1 fetta di pane, ½ panino, 1 piadina piccola	No	1 fetta di pane, ½ panino, 1 piadina piccola
Avena (fiocchi o chicchi)	½ tazza crudi, 1 tazza cotti	No	¼ di tazza crudi, ½ tazza cotti
Frutta	1 tazza o 1 frutto	In questa fase solo limoni e lime	1 tazza o 1 frutto
Verdura e insalate	Illimitate	Illimitate	Illimitate
Oli	No	No	3 cucchiai
Hummus	No	No	⅓ di tazza
Guacamole	No	No	⅓ di tazza
Avocado	No	No	½ avocado
Frutta secca non tostata	No	No	¼ di tazza
Burri e creme di frutta secca non tostata e semi	No	No	2 cucchiai
Salsa per verdure	2-4 cucchiai	2-4 cucchiai	2-4 cucchiai
Frullati	1 bicchiere da 350 ml	1 bicchiere da 350 ml	1 bicchiere da 350 ml
Erbe	A piacere	A piacere	A piacere
Spezie	A piacere	A piacere	A piacere
Brodi	A piacere	A piacere	A piacere
Aromi	A piacere	A piacere	A piacere

* 1 tazza equivale a un volume di 240 millilitri.

OBIETTIVO DIMAGRIMENTO: DA 10 A 20 KG

ALIMENTO	FASE 1	FASE 2	FASE 3
Carne	170 g	170 g (85 g come spuntino)	160 g
Pesce	260 g	260 g (130 g come spuntino)	260 g
Uova	4 albumi	4 albumi (pasto) 2 come spuntino	2 uova intere + max 3 albumi
Legumi/fagioli	¾ di tazza cotti	No	¾ di tazza cotti
Cereali integrali (riso, pasta, quinoa)	1,5 tazze cotti	No	¾ di tazza cotti
Cracker o gallette	45 g	No	25 g
Pane, panini, piadine integrali	1,5 fette di pane, ¾ di panino, 1,5 piadine piccole	No	1,5 fette di pane, ¾ di panino, 1,5 piadine piccole
Avena (fiocchi o chicchi)	¾ di tazza crudi, 1,5 tazze cotti	No	⅓ di tazza crudi, ¾ di tazza cotti
Frutta	1,5 tazze o 1,5 frutti	In questa fase solo limoni e lime	1,5 tazze o 1,5 frutti
Verdura e insalate	Illimitate	Illimitate	Illimitate
Oli	No	No	4,5 cucchiai
Hummus	No	No	½ tazza
Guacamole	No	No	½ tazza
Avocado	No	No	¾ di avocado
Frutta secca non tostata	No	No	½ tazza scarsa
Burri e creme di frutta secca non tostata e semi	No	No	3 cucchiai
Salsa per verdure	3-6 cucchiai	3-6 cucchiai	3-6 cucchiai
Frullati	1 bicchiere da 450 ml	1 bicchiere da 450 ml	1 bicchiere da 450 ml
Erbe	A piacere	A piacere	A piacere
Spezie	A piacere	A piacere	A piacere
Brodi	A piacere	A piacere	A piacere
Aromi	A piacere	A piacere	A piacere

OBIETTIVO DIMAGRIMENTO: PIÙ DI 20 KG

ALIMENTO	FASE 1	FASE 2	FASE 3
Carne	170 g	170 g (85 g come spuntino)	160 g
Pesce	260 g	260 g (130 g come spuntino)	260 g
Uova	4 albumi	4 albumi (pasto) 2 come spuntino	2 uova intere + max 3 albumi
Legumi/fagioli	¾ di tazza cotti	No	¾ di tazza cotti
Cereali integrali (riso, pasta, quinoa)	1,5 tazze cotti	No	¾ di tazza cotti
Cracker o gallette	45 g	No	25 g
Pane, panini, piadine integrali	1,5 fette di pane, ¾ di panino, 1,5 piadine piccole	No	1,5 fette di pane, ¾ di panino, 1,5 piadine piccole
Avena (fiocchi o chicchi)	¾ di tazza crudi, 1,5 tazze cotti	No	⅓ di tazza crudi, ¾ di tazza cotti
Frutta	1,5 tazze o 1,5 frutti	In questa fase solo limoni e lime	1,5 tazze o 1,5 frutti
Verdura e insalate	Illimitate, raddoppiare le dosi previste nelle ricette	Illimitate, raddoppiare le dosi previste nelle ricette	Illimitate, raddoppiare le dosi previste nelle ricette
Oli	No	No	4,5 cucchiai
Hummus	No	No	½ tazza
Guacamole	No	No	½ tazza
Avocado	No	No	¾ di avocado
Frutta secca non tostata	No	No	½ tazza scarsa
Burri e creme di frutta secca non tostata e semi	No	No	3 cucchiai
Salsa per verdure	3-6 cucchiai	3-6 cucchiai	3-6 cucchiai
Frullati	1 bicchiere da 450 ml	1 bicchiere da 450 ml	1 bicchiere da 450 ml
Erbe	A piacere	A piacere	A piacere
Spezie	A piacere	A piacere	A piacere
Brodi	A piacere	A piacere	A piacere
Aromi	A piacere	A piacere	A piacere

Le verdure sono ammesse in quantità illimitata per tutti, ma se il vostro obiettivo a lungo termine è perdere più di 20 chili, dovete mangiare il doppio delle verdure raccomandate nelle porzioni sia dei pasti sia degli spuntini. E comunque, indipendentemente da quanto dovete perdere, potete mangiare quante verdure desiderate. Le verdure contengono tutti gli enzimi importanti e i micronutrienti che stimolano la metabolizzazione dei grassi, quindi più ne mangiate, meglio è.

Quando parlo delle porzioni le persone iniziano ad agitarsi, soprattutto quelle che hanno avuto esperienze con diete pesantemente ipocaloriche. Allora devo ripetere in continuazione che per perdere peso ci vuole energia, che l'energia deriva dall'alimentazione e che quindi non bisogna avere paura di queste porzioni. Sono la vostra medicina: se rispettate ciascuna fase del programma, tutto ciò che mangerete ravviverà il vostro metabolismo al punto che l'organismo brucerà tutto quello che assumete e anche di più. Le diete da fame fanno conservare il grasso, mentre le diete che prevedono un quantitativo adeguato di cibo vero permettono di bruciarlo.

CUCINARE SENZA GRASSI

Durante le Fasi 1 e 2, non potendo usare oli in cucina, una buona alternativa è un po' di brodo vegetale bio per saltare le verdure e cuocere le uova, e limone e lime per cuocere al forno o alla griglia.

A CHE PUNTO SIETE

Di solito le persone sanno quale peso-obiettivo vogliono raggiungere, ma non quanti centimetri di girovita. All'inizio della dieta del Supermetabolismo prendo sempre le misure dei miei clienti, perché le misurazioni rispecchiano ciò che sta avvenendo nella struttura fisica molto più di un numero su una bilancia. Per questo non mi piace adottare l'IMC come sistema di monitoraggio del peso corporeo.

Si può avere un peso nella norma, ma non una composizione fisica sana: per esempio, può esserci troppo grasso sul ventre, anche se il resto del corpo appare snello. Al contrario, si può avere un peso ben distribuito, anche se in base alle tabelle IMC risulta al di sopra della media.

Quindi vi consiglio di prendervi subito le misure e di segnarvele qui sotto:

- Fianchi, massima circonferenza: _____ cm
- Vita, all'altezza dell'ombelico: _____ cm
- Coscia, nel punto più largo: _____ cm
- Braccio, nel punto più largo: _____ cm

Nei ventotto giorni di dieta monitorare queste misure e osservare come cambiano vi darà molta più carica di qualsiasi numero su una bilancia.

I VOSTRI PALETTI FISSI

Se ci sono cose che non mangiate, questa dieta potrebbe sembrarvi impegnativa. Per esempio, siete vegetariani o vegani o allergici al glutine? Non c'è problema: la dieta consente una tale scelta da risultare adattabile a qualunque parametro alimentare. Vediamo insieme i vari casi.

VEGETARIANI

Le tre fasi si prestano tranquillamente a un'alimentazione vegetariana, specie se siete disposti a mangiare uova e pesce (so che tecnicamente il pesce non rientra in un'alimentazione vegetariana, ma so anche che al riguardo alcuni vegetariani sono disposti a fare qualche strappo).

Se vi sta bene, sostituite la carne con del pesce specifico per la fase in corso. In caso contrario, per ogni ricetta delle Fasi 1 e 3 che preveda carne potete optare per mezza tazza di legumi cotti, come lenticchie, fagioli o qualsiasi tipo di legume consentito per ciascuna fase.

Per i vegetariani la fase più difficile è certamente la seconda, perché è povera di carboidrati e, poiché questa dieta non ammette la soia, in questi due giorni dovreste mangiare pesce o uova. Ovviamente la scelta di alimenti sarà minore, ma è solo per un paio di giorni. Se invece non volete proprio toccare pesce e uova, leggete il paragrafo successivo sui vegani.

VEGANI

Per i vegani non ci sono problemi né in Fase 1, né in Fase 3, visto che la carne può sempre essere sostituita con i legumi. La Fase 2 è invece più complessa. I legumi ricchi di proteine hanno troppi carboidrati per questa fase, quindi come vegani potrete violare una regola, ma solo una: il divieto di consumare soia.

Di solito proibisco la soia in questo tipo di dieta, sia a causa dei fitoestrogeni, sia perché tende a essere geneticamente modificata. Se però siete vegani, non voglio neppure precludervi questa dieta. Pertanto, in Fase 2 potete sostituire la carne con un prodotto a scelta tra i seguenti (tutti rigorosamente bio e non OGM):

- Tofu
- Tempeh
- Edamame

Cuocete il tofu senza aggiungere grassi, magari al forno o alla griglia, anziché comprarlo già cotto, perché sarebbe sicuramente più lavorato. Il calo di peso potrebbe subire un leggero rallentamento, ma in questo modo potrete continuare a mangiare con pochissimi carboidrati, come vuole la Fase 2. Ma ricordate: in Fase 1 e in Fase 3 dovete invece seguire le regole come tutti gli altri, il che significa niente soia.

INTOLLERANTI AL GLUTINE

Chi non mangia glutine non avrà difficoltà a seguire questa dieta, perché il frumento, principale fonte di glutine nell'alimentazione di quasi tutti noi, è vietato. Nelle ricette e nella lista degli alimenti troverete qualche prodotto che contiene glutine, ma voi scartatelo. Quindi evitate il pane di grano germogliato o i vari prodotti che contengono farro, orzo, Kamut, segale o triticale. Anche l'avena contiene glutine, quindi optate per la versione che non ne ha (leggete l'etichetta sulla confezione: deve essere lavorata con procedure particolari per evitare contaminazioni con il frumento) o per i vari cereali senza glutine. Per esempio:

- Amaranto
- Riso integrale
- Grano saraceno
- Miglio
- Quinoa
- Teff
- Riso selvatico

Nelle ricette del Capitolo 11 sostituite semplicemente ogni cereale che non potete mangiare con un altro che non contenga glutine. Per esempio, se una ricetta prevede l'impiego di orzo, sostituitelo con riso integrale o quinoa. Tutti i cereali privi di glutine sopra elencati figurano nell'elenco degli alimenti per la Fase 1 riportato a fine libro.

LE VOSTRE PREFERENZE

Che tipo di forchetta siete? Ai più schizzinosi non tutte le mie ricette piaceranno, e nemmeno tutto quello che troveranno nella lista degli alimenti consentiti. Ma finché rispettate il programma alimentare per ciascuna fase e l'elenco dei rispettivi cibi, anche solo quei pochi che magari vi piacciono, non c'è alcun problema. Però assicuratevi di consumare il giusto quantitativo di cereali, proteine, frutta, verdura e grassi a ogni pasto e in ogni fase, senza mai saltare pasti e spuntini. A parte questo, potete scegliere ciò che volete.

Siete di quelli a cui piace mangiare sempre le stesse cose? Allora nessun problema: anche se fate sempre la stessa colazione nella Fase 1, saranno otto colazioni identiche in quattro settimane, quindi la varietà è ugualmente assicurata. O magari siete di quelli che si stufano facilmente e che amano cambiare. Benissimo: fatevi qualcosa di nuovo ogni giorno, se preferite. Non vi piacciono le mie ricette? Fatico a crederci, perché le trovo favolose, ma se preferite usate pure le vostre, non mi offendo! Purché rispettiate fasi e programmi, in modo che la dieta continui a funzionare.

LA FAMIGLIA

Uno degli aspetti positivi della dieta del Supermetabolismo è che prevede molti alimenti che piacciono quasi a tutti, e questo permette anche al resto della famiglia di mangiare quello che preparerete per voi. A casa mia, per esempio, tante ricette di questo volume vanno bene per tutti, quindi se avete un'intera famiglia da sfamare potete tranquillamente condividere i vostri piatti, che in fondo rappresentano un modo di mangiare sano per tutti, uomini, donne e bambini. I miei figli amano le mie ricette, e mentre le perfezionavo per questo libro assaggiavano sempre volentieri.

Se sapete già in partenza che la vostra famiglia non gradirà quello che mangerete voi, ciò non significa che dovrete passare le settimane ai fornelli. Fate come fanno in tanti (e come la sottoscritta): dedicate una giornata a cucinare il necessario per le settimane successive.

Dato il modo in cui è organizzata questa dieta, non ci vuole molto per cucinare quattro settimane di pasti in una volta sola. Preparate chili, stufati, riso e avena e metteteli in piccole vaschette monoporzione che vadano in freezer, poi scriveteci sopra la fase di riferimento e riponete tutto nel congelatore. Fatto questo, potrete dedicarvi a cucinare per la famiglia, e se ciò che preparate per gli altri non rientra nella fase della vostra dieta, dovete solo scongelare quello che avete già cucinato per voi.

IL VOSTRO STILE AI FORNELLI

C'è chi ama cucinare e chi non vuole nemmeno sentirne parlare. Questa dieta è ideale per chi si diverte a cucinare, perché è fatta di ricette interessanti, gustose e divertenti da preparare. Se invece detestate preparare i pasti e siete allergici a qualunque dieta richieda di stare ai fornelli, allora dobbiamo parlarne.

Uno dei sistemi più efficaci per rimettere in carreggiata il metabolismo e riprendere a bruciare grassi è mangiare cibo vero, non quelle cose già pronte, porzionate, impacchettate e surgelate che trovate al supermercato. Mangiare cibo vero è fondamentale per il processo di riparazione che vogliamo avviare, ragione per cui vi chiedo di fidarvi di me e di provare a mettervi ai fornelli.

Non occorre passare molto tempo in cucina. Le ricette di questo libro non sono pensate per un unico pasto, quindi potete suddividere e surgelare quello che preparate in modo da averne a disposizione per tanti altri pasti della stessa fase, basta etichettare adeguatamente le porzioni. Quando la stessa fase si ripresenta, dovrete solo scongelare le porzioni *et voilà*, piatti ottimi, fatti in casa e ricchi dei nutrienti necessari alla vostra dieta.

Amanti dei fornelli o no, cucinare tutto subito vi farà risparmiare tempo e fatica. Io mi affido molto al freezer, oltre che alle mie pentole slow cooker,* ai tegami e alle casseruole. Amo cucinare,

---

* Ormai molto diffusa anche in Italia, è una pentola elettrica che permette di cucinare a basse temperature, e quindi più lentamente delle pentole tradizionali. [*N.d.R.*]

TRUCCHI PER RISPARMIARE TEMPO

Un modo per rendersi la vita ancora più semplice in cucina è mangiare le stesse cose nella prima e nella terza settimana, e quindi anche nella seconda e nella quarta. Questo favorisce la varietà, e richiede meno tempo per cucinare. Programmate una giornata in cui preparare tutti i pasti della prima settimana, poi congelate ciò che avanza e riutilizzatelo nella terza settimana. Allo stesso modo, dedicate un altro giorno a tutti i pasti della seconda settimana.

È un metodo molto efficace per assicurarsi di avere sempre qualcosa di buono da mettere sotto i denti. Alla terza settimana vi renderete conto di quanto valida sia stata l'idea di cucinare in anticipo, anche perché avrete già un aspetto migliore e vi verrà voglia di sgarrare, ma se avete già tutto pronto, chi ve lo fa fare?

Io trovo un gran bel modo di passare la domenica. Ma se a voi non piace, vi garantisco che le mie ricette sono facili da preparare. Niente tecniche strane: basta tagliare a pezzi, mettere tutto in una slow cooker e far cuocere lentamente finché è pronto. Poi potrete consolarvi pensando che per il resto della settimana non dovrete cucinare nulla. La settimana in cui c'è più da lavorare è la prima, ma riuscirete a preparare abbastanza cibo da coprire anche quelle successive.

Come ho detto, è anche possibile cucinare in una sola volta per tutti i ventotto giorni della dieta, non è così difficile. In alternativa, cucinate solo quando avete tempo e tenete da parte gli avanzi. A quel punto dovreste solo distribuire i vari pasti come le carte di un mazzo (a meno che il resto della famiglia non vi saccheggi il frigo, perché sono tutti cibi ottimi!).

Naturalmente, non è necessario provvedere ai pasti in anticipo. Se stare ai fornelli vi piace e qualche volta avete un'oretta libera, potete prepararvi il pasto prima di consumarlo. Tuttavia, questo non sempre è fattibile, anche per chi ama occuparsene. Preparare tutto prima ha dunque il vantaggio di far risparmiare tempo: ancora una volta, però, ciò che conta sono le vostre preferenze ed

PER RIDURRE I COSTI

Cucinare in anticipo e congelare pasti già pronti fa bene anche al portafogli, ma ci sono altri modi per rendere più conveniente questa dieta. Anziché variare a ogni pasto e a ogni spuntino, cosa che richiede una spesa molto differenziata e inevitabilmente più scarti, molti preferiscono attenersi a uno o due tipi di spuntini e pasti per tutti i ventotto giorni. Comprano all'ingrosso e porzionano anche frutta secca, semi e gallette al farro, oppure preparano una pentola di chili e ne hanno per più pasti ogni settimana. Se l'idea di attenervi a pochi pasti e spuntini collaudati non vi disturba, in questo modo risparmierete parecchio denaro e non butterete quasi nulla.

esigenze, quindi se non ne avete voglia, nessuno vi obbliga. Magari una sera avete tempo e vi preparate lo stufato di pollo, allora fatene più del solito, gustatevi la vostra dose e congelate il resto. Pensate sempre a come rendervi più semplici i prossimi pasti. Adottate le soluzioni che meglio si adattano alla vostra vita, ma non dovete temere i fornelli. Cucinare è essenziale per la vostra salute e per le modifiche metaboliche che stiamo tentando di apportare nel vostro organismo. Potete farcela!

Cucinare è un piccolo dazio da pagare per ritrovare la salute e la forma che avete sempre desiderato. Le pietanze fatte in casa sono le più nutrienti, e danno all'organismo ciò che gli occorre per funzionare al meglio. Inoltre, hanno l'effetto collaterale di far sentire voi e la vostra famiglia più sani. E allora forza, iniziate a marinare, saltare, infornare e condire, ciascuno con il proprio stile!

L'ATTIVITÀ FISICA

Infine parliamo di attività fisica. Questa dieta è concepita per fare tre allenamenti a settimana, uno di tipo aerobico (Fase 1), uno di potenziamento (Fase 2) e uno di yoga, stretching o esercizi di respirazione (Fase 3). Ciò significa, per esempio, che in Fase 1 potete fare del tapis roulant o una lezione di spinning, in Fase 2 i pesi e in Fase 3 una lezione di yoga.

Se non siete iscritti a una palestra, in Fase 1 potete correre o camminare veloci nelle vie del vostro quartiere o al parco, in Fase 2 potete allenarvi con i pesi in casa, anche solo con un piccolo set di manubri, e in Fase 3 potete fare yoga, stretching o esercizi di respirazione a casa vostra seguendo una lezione su DVD o su YouTube (ce ne sono di ottime). Solo un'avvertenza: non fate confusione con il tipo di attività, visto che anche l'attività fisica è legata alla fase in corso, esattamente come la lista degli alimenti.

Se non siete abituati a fare esercizio, questi tre allenamenti vanno benissimo e non dovete aggiungere altro. E se siete fanatici dello sport? Ho già sentito persone obiettare: «Ma io vado a spinning ogni giorno!» Oppure: «Io vado al corso di sopravvivenza cinque giorni a settimana!» Bene, per i prossimi ventotto giorni non ci andrete.

Ci hanno fatto credere che più attività fisica svolgiamo, più perdiamo peso, ma la natura stessa dell'attività fisica comporta la rottura delle fibre muscolari e il successivo utilizzo delle risorse dell'organismo per ripararle. E in questo momento le vostre risorse servono ad altro, cioè a riparare il metabolismo, non i muscoli a pezzi. Per dare una spinta al metabolismo, tre allenamenti a settimana vanno benissimo, perché lasciano abbastanza energia per riattivare i processi metabolici.

Se invece siete tra quelli che devono fare attività fisica ogni giorno altrimenti si sentono fuori posto, possiamo trovare un compromesso, ma a condizione che la distinzione tra le fasi sia rispettata. Sì all'allenamento aerobico, ma solo in Fase 1. Quindi potete fare due allenamenti aerobici in una settimana, e per aerobico intendo anche spinning, danza, corsa, jogging e macchine aerobiche in palestra, dalla cyclette ellittica al tapis roulant. Sono solo ventotto giorni, e due allenamenti aerobici nei giorni in cui consumate più zuccheri e più carboidrati basteranno a tenervi in forma.

Potete anche sollevare pesi due volte alla settimana, purché solo in Fase 2. Magari il primo giorno fate lavorare i muscoli dalla cintola in su, e il secondo quelli inferiori.

Nella Fase 3, se volete, potete fare yoga anche tre giorni di fila. Come ho già detto, ai fini della dieta una sola sessione basta e avanza. Se volete farne di più, sono ammessi solo yoga e stretching. E ricordate di concludere con un lungo momento di relax in cui respirare profondamente per calmare l'organismo. Una volta conclusi i ventotto giorni, potrete tornare alla vostra attività fisica di sempre. Non dimenticate che per l'organismo l'attività fisica è una forma di stress. Ciò significa che durante gli allenamenti dovete prestare attenzione a come vi sentite ed evitare di strafare, perché vi danneggerebbe.

PERSONALIZZARE E ORGANIZZARE IL PROGRAMMA ALIMENTARE

Molti me ne chiedono uno già pronto da seguire, quindi nei prossimi quattro capitoli ve ne propongo uno ideale per ciascuna delle quattro settimane che vi attendono. Per altri, invece, è più efficace un programma personalizzato, quindi nelle prossime pagine di questo capitolo avrete la possibilità di compilare da voi il vostro programma alimentare per la dieta.

I programmi alimentari saranno la vostra guida nei vari momenti della giornata e della settimana: a che ora vi alzate, in che fase vi trovate, che cosa dovete mangiare e così via. Il piano personalizzato vi permetterà di consumare ciò che più vi piace, ma sempre rispettando le varie fasi.

Fate riferimento alla lista degli alimenti previsti per ciascuna fase riportata a p. 243 e scegliete fin da subito i cibi, così all'inizio di ogni settimana saprete esattamente che cosa mangiare, e avrete la certezza che saranno cose che vi piacciano.

Quando incontro i miei clienti li aiuto proprio in questo tipo di considerazioni. Dedichiamo parecchio tempo al programma ali-

GLI SPUNTINI: TASSATIVI!

Gli spuntini sono spesso trascurati o dimenticati, eppure sono fonda-mentali per il buon esito di questa dieta. Sono l'esca che accende il fuoco del metabolismo, e permettono all'organismo di digerire e assimilare meglio ciò che mangiate.

Ogni spuntino dev'essere di un certo tipo e dev'essere consumato in momenti strategici della giornata, in modo che possa stimolare una specifica risposta neurochimica, biochimica, fisiologica o metabolica. Non vanno saltati o dimenticati, e devono essere in linea con la fase in corso. Un sistema facile per fare gli spuntini è tenere a portata di mano barrette energetiche e frullati, purché in linea con il programma delle varie fasi.

mentare, e lo prepariamo in base alle preferenze individuali. Chiedo a tutti: «Che cosa le piace?» Poi mi faccio indicare nell'elenco degli alimenti per ciascuna fase le cose che preferiscono, ma anche quelle che non conoscono e che vorrebbero assaggiare. Dopodiché chiedo loro di cancellare dalla lista gli alimenti che non piacciono o di cui non possono nutrirsi.

A questo punto siamo pronti per compilare il programma. Comincio a scrivere a matita, e preferisco sempre iniziare a scegliere gli spuntini, poi le colazioni e le cene. Per ultimi i pranzi, perché spesso sono fatti con gli avanzi dei pasti precedenti: il tacchino della colazione, per esempio, va bene con l'insalata a pranzo, o il filetto avanzato dalla sera prima si può usare per preparare un involtino con la lattuga.

Nelle prossime pagine troverete le tabelle per creare la vostra dieta del Supermetabolismo personalizzata. All'inizio di ciascuna settimana dovrete inserire:

1. Le prime colazioni *che preferite* per l'intera settimana.
2. Gli spuntini *che preferite* per tutta la settimana.
3. I pranzi *che preferite*, avendo cura di riutilizzare ciò che avanza dagli altri pasti, sempre rispettando la distinzione tra le varie fasi.
4. Le cene *che preferite* per tutta la settimana.

IL PROGRAMMA ALIMENTARE DI UNA SETTIMANA

SVEGLIA	PESO	COLAZIONE	SPUNTINO	PRANZO	SPUNTINO	CENA	ATTIVITÀ FISICA	ACQUA
LUNEDÌ ora:__:__	|	ora:__:__	ora:__:__	ora:__:__	ora:__:__	ora:__:__	|	|
MARTEDÌ ora:__:__	|	ora:__:__	ora:__:__	ora:__:__	ora:__:__	ora:__:__	|	|
MERCOLEDÌ ora:__:__	|	ora:__:__	ora:__:__	ora:__:__	ora:__:__	ora:__:__	|	|
GIOVEDÌ ora:__:__	|	ora:__:__	ora:__:__	ora:__:__	ora:__:__	ora:__:__	|	|
VENERDÌ ora:__:__	|	ora:__:__	ora:__:__	ora:__:__	ora:__:__	ora:__:__	|	|
SABATO ora:__:__	|	ora:__:__	ora:__:__	ora:__:__	ora:__:__	ora:__:__	|	|
DOMENICA ora:__:__	|	ora:__:__	ora:__:__	ora:__:__	ora:__:__	ora:__:__	|	|

FASE 1 — FASE 2 — FASE 3

FASE I: PROGRAMMA ALIMENTARE

SVEGLIA	PESO	COLAZIONE	SPUNTINO	PRANZO	SPUNTINO	CENA	ATTIVITÀ FISICA	ACQUA
ora: __:__ **LUNEDÌ**	__	ora: __:__ Cereali Frutta	ora: __:__ Frutta	ora: __:__ Cereali Proteine Frutta Verdura	ora: __:__ Frutta	ora: __:__ Cereali Verdura Proteine		
ora: __:__ **MARTEDÌ**	__	ora: __:__ Cereali Frutta	ora: __:__ Frutta	ora: __:__ Cereali Proteine Frutta Verdura	ora: __:__ Frutta	ora: __:__ Cereali Verdura Proteine		

FASE I: ALLENTARE LO STRESS

FASE 2: PROGRAMMA ALIMENTARE

SVEGLIA	PESO	COLAZIONE	SPUNTINO	PRANZO	SPUNTINO	CENA	ATTIVITÀ FISICA	ACQUA
ora:___:___ **MERCOLEDÌ**	___	ora:___:___ **Proteine** **Verdura**	ora:___:___ **Proteine** **Verdura** (facoltativa)	ora:___:___ **Proteine** **Verdura**	ora:___:___ **Proteine** **Verdura** (facoltativa)	ora:___:___ **Proteine** **Verdura**		
ora:___:___ **GIOVEDÌ**	___	ora:___:___ **Proteine** **Verdura**	ora:___:___ **Proteine** **Verdura** (facoltativa)	ora:___:___ **Proteine** **Verdura**	ora:___:___ **Proteine** **Verdura** (facoltativa)	ora:___:___ **Proteine** **Verdura**		

FASE 2: SBLOCCARE IL GRASSO

FASE 3: PROGRAMMA ALIMENTARE

SVEGLIA	PESO	COLAZIONE	SPUNTINO	PRANZO	SPUNTINO	CENA	ATTIVITÀ FISICA	ACQUA
ora:___:___ **VENERDÌ**	___	ora:___:___ **Frutta** **Grassi sani** **e/o proteine** **Cereali** **Verdura**	ora:___:___ **Grassi sani** **e/o proteine** **Verdura** **(facoltativa)**	ora:___:___ **Grassi sani** **e proteine** **Verdura** **Frutta**	ora:___:___ **Grassi sani** **e/o proteine** **Verdura** **(facoltativa)**	ora:___:___ **Grassi sani** **e proteine** **Verdura** **Cereali/amidi** **(facoltativi)**		
ora:___:___ **SABATO**	___	ora:___:___ **Frutta** **Grassi sani** **e/o proteine** **Cereali** **Verdura**	ora:___:___ **Grassi sani** **e/o proteine** **Verdura** **(facoltativa)**	ora:___:___ **Grassi sani** **e proteine** **Verdura** **Frutta**	ora:___:___ **Grassi sani** **e/o proteine** **Verdura** **(facoltativa)**	ora:___:___ **Grassi sani** **e proteine** **Verdura** **Cereali/amidi** **(facoltativi)**		
ora:___:___ **DOMENICA**	___	ora:___:___ **Frutta** **Grassi sani** **e/o proteine** **Cereali** **Verdura**	ora:___:___ **Grassi sani** **e/o proteine** **Verdura** **(facoltativa)**	ora:___:___ **Grassi sani** **e proteine** **Verdura** **Frutta**	ora:___:___ **Grassi sani** **e/o proteine** **Verdura** **(facoltativa)**	ora:___:___ **Grassi sani** **e proteine** **Verdura** **Cereali/amidi** **(facoltativi)**		

FASE 3: LIBERARE IL METABOLISMO

Ecco fatto. Non è stato divertente? In questo modo vi siete composti una dieta completamente adatta al vostro stile di vita e alle vostre preferenze a tavola. La chiave del successo della dieta del Supermetabolismo è conoscere sia se stessi sia le regole, e soprattutto organizzarsi. Trovate il tempo di cucinare prima, mettete nel freezer e cominciate. Plasmate la dieta attorno a voi e a ciò che fate, e preparatevi a sentirvi come non vi sentivate da tempo.

PRIMA DI VOLTARE PAGINA

I quattro capitoli che seguono sono pensati per accompagnarvi lungo le salite e le discese emotive che incontrerete nelle prossime quattro settimane, ma anche per fornire programmi alimentari già pronti per chi non vuole compilarsene uno da sé. Dopo anni di lavoro con migliaia di persone, mi sono resa conto che ciascuna delle quattro settimane offre esperienze uniche. Vediamole insieme e cerchiamo di capire come alimentare il corpo e la mente in modo da tenere sempre acceso il metabolismo durante l'intero processo.

PARTE TERZA

Quattro settimane per sentirsi favolosi

CAPITOLO 6

Prima settimana: caduta libera

BENVENUTI alla prima settimana! In questi sette giorni guideremo il vostro corpo attraverso le tre fasi della dieta del Supermetabolismo: Fase 1 per due giorni, Fase 2 per altri due giorni e Fase 3 per tre giorni. Mangerete molto, a volte cose che vi sembreranno troppo buone per essere incluse in una dieta. Magari non tutto vi piacerà, ma durante questa settimana capirete che cosa gradite di più e che cosa di meno di ciascuna fase. E imparerete molto.

So che non vedete l'ora di cominciare, e sono pronta ad accompagnarvi in questa avventura passo dopo passo. In questo capitolo compilerete il vostro primo programma alimentare, e lo farete inserendo tutti i pasti e gli spuntini che consumerete questa settimana. Oppure, se preferite che sia io a dirvi che cosa mangiare, potrete basarvi sul programma che ho preparato per voi. Allora vediamo che cosa succede nella prima settimana, che mi piace chiamare settimana «della caduta libera».

SETTIMANA «DELLA CADUTA LIBERA»: CHE COSA ASPETTARSI, COME POTRESTE SENTIRVI

La prima settimana è sempre entusiasmante, ma poiché è così diversa potrebbe anche farvi sentire disorientati, e magari un po' preoccupati. Ma ricordate: voglio «disorientare» il vostro metabolismo, non voi. Seguire il programma, tuttavia, significherà apportare una serie di cambiamenti, e forse all'inizio ci metterete un po' ad abituarvi a questo nuovo modo di nutrirvi.

Inoltre, potreste dover fare la pace con i vostri vecchi demoni alimentari. È probabile che, proprio ora che vi accingete a cominciare la dieta, le ossessioni per il calcolo delle calorie o dei carboidrati, la paura di mangiare frutta o carne o grasso, la frustrazione degli insuccessi del passato rialzino la testa e si ripresentino. Datemi retta: sono ospiti non graditi a questo banchetto. Lasciatevi andare in caduta libera con me e chiudete fuori dalla porta quei demoni. Voglio che siate pronti per questo, voglio che sappiate esattamente che cosa accadrà e che non sarete soli in questa avventura.

Ecco che cosa mi dicono le persone quando stanno per cominciare con la prima settimana:

- «Non ce la farò a dimagrire con tutti questi carboidrati.»
- «Con la dieta XYZ ero riuscito/a a dimagrire, ma questa non somiglia affatto alla dieta XYZ.»
- «Non sono in grado di seguire le diete. Non ho abbastanza forza di volontà.»
- «Ho paura che non mi piacerà quello che si mangia!»
- «E se mangerò troppo e non funziona?»
- «E se non perderò peso nella prima settimana?»

E se? E se? E se?!

Certo, all'inizio i dubbi e le perplessità sono tanti, ma il consiglio migliore che posso dare a chi è in procinto di affrontare la prima settimana è: fidatevi. Sgombrate la mente dai preconcetti e dalle esperienze con le diete che avete avuto in precedenza, non arrovellatevi chiedendovi se e come il vostro organismo risponderà a questa dieta. Non sapete che cosa succederà. Non avete nemmeno iniziato. Questa settimana dovete lasciarvi andare in caduta libera, senza preoccuparvi dell'esito. Siate consapevoli di quanto state

CREDETECI

Sono una strenua sostenitrice delle affermazioni positive. Questa setti-mana, prima di iniziare il programma, visualizzate l'immagine di voi stessi che perdete peso e raggiungete i vostri obiettivi, ma non preoccupatevi troppo dei numeri. Concentratevi invece sulla riparazione in corso e sui cambiamenti che state introducendo nel vostro organismo. Durante questa settimana chiederemo parecchio al vostro corpo in termini me-tabolici. Gli chiederemo di alzarsi in piedi e prestare attenzione. Non si tratta solo di un cambiamento mentale o emotivo, ma di un cambiamento metabolico radicale, perciò i successi o gli insuccessi che avete avuto in passato non hanno nulla a che vedere con quello che state per fare ora. Siete in un territorio completamente nuovo.

chiedendo al vostro corpo, e dei cambiamenti radicali che dovrete apportare alla vostra vita, ma non lasciatevi prendere dall'agitazione. Siate sereni. Sì, l'idea di partire così, alla cieca, può fare un po' paura, ma fidatevi e fate come vi dico, anche se non sapete esattamente che cosa aspettarvi. Anche se siete preoccupati, o un po' spaventati.

TANTO DI TUTTO

Un'altra cosa che dovete mettervi in testa prima di iniziare è che durante la prima settimana dovrete abituarvi a mangiare tanto di tutto. Intendo che certi giorni mangerete tanta frutta, altri giorni tante proteine e altri ancora tanta verdura o tanti grassi. Questo «tanto» ha il preciso scopo di arricchire l'organismo, fornendogli i nutrienti di cui ha bisogno per poter produrre elementi come i muscoli, le ossa, i capelli, la pelle e le unghie.

Non perdete di vista il nostro obiettivo principale, che è quello di trasformare il metabolismo in modo da poter estrarre i nutrienti dal cibo che mangiamo e usarli per creare salute e stabilizzare la produzione ormonale.

È molto probabile che questa settimana noterete un buon calo di peso. La maggior parte dei miei clienti perde dai 2 ai 4 etti al giorno, e a volte anche un po' di più. Qualcuno si spaventa, si chiede se non stia succedendo troppo in fretta, o se non stia bruciando muscoli anziché grasso. Altri, al contrario, sono impazienti e pensano che non stia succedendo abbastanza in fretta, oppure temono che con loro la dieta non stia funzionando.

È buona norma essere un po' passivi questa settimana, anzi è meglio. Non incaponitevi a leggere troppo fra le righe di ciò che accade. Non preoccupatevi dei numeri in questa fase. Concentratevi piuttosto sul ritmo delle fasi e imparate a compilare la lista della spesa serenamente, senza sensi di colpa. Prestate attenzione alle differenze tra i cibi che consumate durante ciascuna fase. Prendete nota di quelli che vi piacciono di più e sottolineateli sulla vostra lista della spesa. Partecipate attivamente al ripristino della vostra salute, con impegno ma senza timore. Se seguirete le regole e vi fiderete della dieta, il resto verrà da sé.

Una volta entrati nella prima settimana, di solito i miei clienti esprimono commenti più positivi, specialmente sul cibo. Per esempio:

«Oh, è vero, mi ero dimenticato di quanto mi piace il mango!»

«Non mi tolga le gallette di riso! Non riesco a credere di non poterle più mangiare!»

«Mi piace il filetto!»

«Quel curry al cocco era strepitoso!»

Se qualcosa non vi va a genio, niente paura: non dovrete per forza mangiarlo di nuovo. Non fissatevi su ciò che non amate particolarmente. Per esempio, se avete comprato una confezione di burro di mandorle e avete scoperto che non è di vostro gusto, non vi tormentate chiedendovi che cosa ne farete, visto che non avete intenzione di mangiarlo. Non dovete preoccuparvi di questioni del genere. State imparando. E poi ci sono tantissime persone a cui piace il burro di mandorle, perciò datelo a loro. Andrà tutto bene. E ricordate: gli ormoni dello stress favoriscono l'immagazzinamento del grasso, quindi non vi preoccupate.

L'ATTIVITÀ FISICA GIUSTA PER OGNI FASE

- Almeno un giorno di attività aerobica moderata durante la Fase 1.
- Almeno un giorno di attività intensa con i pesi durante la Fase 2.
- Almeno un giorno di attività fisica rilassante durante la Fase 3, per esempio lo yoga, una passeggiata all'aria aperta in una bella giornata o un massaggio. Consiglio vivamente di programmare un massaggio in particolare per la Fase 3 della prima settimana: aiuterà il corpo ad abituarsi alla nuova routine.

Concentratevi sulle cose che secondo voi sono davvero squisite. Pensate a quanto è buona la frutta e a come vi fa sentire meglio rispetto alle barrette piene di amidi e zucchero raffinato. Concentratevi sulla sensazione che provate mangiando un bel pezzo di carne, o al gusto dell'avocado accompagnato a quello che avete nel piatto. Ricordate che i cinque protagonisti hanno bisogno di voi e di questo cibo per ripristinare il vostro metabolismo e la vostra salute. Potete farcela!

Questo è soltanto l'inizio, ma vi cambierà la vita.

CHE COSA MANGIARE NELLA PRIMA SETTIMANA: IL PROGRAMMA ALIMENTARE GIORNO PER GIORNO

Quando i miei clienti vengono nel mio studio, creiamo insieme un programma alimentare per la settimana così che sappiano esattamente che cosa mangiare in un dato momento. Organizzando i pasti in questo modo, la dieta diventa più semplice da seguire. Nelle prossime pagine troverete un programma alimentare che ho creato apposta per voi. Potrete scambiare i pasti all'interno delle singole fasi, oppure usarne alcuni ma non altri. Se per ogni pasto e spuntino vi attenete ai cibi e alle categorie specifiche per la fase in corso, e se le porzioni sono quelle giuste, potrete sempre adattare pasti e spuntini alle vostre esigenze.

Le tre tabelle nelle prossime pagine riguardano rispettivamente le Fasi 1, 2 e 3, e sono suddivise per giorni e momenti della giornata (righe) e per tipo di pasto (colonne). Come abbiamo visto, una tazza corrisponde a un volume di 250 millilitri, e i piatti presenti nel ricettario al Capitolo 11 sono contrassegnati con le iniziali della fase corrispondente (F1, F2, F3).

Ho elaborato il programma in modo che molti pasti della prima settimana ricompaiano nel programma della terza settimana, così li avrete già pronti, se li avete cucinati e messi nel freezer in anticipo. Sfruttate l'entusiasmo e lo slancio della prima settimana per preparare tutti i pasti subito, nel caso l'effetto novità dovesse svanire dopo qualche giorno.

Un'avvertenza: questo programma alimentare è studiato per una persona che vuole dimagrire fino a un massimo di 10 chili. Se volete perdere più di 10 chili dovrete aumentare ogni porzione di proteine e cereali della metà e mangiare verdura a volontà in funzione del vostro appetito.

FASE 1: PROGRAMMA ALIMENTARE DELLA PRIMA SETTIMANA

SVEGLIA	PESO	COLAZIONE	SPUNTINO	PRANZO	SPUNTINO	CENA	ATTIVITÀ FISICA	ACQUA
LUNEDÌ ora:___:___	___	ora:___:___ Frullato di frutta e fiocchi d'avena (FI)	ora:___:___ I pera	ora:___:___ Tramezzino con affettato di pollo o tacchino (FI) I arancia	ora:___:___ 2 kiwi	ora:___:___ 2 tazze di zuppa di pollo e orzo (FI)		
MARTEDÌ ora:___:___	___	ora:___:___ Pane tostato alla francese con fragole (FI)	ora:___:___ I mela	ora:___:___ 2 tazze di zuppa di pollo e orzo (FI) I tazza di kiwi affettato	ora:___:___ I tazza di anguria a cubetti	ora:___:___ 2 tazze di chili di tacchino (FI)		

FASE 1: ALLENTARE LO STRESS

FASE 2: PROGRAMMA ALIMENTARE DELLA PRIMA SETTIMANA

SVEGLIA	PESO	COLAZIONE	SPUNTINO	PRANZO	SPUNTINO	CENA	ATTIVITÀ FISICA	ACQUA
ora: __:__ **MERCOLEDÌ**	|	ora: __:__ Omelette di albumi alla spagnola (F2)	ora: __:__ Salmone affumicato e cetrioli (F2)	ora: __:__ Insalata di tonno e cetriolo (F2)	ora: __:__ 30-60 g di affettato magro	ora: __:__ Involtini di lattuga con bistecca e asparagi (F2)		
ora: __:__ **GIOVEDÌ**	|	ora: __:__ Prosciutto di tacchino e sedano (F2)	ora: __:__ Funghi ripieni (F2)	ora: __:__ Verdure Sotto-filetto e insalata di spinaci (F2)	ora: __:__ 3 albumi sodi con sale marino e pepe	ora: __:__ Arrosto di maiale con friggi-telli (F2) 2 tazze di broccoli		

FASE 2: SBLOCCARE IL GRASSO

FASE 3: PROGRAMMA ALIMENTARE DELLA PRIMA SETTIMANA

SVEGLIA	PESO	COLAZIONE	SPUNTINO	PRANZO	SPUNTINO	CENA	ATTIVITÀ FISICA	ACQUA
ora:__:__ **VENERDÌ**	__	ora:__:__ Porridge d'avena (F3)	ora:__:__ ⅓ di tazza di hummus e cetrioli	ora:__:__ Insalata di uova sode (F3) con 2 tazze di spinaci frutti di bosco	ora:__:__ ¼ di tazza di mandorle crude	ora:__:__ 2 tazze di gamberetti e verdure saltati con ½ tazza di quinoa (F3)		
ora:__:__ **SABATO**	__	ora:__:__ Toast B&B (F3) e cetrioli	ora:__:__ ¼ di tazza di pistacchi crudi	ora:__:__ Gamberetti e verdure saltati (F3) senza quinoa ½ pompelmo	ora:__:__ ½ avocado affettato con sale marino	ora:__:__ Involtino di tacchino e hummus (F3)		
ora:__:__ **DOMENICA**	__	ora:__:__ Pane tostato con uova, pomodoro e cipolla rossa (F3) ½ avocado	ora:__:__ ⅓ di tazza di hummus e cetrioli	ora:__:__ Insalata di tonno e indivia (F3) 1 tazza di more	ora:__:__ Sedano e 2 cucchiai di burro di mandorle crudo	ora:__:__ Curry di pollo al cocco (F3)		

FASE 3: LIBERARE IL METABOLISMO

Questo è il *nostro* programma: io ci metto le regole, voi le preferenze. Potete sbizzarrirvi quanto volete, ma sempre attenendovi alle linee guida. Seguite questo piano, oppure createvene uno interamente vostro. State per assumere il controllo della vostra salute, quindi preparatevi. Immaginate che sia un puzzle, una sfida. Soprattutto in questa settimana sforzatevi di fidarvi. Lasciatevi andare in caduta libera. La dieta del Supermetabolismo vi prenderà al volo.

CAPITOLO 7

Seconda settimana: OMD!

CONGRATULAZIONI, avete completato la prima settimana della dieta del Supermetabolismo, e so che vi sentite diversi rispetto a sette giorni fa.

In questa seconda settimana faremo di nuovo passare il vostro corpo attraverso le tre fasi, ma non sarà come quella precedente: a questo punto avete un corpo diverso, quindi la questione comincia a farsi entusiasmante!

Questa settimana porterete a tavola un corpo che ha dato sollievo alle ghiandole surrenali e ha stimolato il fegato. Un corpo che ha favorito la produzione di ormoni tiroidei e altri ormoni bruciagrasso; un corpo che ha cominciato a cambiare la sua composizione chimica, convertendo il grasso in combustibile e il combustibile in muscolo. Immaginate com'è eccitata la ghiandola pituitaria mentre orchestra questa serie di eventi incredibili!

Ormai avrete perso un po' di peso, e probabilmente cominciate a vedere la luce, perché i dubbi e le perplessità iniziali si sono sopiti. In questo capitolo vi accompagnerò passo dopo passo nella seconda settimana, e vi fornirò un programma alimentare completamente nuovo (anche questa volta, però, siete liberi di seguire il mio o farvene uno vostro).

Prima di cominciare voglio raccontarvi che cosa succederà durante questi sette giorni. La settimana scorsa è stata una «caduta libera», in cui avete dovuto fare un atto di fede e fidarvi della dieta. Ora cominciate a vedere i risultati con i vostri occhi, quindi la prossima potrebbe essere la settimana «OMD!» cioè «Oh, mio Dio!»

LA SETTIMANA «OMD!»: CHE COSA ASPETTARSI, COME POTRESTE SENTIRVI

La seconda settimana è sempre appassionante. Le persone tendono a lasciarsi prendere dall'entusiasmo per i risultati della prima e per quelli che verranno. Sarà come un giro sulle montagne russe, tanto dal punto di vista emotivo quando da quello organizzativo. Preparatevi a esclamare: «Oh, mio Dio!»

State seguendo la dieta da troppo poco tempo per sentirla completamente vostra, e non avete ancora preso bene il ritmo, però cominciate a sentire la carica! Inoltre, potreste essere eccitati o anche disorientati dal modo in cui il vostro corpo sta rispondendo al programma. Avete perso abbastanza peso? Ne avete perso troppo? Siete finalmente usciti dalle vostre crisi di astinenza da caffè e zucchero raffinato?

Facciamo un bel respiro e andiamo avanti, lasciando che la dieta ci prenda per mano e ci conduca verso la continuità, la coerenza e il ripristino della nostra salute. Il ritmo aumenterà in questa seconda settimana, perciò non opponetevi né siate troppo creativi: lasciatevi semplicemente trasportare. Di solito le persone reagiscono a questa sensazione di vertigine in due modi: o si fanno prendere dal panico, perché temono che il calo di peso si arresti se riducono le porzioni, oppure raddoppiano le porzioni pensando di poter barare e ottenere la stessa perdita di peso.

Molti miei clienti notano un calo significativo durante la prima settimana, e a volte hanno il terrore che si sia trattato di semplice fortuna, e che non sia una cosa destinata a durare. Spesso reagiscono riducendo drasticamente le porzioni della cena, per esempio le proteine a 80 grammi e le verdure a mezza tazza; oppure mangiano esclusivamente proteine e verdura nella Fase 1, escludendo i cereali, che invece sono fondamentali; o ancora, saltano la frutta a colazione nella Fase 3, pensando che mangiando di meno dimagriranno di più. Queste sono le mosse più sbagliate che possiate fare, se state cercando di ripristinare il vostro metabolismo.

L'altro modo in cui reagiscono è pensando qualcosa del tipo: Oh, santo cielo! Ho perso troppo peso, non può essere una cosa sana! Sarà meglio che mangi di più. Oppure: Se riesco a dimagrire così tanto facendo come dice Haylie, allora potrei mangiare anche di più, e va bene lo stesso se non perdo così tanto peso nella seconda settimana! Dopodiché cominciano a «barare», aggiungendo carboidrati o grassi nelle fasi e nei pasti sbagliati, finché ricadono nelle vecchie abitudini.

Avevo una cliente che era dimagrita in maniera significativa nella prima settimana. Era stata brava e aveva ottenuto risultati notevoli. Durante la seconda settimana, osservando il suo programma alimentare, mi accorsi che aveva eliminato gran parte delle porzioni di cereali nella Fase 1, e aveva tolto l'avocado dal pane tostato nella Fase 3. Aveva anche saltato lo spuntino pomeridiano perché non aveva fame. Se sto andando così bene e mi sento sazia e soddisfatta, aveva pensato, chissà che cosa riuscirei a fare se eliminassi un altro po' di cibo! Inoltre, in cinque giorni aveva fatto quattro sessioni di spinning e una corsa intensa.

Quando ci incontrammo, alla fine della seconda settimana, aveva perso soltanto mezzo chilo e si sentiva uno straccio. Sembrò incredibile persino a me, eppure riuscii a convincerla a ricominciare tutto daccapo: proprio così, ripartimmo da zero! Da allora fece le sue quattro settimane senza sgarrare, riuscendo a ottenere risultati fantastici con piena soddisfazione di sé, e facendo più massaggi e meno spinning.

Temevo che, avendo ridotto così tanto il cibo e aumentato l'attività fisica, i suoi ormoni fossero in pieno tumulto quando entravano in «modalità fame». Se l'organismo va in modalità fame, la produzione di ormoni dello stress aumenta. E che cosa fanno gli ormoni dello stress? Segnalano all'organismo di immagazzinare il grasso anziché bruciarlo. Perciò questa settimana siate buoni con voi stessi e state attenti allo stress.

Lo stress è un fattore molto importante nella seconda settimana, per questo l'ho chiamata settimana «OMD!» Molti si fanno prendere dall'ansia: Ho perso troppo/poco peso? Ci metto troppo/poco tempo? Oppure vanno nella direzione opposta, chiedendosi se la loro eccessiva perdita di peso significhi che possono cambiare le regole della dieta.

È basilare capire che il senso di colpa e lo stress fanno ingrassare, ma che sentirsi in colpa perché si è stressati è ancora peggio! Questa settimana, quindi, fatevi fare dei bei massaggi, immergetevi in un bagno caldo profumato con olio di lavanda, cercate di fare i vostri allenamenti aerobici all'aria aperta, sulla spiaggia o al parco, e soprattutto state attenti a che cosa dovete mangiare. Una volta un mio cliente mi ha raccontato allarmatissimo che stava mangiando una pera come spuntino, quando d'un tratto si è reso conto di essere in Fase 2. «Mi è preso il panico!» mi ha confessato. Non reagite così, seguite semplicemente la dieta con attenzione.

Durante la seconda settimana sforzatevi di ridurre lo stress e scacciare il senso di colpa. Lo stress induce risposte ormonali che in questo momento non vogliamo, perciò se avete fatto qualche pasticcio con le fasi, non agitatevi più del dovuto. Andate tranquillamente avanti con maggiore consapevolezza. La cosa migliore che potete fare, a parte seguire rigorosamente il programma, è continuare a sentirvi orgogliosi per quanto state mettendo in atto. Sentitevi grandi e forti, e se commettete un errore, perdonatevi e andate avanti.

Di solito a suscitare queste sensazioni è l'idea che sia del tutto impossibile godersi il cibo e nello stesso tempo continuare a perdere peso, oppure che i risultati ottenuti nella prima settimana non si possano replicare nella seconda. A volte queste reazioni cominciano a manifestarsi già verso la fine della prima settimana.

Ascoltate bene queste parole: *il vero ripristino del metabolismo avviene quando raggiungiamo stabilità e coerenza.*

Ogni fase di questo programma è intensa e ha uno scopo. Richiede molta energia da parte del corpo, e proprio per questo possiamo restare in ciascuna fase soltanto per un breve periodo. Se la prolungassimo troppo, il corpo si affaticherebbe e non riuscirebbe a fare quello che è necessario. Quindi cambiamo fase ogni due o tre giorni, ma non possiamo saltare dall'una all'altra a caso o improvvisare, altrimenti il processo smette di funzionare.

La seconda settimana è l'occasione per abituarvi al ritmo che avete stabilito durante la prima. Non è questo il momento di introdurre cambiamenti. Stabilità e coerenza riducono lo stress in tutti gli aspetti della vostra vita, fisiologicamente e mentalmente, e il vostro organismo capisce che può bruciare grassi perché non è più necessario metterne da parte. Seguite rigorosamente il programma e vedrete che tutto andrà alla grande.

Durante la seconda settimana potrà quindi capitarvi di pensare: OMD, bisogna che cambi qualcosa perché le cose continuino così. Oppure: OMD, bisogna che cambi qualcosa per rallentare questo calo di peso così rapido. No, fermatevi. Fate un bel respiro e rilassatevi. La seconda settimana è quella in cui *non si fa* alcun mutamento drastico. Vorrei invece che vi concentraste su ciò che vi è piaciuto della prima settimana, e magari che pensaste di provare cibi nuovi e diversi da quelli che avete mangiato la settimana scorsa. Sarà anche un buon momento per riflettere su che cosa sta succedendo nel vostro organismo. Guardate con meraviglia a tutto questo, non con paura. Se la prima settimana è stata quella della fiducia, la seconda sarà quella della curiosità e dell'apertura mentale.

Cercate di non avere reazioni impulsive. Riflettete su quanto accaduto nei giorni precedenti con un atteggiamento positivo e mentalmente aperto. Il vostro corpo sta rispondendo a una serie di cambiamenti metabolici importanti, quindi nella seconda settimana dovrete convincervi che sì, ci riuscirete, perché avete davvero tutto quello che vi serve: avete frutta, grassi, carboidrati e proteine a sufficienza, e non vi rimpinzerò dandovi troppo da mangiare, né vi farò patire la fame dandovene troppo poco.

Il vostro corpo ha bisogno di capire tutto questo, e il modo migliore per trasmettere il messaggio dal cervello al metabolismo è rilassarvi, fare le cose con attenzione e attenervi alle regole.

OGNI ALLENAMENTO HA UNO SCOPO

Non dimenticate l'attività fisica adeguata alla fase in cui vi trovate! Nella Fase 1 è previsto un giorno di attività aerobica leggera o moderata, ma in questa seconda settimana cercate di farla all'aria aperta, o di fare una lezione di ballo con la musica che vi piace. Prevedete almeno un giorno di esercizi con i pesi durante la Fase 2. Dateci dentro, magari ascoltando rock a tutto volume, in modo da affogare lo stress o le frustrazioni accumulate nella settimana in un lago di sudore. Ricordatevi anche di riservare almeno un giorno della Fase 3 a un'attività rilassante, tipo lo yoga o un massaggio. Se vi sentite bene e volete fare un po' di più di queste attività, benissimo: l'importante è che facciate qualcosa di adatto alla fase in cui siete. Potete fare due giorni di attività aerobica nella Fase 1, ma non fatela nella Fase 2 o 3. Limitatevi agli esercizi con i pesi nella Fase 2 e a qualche attività che riduca lo stress nella Fase 3. L'attività fisica fa aumentare la produzione di endorfine e gli ormoni del benessere, e affiancandola al vostro programma alimentare della settimana stimolerete, ripristinerete e reintegrerete ciascuno dei cinque protagonisti del vostro organismo (*vedi* Capitolo 2), riequilibrando nel contempo i livelli ormonali del corpo.

Ecco dunque un esempio di programma alimentare ideale per la seconda settimana. Come sempre, potrete sostituire alcuni alimenti con altri che preferite, ma facendo sempre riferimento all'elenco di quelli consentiti nella fase in cui siete.

FASE I: PROGRAMMA ALIMENTARE DELLA SECONDA SETTIMANA

SVEGLIA	PESO	COLAZIONE	SPUNTINO	PRANZO	SPUNTINO	CENA	SPUNTINO	ATTIVITÀ FISICA	ACQUA
ora:____:____ LUNEDÌ	____	ora:____:____ Pane tostato alla francese con fragole (FI)	ora:____:____ 2 albicocche	ora:____:____ Insalata di tonno, mela verde e spinaci (FI) cereali	ora:____:____ 1 tazza di melone	ora:____:____ 2 tazze di fusilli di riso integrale con salsiccia di pollo (FI)			
ora:____:____ MARTEDÌ	____	ora:____:____ Frullato di frutta e fiocchi d'avena (FI)	ora:____:____ 1 tazza di mango affettato	ora:____:____ 2 tazze di fusilli di riso integrale con salsiccia di pollo (FI) 1 pera	ora:____:____ 1 arancia	ora:____:____ Filetto di maiale con broccoli (FI)			

FASE I: ALLENTARE LO STRESS

FASE 2: PROGRAMMA ALIMENTARE DELLA SECONDA SETTIMANA

SVEGLIA	PESO	COLAZIONE	SPUNTINO	PRANZO	SPUNTINO	CENA	ATTIVITÀ FISICA	ACQUA
ora:___:___ **MERCOLEDÌ**	___	ora:___:___ Omelette di albumi alla spagnola (F2)	ora:___:___ Involtino di roast beef, rafano e cetriolo (F2)	ora:___:___ Peperone rosso ripieno di insalata di tonno (F2)	ora:___:___ 30-60 g di carne di tacchino essiccata (jerky)	ora:___:___ Bistecca con broccoli al vapore (F2)		
ora:___:___ **GIOVEDÌ**	___	ora:___:___ Omelette di albumi con funghi e spinaci (F2)	ora:___:___ Salmone affumicato e cetrioli (F2)	ora:___:___ Bistecca e insalata di spinaci (F2) (usate la carne cucinata in più o avanzata dalla cena di ieri)	ora:___:___ 3 albumi sodi con sale marino e pepe	ora:___:___ 2 tazze di zuppa di manzo e verza (F2)		

FASE 2: SBLOCCARE IL GRASSO

FASE 3: PROGRAMMA ALIMENTARE DELLA SECONDA SETTIMANA

	SVEGLIA	PESO	COLAZIONE	SPUNTINO	PRANZO	SPUNTINO	CENA	ATTIVITÀ FISICA	ACQUA
VENERDÌ	ora:__:__	__	ora:__:__ Pane tostato con hummus e cetriolo (F3)	ora:__:__ ¼ di tazza di frutta secca con lime, sale marino e daikon (o carota)	ora:__:__ Insalata di tonno e indivia (F3)	ora:__:__ ¼ di tazza di pistacchi crudi	ora:__:__ Maiale arrosto al rosmarino con batate (F3)		
SABATO	ora:__:__	__	ora:__:__ Porridge d'avena (F3) ½ tazza di frutti di bosco	ora:__:__ ¼ di tazza di mandorle crude	ora:__:__ Insalata di pomodori e olive (F3)	ora:__:__ ½ avocado affettato con sale marino	ora:__:__ Salmone al forno e batata (F3)		
DOMENICA	ora:__:__	__	ora:__:__ Pane tostato con uovo, pomodoro e cipolla rossa (F3)	ora:__:__ Sedano e 2 cucchiai di burro di mandorle crudo	ora:__:__ Insalata di gamberetti (F3)	ora:__:__ Hummus con batata e cetrioli (F3)	ora:__:__ Halibut in crosta di cocco e pecan con carciofi e salsa (F3)		

FASE 3: LIBERARE IL METABOLISMO

Potete usare tutta la fantasia che volete, basta che vi atteniate alle regole. Cucinate in dosi abbondanti, così potrete congelare qualche porzione in più da utilizzare nelle settimane successive. Prima di uscire a fare la spesa per la settimana, date un'occhiata nel surgelatore e controllate che cosa avete già pronto. Basate i pasti su ciò che avete congelato e usatelo per comporre il programma alimentare della prossima settimana.

Il peso sta calando, avete un aspetto fantastico e vi sentite una meraviglia. Probabilmente dentro di voi sentite una specie di calore: è il grasso che si scioglie sotto la fiamma del metabolismo, quindi continuate così per tutta la seconda settimana!

CAPITOLO 8

Terza settimana: «Se pensate che sia uno schianto...»

Dopo due settimane di dieta del Supermetabolismo il calo di peso comincia a risultare evidente anche agli occhi del mondo. I miei clienti sostengono che nella terza settimana iniziano finalmente a rendersi conto di quanto avessi ragione quando dicevo loro che ce l'avrebbero fatta. La paura è sparita e ora sono davvero convinti di poter dimagrire mangiando. Ormai vi siete abituati alla dieta. Sapete che cosa state facendo. Cominciate a prenderci la mano e vi accorgete che il vostro corpo sta rispondendo.

Questa è davvero una settimana di trasformazione, di cambiamento profondo e consapevole. Abbiate fiducia in voi stessi e nella capacità di ripristinare il vostro metabolismo e renderlo veloce. Ed è anche la settimana in cui i miei clienti mi raccontano che cominciano a ricevere un bel po' di complimenti. La terza settimana è quella in cui vi accorgete che la gente si volta a guardarvi. Avete acquisito nuova energia e sicurezza in voi stessi, e tutto ciò plasma il vostro aspetto esteriore. In questa fase molti si accorgono di quanto sia facile e indolore dimagrire con questa dieta. Possono di nuovo socializzare, mangiare con gli altri e non sentirsi isolati. La dieta offre loro una possibilità di scelta estremamente ampia in termini di cibo, e ammettono che è più facile da seguire di quanto immaginassero.

Ma questi sette giorni pongono anche una sfida tutta particolare. Per questo l'ho soprannominata settimana «della vanità», o settimana del «se pensate che sia uno schianto, aspettate di vedermi con un drink in mano».

Avete perso 4, forse anche 6 chili, e allora pensate: Non è così difficile! Questa dieta è il mio asso nella manica. Anche se adesso esco un po' dai binari, se faccio un po' a modo mio, posso sempre tornare indietro e perdere peso di nuovo. Così cominciate a barare. Vi dite: Perché non bere un paio di bicchieri di vino a questa festa? Oppure: Prenderò solo una fetta di torta, che sarà mai! Oppure vi rimettete a bere il vostro caffellatte al mattino. E così cominciate a scivolare di nuovo in quelle abitudini che hanno scombussolato il vostro metabolismo.

Ricordate: il mio obiettivo è fare in modo che non dobbiate più seguire una dieta nella vostra vita. È importante ripristinare il vostro metabolismo così che possiate godervi una grigliata, un pranzo di Natale o di compleanno senza subire un istantaneo aumento di peso, che è la conseguenza di un metabolismo lento. Voglio che possiate assaporare la vita, che sappiate rallentare prima o dopo un pranzo o una serata, che facciate sempre attività fisica e che viviate serenamente le occasioni che vi vengono offerte.

Ma ci vogliono ventotto giorni per arrivare a questo punto, non uno di più e non uno di meno.

Quindi se ora vi sentite bene, non state facendo fatica e vi accorgete di essere più sicuri di voi stessi, state attenti, perché la terza settimana è rischiosa.

SETTIMANA DEL «SE PENSATE CHE SIA UNO SCHIANTO...»: CHE COSA ASPETTARSI, COME POTRESTE SENTIRVI

Ovviamente, volete dimagrire. Con la dieta del Supermetabolismo ci riuscirete. Ma quello che avete davvero bisogno di sapere adesso, in questa terza settimana, è che *farvi dimagrire non è il mio obiettivo principale*. Mi interessa di più garantirvi un metabolismo veloce, sano e perfettamente funzionante. Mi interessa che troviate un peso e un equilibrio che vi permettano di mangiare e vivere in salute ogni giorno, di avere una vita piena e ricca e di non dover stare continuamente a dieta. Se avete già perso molto peso, tanto meglio, ma questo non significa che il vostro metabolismo sia completamente ripristinato. Non ho ancora finito con voi.

Seguendo la mia dieta ottenete due risultati: ripristinate il vostro metabolismo e lo rendete veloce. Può essere che entrambe le cose avvengano rapidamente, ma può anche capitare che per ripristinare il metabolismo ci voglia un po' più di tempo, e che di conseguenza ci voglia più tempo anche per farlo ripartire in quarta.

Se il ripristino è a scoppio ritardato si vede nella terza settimana. Mi sono accorta che questo si verifica soprattutto con le persone che per molto tempo hanno seguito diete povere di carboidrati. Una mia cliente non mangiava frutta né cereali (nemmeno il riso integrale) ormai da anni. Si alimentava solo di carne, pollo, pesce e verdura. La prima volta che venne da me era molto preoccupata. Mi disse che non avrebbe assolutamente potuto mangiare frutta e cereali. «Se mangiassi anche solo un bocconcino di pane tostato, prenderei immediatamente due chili!» esclamò. Le era successo qualcosa di simile a ciò che accade alle persone che seguono troppo a lungo una dieta iperproteica: diventano intolleranti ai carboidrati e ingrassano se ne assumono anche solo piccole quantità.

Nelle prime due settimane calò di pochissimo e si preoccupò molto. Tuttavia le feci notare che sebbene stesse mangiando centinaia di grammi di carboidrati, non stava aumentando di peso. Era nella fase del ripristino. Il suo organismo stava imparando a usare di nuovo i nutrienti contenuti nei cibi ricchi di carboidrati, e quando si abituò il suo peso cominciò a diminuire in modo significativo, perché il suo metabolismo iniziò a bruciare grassi.

Se nelle prime due settimane non avete perso tutto il peso che vi proponevate, pensate a quanti carboidrati ricchi di sostanze nutritive e a quanti grassi sani avete mangiato. Se terrete duro, se sarete costanti, avrete la certezza di ripristinare il metabolismo. Non solo: gli darete anche una bella spinta. Così brucerete non soltanto ciò che mangiate, ma anche le vostre riserve di grasso.

Ripristinare il metabolismo non significa dimagrire, anche se effettivamente perderete peso, specie se ne avete addosso una quantità eccessiva. Ripristinare significa mettere l'organismo in condizioni di estrarre i nutrienti dal cibo nel modo più efficiente e completo, così da poter dare le normali e adeguate risposte biochimiche e psicologiche alla vita: cose importanti come una produzione sana ed equilibrata di ormoni sessuali, una bella pelle, capelli e unghie sani, un cervello sveglio e attivo, la capacità di prevenire malattie come il diabete, le patologie cardiache, l'ictus e il cancro al seno. Il calo di peso è solo un altro gradevole effetto collaterale di un metabolismo veloce.

In altre parole, bisogna guardare le cose da tutti i punti di vista. Festeggiate il vostro successo, ma non datevi troppe pacche sulle spalle. E non abbandonate il programma prima di avere completato l'intero ciclo di ripristino! Ci sono molti altri modi per festeggiare, e non tutti hanno a che vedere con il cibo. Per esempio, potreste comprarvi un vestito nuovo, o regalarvi un bel massaggio, una pulizia del viso o una pedicure, oppure potreste prenotare un corso di yoga o qualche giorno in un centro benessere per quando sarete arrivati alla fine dei ventotto giorni.

È importantissimo, anzi fondamentale: se barate adesso, se mollate ora, imboccherete di nuovo la vecchia strada e riprenderete le vecchie abitudini. Ricordate? Sono quelle a cui eravate incatenati, la prigione da cui sto cercando di tirarvi fuori. Sono la convinzione che «tanto dovrò sempre stare a dieta», che «dovrò per forza fare una dieta per entrare in quei vestiti o andare a quella festa», il vecchio ritornello che «non ce la faccio più perché il mio peso è ormai fuori controllo e sono così insoddisfatto del mio corpo che sono disposto a provare qualsiasi cosa». Ricordate tutto questo?

Non voglio che vi sentiate di nuovo così. Questo è l'obiettivo principale. Se il metabolismo funziona a pieno ritmo, sarete sempre in grado di entrare in quei vestiti o andare a quella festa. Non voglio crediate mai più che il vostro peso sia fuori controllo, né che siate insoddisfatti del vostro corpo. Voglio che mangiate come una persona normale. Qui non si tratta di un calo di peso temporaneo. Seguendo il mio programma imparerete a ripristinare il vostro metabolismo mangiando, anziché rallentarlo stando a dieta. Ora siete in pieno cambiamento, nel bel mezzo di una trasformazione biochimica, neurochimica e psicologica che vi regalerà un metabolismo perfetto.

Ad alcuni miei clienti capita di farsi prendere dalla tentazione di interrompere la dieta durante questa settimana. Non fatelo! La prima volta che seguite la dieta del Supermetabolismo dovete assolutamente completare i ventotto giorni. Più avanti potrete riprenderla a scopo di mantenimento e fare solo una o due settimane alla volta. Nessun problema.

Molti miei clienti fanno questa dieta ogni tre mesi, per stimolare il corpo in modo che continui ad avere un metabolismo efficiente. Riaccendere periodicamente la fiamma del metabolismo in questa maniera arricchisce il corpo, migliora l'assorbimento dei nutrienti e ricorda all'organismo di trasformarli nel tipo giusto di sostanze e strutture, come muscoli, ossa e ormoni. Altri la fanno una o due volte all'anno, per ricordare a se stessi com'è una dieta sana e bilanciata. Sono tutte magnifiche idee, ma applicabili solo dopo avere seguito per intero almeno una volta tutti i ventotto giorni!

Tra i miei clienti ci sono campioni di basket, attori e rock star: li aiuto a prepararsi alle partite importanti, alle passerelle dei festival e ai faticosissimi tour, e con tutti insisto perché si attengano con rigore al mio programma fino al grande evento.

Seguire con scrupolo tutti i passi del processo di ripristino del metabolismo è essenziale. Non vi permetterò di esibire quel corpo. Il vostro momento clou non è ancora arrivato. Arriverà ventotto giorni dopo avere iniziato la dieta. Non potete dire basta senza avere prima dato l'ultima, fondamentale spinta al vostro metabolismo. Se mollate adesso, il vostro corpo avrà sperimentato le tre fasi solo per due settimane su quattro, e non va bene.

Il vostro organismo non ha ancora completato l'intero ciclo di ripristino. Togliete forse i panni dalla lavatrice prima del ciclo di risciacquo? Oppure ritirate l'auto dall'officina mentre il meccanico vi sta cambiando l'olio? O vi alzate dal lettino nel bel mezzo di un intervento chirurgico dicendo: «Okay, dottore, per oggi basta così»?

Quando ero più giovane ho avuto un terribile incidente d'auto in cui ho rischiato di perdere la vita. Mi è costato anni di riabilitazione fisica, ergoterapia e logoterapia. È stato faticoso e difficile, ma il medico che mi seguiva era molto in gamba e apprezzava la mia capacità di avere una visione d'insieme delle cose. Aveva ottenuto risultati miracolosi con alcuni giocatori di football americano, ma anche con professionisti del golf e dell'hockey. Mi ripeteva sempre: «Potremo dire di avere avuto successo quando sarai di nuovo in campo». Era il motto del suo studio. Così immaginai di essere un'atleta che doveva tornare a giocare. Lo scopo della terapia fisica non era semplicemente quello di migliorare l'ampiezza del mio movimento, ma di farmi tornare al top della forma in senso generale.

Lo stesso vale per la dieta del Supermetabolismo: lo scopo non è semplicemente perdere peso, ma ricominciare a mangiare e a fare in modo che il vostro corpo sia efficiente, metabolicamente parlando, come quello di un atleta professionista. L'obiettivo della dieta è quello di riportarvi in campo (quello della vita) e sottrarvi all'isolamento in cui vi hanno confinato le altre diete.

Il medico che mi seguiva era un sergente di ferro, un po' come sono io. O facevi come diceva lui o potevi anche andartene. Ho dovuto chinare la testa e obbedire. Con costanza e disciplina, senza mollare, e dimostrandogli che ero capace di ottenere dei risultati. Ho dovuto seguire il suo programma dalla A alla Z, finché fu pronto a congedarmi.

Quanto a voi, non sono ancora pronta a lasciarvi andare. Potrete ritenervi liberi dopo ventotto giorni, non prima. Quindi, anche se adesso siete uno schianto, anche se sareste uno schianto con un drink in mano, tenetevi alla larga da quel bicchiere ancora per un po', perché non avete ancora finito.

NON DIMENTICATE L'ATTIVITÀ FISICA!

Non dimenticatevi di fare sempre un po' di esercizio adeguato alla fase in cui vi trovate: uno o due giorni di attività aerobica moderata durante la Fase 1, uno o due giorni di pesi durante la Fase 2 e da uno a tre giorni di attività rilassante nella Fase 3. Non è il momento di saltare gli allenamenti. Ormai state rilasciando grasso a ritmo sostenuto, e il vostro organismo sta lavorando bene per convertire il grasso in combustibile. Non volete che quel grasso si depositi di nuovo in qualche altro punto del vostro corpo. Volete bruciarlo o trasformarlo in muscoli facendo attività fisica! *Fate solo esercizi adeguati alla fase in cui vi trovate per tutti i ventotto giorni.* È indispensabile per un'autentica trasformazione strutturale.

Per sviluppare muscoli dovete fare movimento. Usate la vostra nuova energia e sicurezza per aumentare un po' il ritmo degli esercizi da una fase all'altra. State diventando più veloci, più forti e più bravi a rilassarvi, perciò accogliete a braccia aperte ciò che sta accadendo. Il vostro corpo si sta trasformando sotto i vostri occhi.

La mia dieta non è un rimedio temporaneo. La terza settimana è cruciale, quindi mantenete la concentrazione, tenete duro e non perdete di vista il premio che vi aspetta: un metabolismo veloce e la garanzia che non dovrete mai più privarvi della possibilità di mangiare cibo vero.

CHE COSA MANGIARE: IL VOSTRO PROGRAMMA ALIMENTARE PER LA TERZA SETTIMANA

Anche per questa terza settimana ho preparato un programma alimentare che vi dice esattamente che cosa mangiare. Ma ricordate: potete scambiare i pasti all'interno delle fasi o usare alcuni dei pasti che suggerisco, ma non altri. Se volete, potete anche consumare gli avanzi della prima settimana per tutta la terza e non cucinare niente, oppure potete provare piatti nuovi. L'importante è che vi atteniate rigidamente ai cibi previsti per le varie fasi in ogni pasto e spuntino, e che le vostre porzioni siano corrette. Per il resto, potete tranquillamente adattare lo schema alle vostre esigenze.

Questo è inoltre un buon momento per rileggervi le regole della dieta del Supermetabolismo (*vedi* Capitolo 4). Non sognatevi neanche di cominciare a scambiare le fasi! Avete un bell'aspetto, ma non potete ancora mangiare come se aveste un metabolismo veloce.

Tenete duro, state andando alla grande e i risultati si vedono! Vi manca solo una settimana, e l'ultima è facile. State diventando

PROFILO DELL'IMBROGLIONE

Layla ha perso parecchi chili grazie alla mia dieta, ma non durante la terza settimana. Anzi, in quel periodo è ingrassata, e proprio per il motivo che ho appena spiegato: aveva un aspetto fantastico e lo sapeva! Pensava di essere ormai fuori dal tunnel, e inoltre aveva un sacco di cose da fare. Così ha cominciato a «imbrogliare» un po' qui e un po' là, riducendo il consumo d'acqua e concedendosi un po' di vino e qualche dolcetto. Il lunedì saltava il pranzo, e a cena mangiava cheesecake. Ha ridotto la frutta nei pranzi della Fase 1 per compensare (cosa che non funziona), e nella Fase 2 mangiava agnello, che invece compare solo tra gli alimenti della Fase 3. Quindi ha smesso di perdere peso, anzi ha preso mezzo chilo in un solo giorno.

Layla non era ancora pronta. Il suo metabolismo stava migliorando, ma non era ancora completamente ripristinato. Benché la sua settimana fosse particolarmente piena, ridurre il consumo d'acqua è stato un grave errore. L'acqua è indispensabile per eliminare le tossine che vengono rilasciate da tutto il grasso che state bruciando. Se riducete l'acqua in questa settimana, i vostri ormoni surrenalici segnalano all'organismo di rallentare la perdita di peso e di trattenere le tossine che state rilasciando. Dovete attenervi rigorosamente alle fasi sino alla fine dei ventotto giorni, senza mangiare né di più, né di meno. Non saltate pasti e spuntini. Non mangiate cibi che non sono previsti nelle fasi finché il vostro corpo non sarà pronto, e adesso non lo è ancora. Quanto a Layla, si è rimessa in carreggiata e si è sbarazzata prima del senso di colpa, poi dei chili in eccesso, e ora è uno schianto! Ha impiegato un po' più del previsto, ma ha raggiunto il suo obiettivo.

dei professionisti di questa dieta. Il vostro peso diminuisce, quindi continuate a seguire il programma e non mollate!

Mi sembra di vedervi. Scommetto che state già raccontando ai vostri amici e colleghi come funziona la questione del metabolismo veloce, e che mostrate con orgoglio i vostri pranzi e spuntini. Non vi nascondete più, non siete più isolati nel mondo delle diete. Mangiate con gusto e siete entusiasti di quello che il cibo riesce a fare al vostro corpo. Sta accadendo davvero. State diventando una di quelle persone che dicono: «Oh, sì, ho un metabolismo velocissimo!»

FASE 1: PROGRAMMA ALIMENTARE DELLA TERZA SETTIMANA

SVEGLIA	PESO	COLAZIONE	SPUNTINO	PRANZO	SPUNTINO	CENA	ATTIVITÀ FISICA	ACQUA
ora:___:___ LUNEDÌ	___	ora:___:___ Frullato di mango ghiacciato (F1)	ora:___:___ 1 arancia	ora:___:___ Insalata di tonno, mela verde e spinaci (F1) 2 cracker di riso	ora:___:___ 1 tazza di chicchi di melagrana	ora:___:___ Pollo con funghi e riso selvatico (avanzi, F1)		
ora:___:___ MARTEDÌ	___	ora:___:___ Porridge (F1)	ora:___:___ 1 tazza di ananas congelato a pezzi	ora:___:___ Pollo con funghi e riso selvatico (avanzi, F1) 1 pera	ora:___:___ 1 arancia	ora:___:___ Chili di tacchino (F1)		

FASE 1: ALLENTARE LO STRESS

FASE 2: PROGRAMMA ALIMENTARE DELLA TERZA SETTIMANA

SVEGLIA	PESO	COLAZIONE	SPUNTINO	PRANZO	SPUNTINO	CENA	ATTIVITÀ FISICA	ACQUA
ora:__:__	___	ora:__:__	ora:__:__	ora:__:__	ora:__:__	ora:__:__		
MERCOLEDÌ		Omelette di albumi alla spagnola (F2)	Affettato di tacchino	Involtini di lattuga, roast beef e senape (F2)	½ porzione di insalata di tonno e cetrioli (F2)	Halibut alla griglia con broccoli (F2)		
ora:__:__	___	ora:__:__	ora:__:__	ora:__:__	ora:__:__	ora:__:__		
GIOVEDÌ		Omelette di albumi con funghi e spinaci (F2)	½ porzione (avanzi) di insalata di tonno e cetrioli (F2)	Insalata di spinaci e avanzi di halibut alla griglia, con coriandolo e succo di lime	Fettine di roast beef e cetrioli a rondelle	Arrosto di maiale con friggitelli (F2)		

FASE 2: SBLOCCARE IL GRASSO

FASE 3: PROGRAMMA ALIMENTARE DELLA TERZA SETTIMANA

SVEGLIA	PESO	COLAZIONE	SPUNTINO	PRANZO	SPUNTINO	CENA	ATTIVITÀ FISICA	ACQUA
ora:__:__ **VENERDÌ**	___	ora:__:__ Pane tostato con burro di noci e frutti di bosco, 1 cetriolo	ora:__:__ 60 g di gamberetti con spicchi di limone	ora:__:__ Insalata di uova sode (F3) frutti di bosco	ora:__:__ ¼ di tazza di mandorle crude	ora:__:__ Gamberetti e verdure saltati (F3)		
ora:__:__ **SABATO**	___	ora:__:__ Frullato d'avena e semi di girasole con frutti di bosco (F3)	ora:__:__ ½ avocado con sale marino	ora:__:__ Insalata di tonno e indivia (F3) 1 pesca	ora:__:__ Insalata di uova sode (F3)	ora:__:__ Curry di pollo al cocco (F3)		
ora:__:__ **DOMENICA**	___	ora:__:__ Sedano con burro di mandorle e scaglie di carrube, ½ fetta di pane tostato	ora:__:__ Insalata di uova sode (avanzi, F3)	ora:__:__ Curry di pollo al cocco (avanzi, F3)	ora:__:__ ¼ di tazza di mandorle crude	ora:__:__ Pollo al sesamo (F3)		

FASE 3: LIBERARE IL METABOLISMO

CAPITOLO 9

Quarta settimana: mettetecela tutta!

SONO fiera di voi. Siamo giunti alla quarta settimana. Ormai avete cominciato non solo a mangiare in un modo completamente nuovo, ma anche a pensare al cibo in maniera del tutto diversa. Per molti di voi è stato un grande cambiamento, ma ce l'avete fatta! E adesso eccovi qui.

Questa è la settimana in cui ripensare a ciò che avete fatto negli ultimi ventuno giorni. Lasciate per un attimo da parte i programmi alimentari che avete seguito fino a questo punto, e considerate che cosa ha funzionato meglio per voi. Avete aumentato le porzioni di broccoli e spinaci nella Fase 2 e vi è sembrato di sentirvi più sazi e di perdere più peso? Vi siete accorti che il pane tostato alla francese nella Fase 1 vi dava maggiore soddisfazione del semplice pane tostato con la frutta? Oppure che il porridge o il chili vi facevano sentire accaldati e gonfi? Quali sono i fattori che vi hanno permesso di raggiungere i vostri obiettivi così in fretta?

Questa settimana riflettete attentamente sulle cose che vi sono piaciute, che hanno davvero abbassato il livello dei vostri ormoni dello stress e vi hanno fatti sentire in gran forma. Poi dateci dentro, mettetecela tutta!

Questa è la settimana in cui dovete dare davvero tutto. Siate perfetti. Siate forti. Siate eroi! Attenetevi rigorosamente alle singole fasi, fate l'attività fisica adatta a ciascuna di esse, completate il processo di ripristino e fate divampare le fiamme del vostro metabolismo.

La quarta settimana è anche un ottimo momento per fare quello che non avete potuto fare nelle settimane precedenti: date un'occhiata al Capitolo 11, trovate le ricette che non avete ancora assaggiato e cucinatele! Oppure, se pensate sia più comodo, attenetevi alle vostre ricette preferite e usate gli avanzi delle scorse settimane.

Se ci sono attività fisiche adatte alle varie fasi che ancora non avete sperimentato – un corso di meditazione, esercizi di respirazione online – provatele! Di solito i miei clienti dicono che la quarta settimana non è difficile. Sanno che i ventotto giorni stanno passando, sono soddisfatti del loro calo di peso e vogliono concludere il programma alla grande.

Quindi forza, dateci sotto! Avete usato il cibo come medicina per migliorare la vostra salute e il vostro benessere, perciò dovreste sentirvi in forma, energici ed equilibrati. Ora sapete controllare le vostre voglie, siete più forti, leggeri e migliori di quello che eravate quattro settimane fa. Fate in modo che questa sia la settimana migliore di tutto il programma, e godetevi il magnifico lavoro che avete svolto.

SETTIMANA «METTETECELA TUTTA!»: CHE COSA ASPETTARSI, COME POTRESTE SENTIRVI

State entrando nell'ultima settimana di dieta del Supermetabolismo. Come le tre precedenti, anche questa sarà un'esperienza del tutto nuova per il vostro corpo, perché in ciascuna delle quattro settimane siete diversi dal punto di vista metabolico. Ogni volta vi trovate a un nuovo stadio del processo di ripristino e ricostruzione del metabolismo, e dopo ciascuna fase portate a tavola un corpo più sano.

Tuttavia, anche se siete contenti di quello che vi dice la bilancia, dovete ricordare che il vostro corpo non è ancora completamente riparato. Ci siete quasi, ma non dovete fermarvi prima di avere raggiunto la linea del traguardo.

DATECI DENTRO!

L'attività fisica è come benzina sul fuoco del metabolismo, quindi forza, dateci dentro! Uno o due giorni di attività aerobica durante la Fase 1, uno o due giorni di esercizi con i pesi durante la Fase 2 e da uno a tre giorni di un'attività fisica rilassante nella Fase 3, per esempio yoga, una passeggiata all'aria aperta o un massaggio. Provate a pensare se vi piacerebbe mantenere questo programma anche una volta finita la dieta. Fare un po' di attività fisica ogni settimana è fondamentale per mantenersi sani. Spesso dico ai miei clienti che se potessi mettere in bottiglia un prodotto che garantisca gli stessi benefici di un moderato esercizio fisico e di una corretta attività antistress, sarei miliardaria e li inviterei tutti sul mio yacht personale!

Questa settimana fate dunque in modo di entrare il più possibile in sintonia con i principi della dieta. Attenetevi con rigore e precisione ai programmi alimentari e alla lista dei cibi consentiti, anche se sognate di bere un bicchiere di vino o di mangiare una fetta di torta. Questa è l'ultima settimana per accendere il vostro metabolismo. Al lavoro!

CHE COSA MANGIARE: IL PROGRAMMA ALIMENTARE PER LA QUARTA SETTIMANA

Probabilmente vi mancherà sentirvi dire che cosa fare quando arriverete alla fine di queste quattro settimane, quindi lasciate che vi indichi ancora una volta che cosa dovete mangiare. Come al solito, potete scambiare i pasti all'interno delle fasi, o usare alcuni dei pasti che suggerisco ma non altri. E ricordate che siete in dirittura d'arrivo! Non è il momento di fare i creativi con le regole o di mettervi a scambiare le fasi. Sì, è vero, una volta mi sono tolta il gesso dalla caviglia che mi ero fratturata una settimana prima di quando avrei dovuto, ma ero solo una ragazzina, avevo una gara di equitazione importantissima e quel pomeriggio mia madre lavorava e non era lì a proibirmi di farlo. Ora non siamo più dei ragazzini, e nemmeno degli stupidi, e poi sono qui apposta per proibirvi di sgarrare. Sia voi sia io sappiamo che avete bisogno di perdere quei chili in più, lo volete e ve lo meritate. Perciò non infrangete le mie regole. Mettetecela tutta, invece, e finite il ciclo alla grande. Durante questa settimana voglio che cominciate a pensare a che cosa succederà quando la dieta sarà finita. Ne parleremo meglio nel Capitolo 10, però dal mercoledì della quarta settimana potreste cominciare a riflettere: Aspetta un attimo, che cosa farò la prossima settimana? Sono quasi alla fine! Per alcuni sarà un grande cambiamento, quindi voglio che cominciate a fare programmi per il vostro immediato futuro.

Sebbene certi aspetti del metabolismo possano avere implicazioni genetiche, nella maggior parte dei casi un metabolismo lento è conseguenza dello stile di vita. Allora, come vivevate prima? In che modo la vostra vita era diversa da quella che avete condotto in questi ultimi ventotto giorni? Che cosa avete imparato nelle ultime quattro settimane sulla maniera in cui il vostro corpo vuole davvero vivere? Che cosa crea un ambiente ottimale per il vostro organismo, il vostro metabolismo e il vostro benessere generale?

Se vi sentite meglio, più lucidi e pieni d'energia anche senza caffeina, volete davvero tornare indietro? Se vi sentite più felici, più sereni e puliti senza consumare zucchero raffinato, glutine o mais, volete proprio tornare a mangiare quella roba?

Se vi capiterà di farlo, il vostro metabolismo sarà in grado di gestire meglio quei cibi, ma solo occasionalmente e in quantità moderate. Tuttavia riflettete su come vi sentite meglio senza consumarli. Qualcuno tornerà alle vecchie e malsane abitudini, e grazie al supermetabolismo per un po' se la caverà. Ma a un certo punto, se davvero ci ricadrete e ricomincerete a consumare cibi che non forniscono al vostro organismo i nutrienti di cui ha bisogno e che contengono sostanze tossiche per il fegato e stimolano l'accumulo di grasso, allora vi ritroverete al punto in cui eravate quando siete partiti. Il metabolismo veloce si mantiene tale solo se conducete uno stile di vita sano.

Questa settimana, dunque, mentre vi dedicate anima e corpo al programma, meditate accuratamente su come dare il meglio alla vostra vita. E con questo voglio dire che potrete vivere come vorrete, ma con maggiore consapevolezza e buonsenso. Abbiate cura del vostro corpo. L'avete rimesso in sesto, non fatelo guastare di nuovo.

È indispensabile che riflettiate attentamente su che cosa significa condurre una vita «normale» e ricominciare a mangiare come una persona «normale». Nel caso non vi sentiate ancora sicuri, pensate a come avete mangiato nelle ultime quattro settimane. Non vi siete privati di nessuna famiglia alimentare. Avete assunto proteine, frutta, verdura e cereali. Avete perso il peso in eccesso in modo costante e regolare. Avete migliorato la vostra fisiologia e la composizione chimica del vostro organismo. Avete un aspetto migliore. Avete praticato una moderata attività fisica. Il vostro umore è migliorato. Non è così che vorreste vivere sempre?

L'obiettivo che ho in mente per voi è che impariate a vivere con equilibrio, godendovi la vita, ma non a spese della vostra salute. Obesità e aumento di peso possono incrementare significativamente il rischio di diabete, cancro al seno, depressione, disturbi cardiaci e molte altre patologie croniche. Vi siete messi sulla strada giusta e avete imparato che cosa migliora la salute. Siete stati protagonisti di questo processo, ce l'avete fatta, avete ottenuto dei risultati concreti non solo rispetto alla bilancia, ma per quanto riguarda la vostra salute e per la vostra vita in generale.

Recentemente è venuta a trovarmi una mia cliente che non vedevo da anni. Era alle prese con la menopausa e cercava una terapia naturale che la aiutasse ad attraversare più facilmente questo periodo di transizione ormonale. Aveva ripreso la dieta del Supermetabolismo, e al termine del ciclo di ventotto giorni aveva raggiunto il peso che si era prefissata. Erano passati sei anni dalla prima volta che aveva seguito il mio programma, e mi ha sorpreso constatare come non avesse dimenticato il ritmo, i cibi e le fasi dopo tutto questo tempo.

Mi ha detto che, pur essendo riuscita a mantenere nella sua vita molti dei cambiamenti introdotti con la dieta, sentiva di avere bisogno di una «bella regolata», non solo per tornare al suo peso ideale, ma anche per ricordare a se stessa come si era sentita in forma e il modo fantastico in cui aveva risposto il suo corpo quando l'aveva trattato così bene. Mi ha perfino recitato quelli che chiama gli «haylismi». Per esempio: «Mangiare, prima di fare» (mangia prima di dedicarti alle tue attività), «Se è artificiale, fa male» (niente dolcificanti artificiali) o «Se non contiene, non conviene» (niente prodotti dietetici che non contengano zuccheri o grassi). Ero orgogliosa di lei, perché era così attenta alla prevenzione, perché aveva deciso di ripetere una dieta che avrebbe migliorato la sua salute e le avrebbe permesso di raggiungere un peso ideale, e perché anni prima mi aveva scelta come «compagna di viaggio» e ora si faceva guidare sulla strada della vita dagli «haylismi».

Al punto in cui siamo di questo breve percorso di ventotto giorni, riflettete sull'idea di avermi come vostra nutrizionista per tanti anni ancora. Potrei stare al vostro fianco per tutta la vita, in modo che possiate godervi i vostri giorni con una salute migliore, un maggiore equilibrio generale e il peso più sano possibile.

Riflettete sull'idea di fare scelte sane, consapevoli e bilanciate in materia di cibo e alimentazione. Di preferire i cibi ricchi di nutrienti. Di praticare qualche attività che contribuisca a ridurre lo stress e di mangiare tonnellate di verdura. Considerate tutte le cose che avete imparato e come potreste metterle in pratica nella vostra vita questa settimana, la prossima e per il resto dei vostri giorni.

Ora sapete come stimolare i cinque protagonisti dell'organismo. Avete gli strumenti per accendere e alimentare il vostro metabolismo, perciò in questa settimana osservate i cambiamenti che avete introdotto, perché alcuni possono essere non solo cambiamenti *di* vita, ma anche *per* la vita.

FASE I: PROGRAMMA ALIMENTARE DELLA QUARTA SETTIMANA

SVEGLIA	PESO	COLAZIONE	SPUNTINO	PRANZO	SPUNTINO	CENA	ATTIVITÀ FISICA	ACQUA
ora:___:___	___	ora:___:___	ora:___:___	ora:___:___	ora:___:___	ora:___:___		
LUNEDÌ		Frullato di mango ghiacciato (F1)	1 mela	Tramezzino con affettato di pollo o tacchino (F1) 1 arancia	1 tazza di ananas	2 tazze di zuppa di tacchino, fagioli bianchi e cavolo nero (F1)		
ora:___:___	___	ora:___:___	ora:___:___	ora:___:___	ora:___:___	ora:___:___		
MARTEDÌ		Pane tostato alla francese con fragole (F1)	1 arancia	2 tazze di zuppa di tacchino, fagioli bianchi e cavolo nero (avanzi, F1) 2 kiwi	1 pera	2 tazze di pollo con funghi e riso selvatico (F1)		

FASE I: ALLENTARE LO STRESS

FASE 2: PROGRAMMA ALIMENTARE DELLA QUARTA SETTIMANA

SVEGLIA	PESO	COLAZIONE	SPUNTINO	PRANZO	SPUNTINO	CENA	ATTIVITÀ FISICA	ACQUA
ora:___:___ MERCOLEDÌ	___	ora:___:___ Omelette di albumi con funghi e spinaci (F2)	ora:___:___ Affettato di tacchino e senape	ora:___:___ 2 tazze di zuppa di manzo, cavolo nero e porri (F2)	ora:___:___ Fettine di roastbeef e cetrioli a rondelle	ora:___:___ Pollo al forno con cannella e senape e spinaci in salsa d'aglio e limone (F2)		
ora:___:___ GIOVEDÌ	___	ora:___:___ Salmone affumicato e cetrioli (F2)	ora:___:___ 3 uova sode (solo albumi) con sale marino	ora:___:___ Pollo al forno con senape e cannella (F2) e insalata con condimento per insalate (F2)	ora:___:___ Affettato di tacchino e senape	ora:___:___ 2 tazze di zuppa di manzo, cavolo nero e porri (avanzi, F2)		

FASE 2: SBLOCCARE IL GRASSO

FASE 3: PROGRAMMA ALIMENTARE DELLA QUARTA SETTIMANA

	SVEGLIA	PESO	COLAZIONE	SPUNTINO	PRANZO	SPUNTINO	CENA	ATTIVITÀ FISICA	ACQUA
VENERDÌ	ora:___:___	___	ora:___:___ 1 fetta di pane di grano germogliato tostato con ½ avocado, pomodoro e cetriolo	ora:___:___ 60 g di gamberetti con spicchi di limone	ora:___:___ Insalata di pomodori e olive con affettato di pollo o tacchino (F3)	ora:___:___ Striscioline di peperone rosso intinte nel condimento per insalate (F3)	ora:___:___ 2 tazze di pollo al sesamo (F3)		
SABATO	ora:___:___	___	ora:___:___ Frullato d'avena e semi di girasole con frutti di bosco (F3)	ora:___:___ ½ avocado con sale marino	ora:___:___ Insalata di tonno e indivia (F3)	ora:___:___ Sedano e hummus	ora:___:___ Maiale arrosto al rosmarino con batata (F3)		
DOMENICA	ora:___:___	___	ora:___:___ Sedano con burro di mandorle e scaglie di carrube	ora:___:___ Sedano con condimento per insalate (F3)	ora:___:___ Insalata con 2 tazze di spinaci, ⅓ di tazza di hummus, pomodori ciliegini, sedano, coriandolo e condimento	ora:___:___ ¼ di tazza di mandorle crude	ora:___:___ Piadina con avocado (F3)		

FASE 3: LIBERARE IL METABOLISMO

Volendo, potete dare un'ultima occhiata nel frigo, nel congelatore o nella dispensa e sostituire i pasti indicati nel programma con quelli che avete già pronti o disponibili. Concludete la settimana con i piatti delle settimane scorse che vi sono piaciuti di più, oppure provando qualche nuova ricetta tra quelle riportate nel Capitolo 11. Se non volete farlo ora, non preoccupatevi: potrete preparare le ricette che vorrete e godervele anche dopo avere terminato questa dieta. I miei figli ne adorano molte, e io stessa ne preparo qualcuna quando ho ospiti a casa. Non sono solo ricette «da dieta», ma vanno bene per tutta la vita.

Complimenti, ce l'avete fatta! Alla fine di questa quarta settimana avete perso fino a 250 grammi al giorno, e questo significa che avete ripristinato completamente il vostro metabolismo, garantendovi tanta salute, un ottimo equilibrio ormonale, un livello di colesterolo stabile e un sistema immunitario sano e pienamente funzionante. Abbiamo fatto parecchio lavoro insieme in questi ventotto giorni, voi, io e i cinque protagonisti del vostro organismo. Sono molto orgogliosa di voi, sul serio. Prima di lasciarvi, però, voglio dirvi due parole su come vivere con il vostro nuovo, sano e splendido corpo.

PARTE QUARTA

Il metabolismo veloce in azione

CAPITOLO 10

Vivere con il metabolismo veloce

CONGRATULAZIONI! Avete ottenuto un risultato incredibile: avete ripristinato il vostro metabolismo, l'avete fatto divampare, bruciando grasso come non mai! E ci siete riusciti grazie a quello che prima vi spaventava perfino: il cibo! Niente farmaci, niente chirurgia, niente torture. Solo ottimo e vero cibo, più una moderata quantità di attività fisica e un po' di fondamentale riduzione dello stress. Dovreste sentirvi una meraviglia, molto diversi da com'eravate prima di iniziare la dieta del Supermetabolismo.

Ora vediamo a che punto siete. Siete cambiati perché il vostro fegato, le vostre ghiandole surrenali, la tiroide, la ghiandola pituitaria e l'organismo in generale finalmente stanno ricevendo tutto ciò di cui hanno bisogno. Datevi un'occhiata allo specchio. La vostra pelle è più luminosa ed elastica? Il corpo è più tonico? I capelli sono più folti, lucenti, sani? Le unghie vi stanno crescendo più in fretta? Sentite di avere più energia? Quanti centimetri di girovita avete perso? Quanti chili? I vestiti vi stanno meglio?

Pensate a com'è cambiata la vostra vita in queste quattro settimane. Che cosa vi è piaciuto di questo modo di mangiare? È stato bello tornare a casa e sentire il profumo del cibo che cuoce? Come vi siete sentiti dopo avere fatto merenda con un mango anziché con uno snack pieno di zuccheri raffinati? Com'è stato avere ogni giorno un bel pranzo sano già pronto e un freezer pieno di pietanze deliziose per cena? Com'è stato fare colazione ogni mattina e la sera non andare mai a dormire affamati? Che effetto vi ha fatto veder arrivare in cucina i vostri famigliari perché sentivano il profumo di quello che stavate cucinando? Siete stati contenti di poter mangiare in compagnia degli amici e persino di invitare gente a pranzo o a cena durante la dieta? Vi è piaciuto disporre di un programma alimentare chiaro su cui basarvi?

Pensate a tutte le esperienze che avete fatto nelle scorse quattro settimane: che cosa vi piacerebbe continuare a fare nella vita di tutti i giorni? Siete già pronti per riprendere la vita regolare? Avete completato il ciclo di ventotto giorni, ma avete raggiunto il peso che vi eravate prefissati? Ci siete almeno vicini?

Se volevate perdere più di 10 chili, forse non avete ancora centrato l'obiettivo. Ma non preoccupatevi, potete semplicemente ripetere il programma della dieta un'altra volta. Anzi, potete ripeterlo da qui alla fine dei vostri giorni e vivere per sempre sani e felici. Se i chili che dovete ancora smaltire sono 10, 20 o persino 50, seguendo la dieta del Supermetabolismo potete mangiare come preferite, raggiungere il vostro peso-obiettivo e mantenervi sani più a lungo.

RIPETERE LA DIETA

Se avete ancora del peso da perdere, vi consiglio di fare dietro-front e ripetere il ciclo di ventotto giorni. Molti miei clienti fanno due o tre cicli della dieta, finché raggiungono gli obiettivi che si sono prefissati. E se i chili che dovete ancora perdere sono solo 2-3, nessun problema.

Dopo avere completato le prime quattro settimane potete semplicemente rifare quelle di cui avete bisogno: una, due, tre o quante ne volete, fino a ottenere il peso desiderato. Anche se vi manca poco per arrivare al peso ideale, insistete fino a raggiungerlo. Potrebbero volerci un paio di settimane in più, ma fatelo. Tagliate il traguardo che vi siete posti, altrimenti tra cinque anni sarete ancora alle prese con quei 2-3 chili di troppo. Sbarazzatevene adesso, e lasciate che sia qualcun altro a raccontare di quanto è arrivato vicino alla meta… Voi raggiungete la vostra!

Come ho già detto, molti ripetono il ciclo di ventotto giorni ogni tre mesi per mantenere in forma il proprio metabolismo. Altri lo fanno una o due volte all'anno. Ho una cliente che ha ripetuto due volte di seguito la dieta, e quei cinquantasei giorni le sono bastati per raggiungere il peso che si era prefissata. Tuttavia, avendo una vita molto frenetica e impegnativa e viaggiando di continuo, la mia cliente ripete la dieta la prima settimana di ogni mese. Lo fa con costanza e disciplina da anni, e nel suo caso funziona. Dice che la aiuta a tenere vivo il fuoco del suo metabolismo, e che i risultati durano per tutto il mese. Inoltre, le serve anche per ricordarsi che è capace di preparare piatti sani, gustosi e nutrienti, e questi momenti da regina dei fornelli la aiutano a rimanere ancorata alla realtà.

Che facciate la dieta una, due, sei o otto volte, a un certo punto dovrete smettere di dimagrire e assestarvi a un peso sano ed equilibrato, che vi faccia sentire bene. Ho qualche regola per quando arriverete a quel punto (lo so, siete sorpresi).

Una volta raggiunto il peso-obiettivo, siete ufficialmente promossi. Avete provato come si sta quando l'organismo è sano, equilibrato e pieno d'energia, e in questo capitolo vi spiegherò come conservare i benefici per cui avete lavorato tanto. Questo è un programma di mantenimento che funziona davvero, e per tutta la vita.

VIVERE SANI PER TUTTA LA VITA

Amo i miei cavalli. Li nutro bene, li curo e li coccolo. Riservo loro un sacco di attenzioni, eppure non è niente in confronto a come vengono trattati certi famosi cavalli da corsa, che hanno persino massaggiatori personali, maestri di reiki che incanalano la loro energia e apposite coperte con calamite cucite all'interno per curare le infiammazioni. Questi animali consumano sei pasti al giorno e vengono strigliati, spazzolati e variamente accuditi. Sono viziati e supercoccolati. I cavalli tenuti veramente bene si riconoscono subito. Quando gareggiano, luccicano ed emanano bellezza e sicurezza di sé.

Ecco, è così che dovreste trattarvi. Potete farlo! Ora che avete dato la sveglia al vostro metabolismo e l'avete rimesso in forma, voglio che siate come un addestratore con il suo prezioso cavallo. Voglio che vi stimiate e vi rispettiate, e che vi nutriate in modo da dare sempre il meglio nelle vostre performance. Voglio che emaniate luce. Lasciate che la vita sia il vostro palcoscenico. Scuotete la «criniera» e uscite nel mondo. Voglio che rispettiate il ritmo del vostro metabolismo, che siate felici per ciò che avete fatto al vostro corpo. Andate incontro al futuro con orgoglio e dignità, impegnandovi solennemente a non maltrattarvi mai più.

Siete dei campioni. Siete stati nella mia scuderia, e ora siete il risultato delle cure e delle attenzioni che avete riservato a voi stessi negli ultimi ventotto giorni. L'impegno che ci avete messo dovrà essere la vostra nuova realtà, ora che vi apprestate a tornare nella vita vera. Probabilmente, siete un po' nervosi: l'idea di tornare alla vita normale può fare paura. Temete di ricadere nelle vecchie, cattive abitudini? Non preoccupatevi. Ne avete acquisite così tante di buone che non c'è pericolo. E poi siete più forti di quanto eravate un mese fa.

Esistono tuttavia alcune regole fondamentali che d'ora in avanti vi consiglio di seguire per mantenere il peso che avete raggiunto e non far rallentare di nuovo il vostro metabolismo.

LE REGOLE PER MANTENERE UN METABOLISMO VELOCE

Regola n. 1: se è artificiale, fa male

Indipendentemente da ciò che mangiate, assicuratevi che sia

cibo vero. La gente è ossessionata dalle calorie, dai carboidrati o dai grassi riportati sulle etichette delle confezioni, ma questo non deve importarvi! Guardate l'elenco degli ingredienti, piuttosto, e se non li conoscete tutti, lasciate perdere quel prodotto. Zucchero grezzo, un olio vegetale, queste cose vanno bene. In particolare, state attenti agli zuccheri e ai grassi artificiali: sono autentici killer del metabolismo, non cibo vero.

Regola n. 2: mangiare entro mezz'ora dal risveglio

Mia nonna diceva sempre che la colazione è il pasto più importante della giornata. Fare colazione è una buona abitudine. Quando non mangiate subito dopo esservi svegliati la mattina, costringete il corpo a pensare, lavorare, guidare e svolgere tutte le altre cose della giornata con il serbatoio vuoto. Di conseguenza, le vostre ghiandole surrenali produrranno quell'ormone d'emergenza che dice al vostro corpo: «Ehi, meglio che cominci ad accumulare grasso, perché qui non si sa quando arriverà altro cibo!» Con la dieta del Supermetabolismo abbiamo lavorato sodo per trasformare il grasso in muscolo,

REGOLE DI MANTENIMENTO

1. Se è artificiale, fa male.
2. Mangiare entro mezz'ora dal risveglio.
3. Mangiare prima di fare.
4. Tre pasti, due spuntini.
5. Seguire il ritmo delle stagioni.
6. Abbracciare la propria cultura.
7. Trovare il tempo per cucinare.
8. Programmare i pasti.
9. Cucinare con la slow cooker.
10. Surgelare.
11. Avere sempre a disposizione uno spuntino.
12. Astenersi.
13. Bere acqua in continuazione.
14. Fare movimento.
15. Ripetere la dieta, se necessario.
16. Preferire cibi biologici.
17. Integratori, se necessario.
18. Rilassarsi.
19. Continuare ad amare il cibo.

e non è proprio il momento di vanificare tutto. Perciò, se volete mantenere i muscoli e sbarazzarvi del grasso, fate sempre colazione!

Regola n. 3: mangiare prima di fare

Mai alzarsi la mattina e fare attività fisica prima della colazione o di uno spuntino. Mangiate almeno mezz'ora prima di cominciare l'attività fisica, altrimenti le vostre ghiandole surrenali stimoleranno un ormone a scomporre il muscolo per ottenere combustibile durante il vostro allenamento, cannibalizzando ciò che invece state cercando di sviluppare. Sarebbe uno spreco di energia! Un frutto è uno spuntino ideale prima di fare esercizio. Dopo l'attività fisica, invece, ci vuole qualcosa che contenga 10-20 grammi di proteine, per trarre il massimo beneficio dall'allenamento. Gli zuccheri naturali contenuti nella frutta facilitano il movimento dei muscoli durante l'attività, mentre le proteine favoriscono una rapida riparazione. Frutta prima e proteine dopo sono la formula ideale per bruciare grassi e sviluppare muscolo. In questo modo potrete continuare a scolpire e sviluppare un fisico sano.

Regola n. 4: tre pasti, due spuntini

Mantenete l'abitudine di consumare tre pasti e due spuntini ogni giorno. Così il vostro metabolismo sarà bene alimentato, e brucerà come deve il cibo che mangiate. Non dimenticate di tenere sempre a portata di mano – in casa, al lavoro, in auto, in palestra – degli spuntini «ammazza fame» (nel Capitolo 11 troverete tante ricette per prepararli, e potrete gustarli sia durante la dieta sia dopo). Anche se non siete più vincolati alle fasi, vi consiglio di mantenere qualche tipo di rotazione e alternanza riguardo agli spuntini. Due giorni di spuntini a base di frutta, due a base di proteine e tre a base di cibi ricchi di grassi sani terranno lontana la noia della ripetizione e manterranno attivo il vostro metabolismo. Questo garantisce che il vostro organismo non diventi resistente a nessun tipo di cibo, e vi mette in condizione di bruciare rapidamente il cibo-spazzatura che casualmente dovesse finire nel vostro stomaco (e che il vostro fuoco metabolico incenerirà).

Regola n. 5: seguire il ritmo delle stagioni

Sempre più studi dimostrano che la digestione, la produzione ormonale e la composizione chimica dell'organismo sono diversi al variare delle stagioni. La natura, infatti, produce alimenti diversi in diversi periodi dell'anno. Consumare alimenti di stagione – per esempio, anguria e frutti di bosco d'estate, mele d'autunno e tuberi d'inverno – contribuisce a mantenere il ritmo naturale dell'organismo, al passo con quello della natura. Inoltre, è anche un buon modo per mangiare spendendo meno, oltre che per rendere omaggio al cibo e stimolare la produzione di quegli ormoni del benessere che migliorano il metabolismo.

Regola n. 6: abbracciare la propria cultura

Il capodanno cinese, Ognissanti, Natale, il giorno del Ringraziamento, Hanukkah, Kwanzaa e tutte le altre festività religiose sembrano sempre avere un'importante componente alimentare. Accogliete questo aspetto, celebratelo e pensate a stare insieme per condividere del buon cibo come vuole la tradizione. Per alcuni, ritrovarsi in famiglia può essere fonte di grande tensione. Spesso lasciamo che i festeggiamenti di una ricorrenza si protraggano fino a quella successiva, perdendo il senso dell'unicità di un momento speciale e scivolando invece in una spirale di ingordigia e golosità. Questo stress, accompagnato all'autoindulgenza, è un vero disastro. Fatevi invece insegnare qualche ricetta dai vostri parenti più anziani e godetevi il significato dell'occasione, ma senza deviare dalla via salutare del metabolismo veloce.

Regola n. 7: trovare il tempo per cucinare

Mi dico sempre: Se posso cucinarlo, il mio metabolismo può accettarlo! Se invece decido di comprare qualcosa, non dev'essere cibo-spazzatura. A casa mia funziona così: se non trovo il tempo per fare una torta, o non mangiamo il dolce o usciamo a prendere un gelato o uno yogurt. Ma non tengo in casa biscotti, torte o dolcetti confezionati. Sono convinta che ciò che prepariamo in casa sia più sano e fatto con più amore, quindi più facile da metabolizzare. Inoltre, poiché cucinare richiede impegno e concentrazione, mi dà il tempo di pensare se sono solo stressata o se ho davvero sete o fame. È un altro modo sano con cui cerco di mangiare consapevolmente.

Regola n. 8: programmare i pasti

Approfittate del weekend per mettervi seduti e programmare la vostra settimana. Pianificate almeno le cene, le colazioni e gli spuntini. Lo faccio ogni giorno con i miei clienti, e tutti mi dicono che è un ottimo sistema per semplificarsi la vita. A casa mia, dove siamo sempre tutti indaffaratissimi, utilizzo questo metodo: nel fine settimana prendo una pentola slow cooker e preparo una quantità di zuppa sufficiente per quattro cene e due pranzi. A volte uso il pollo avanzato dalla ricetta della zuppa per preparare un'insalata o un burrito per il pranzo del giorno dopo. Due giorni a settimana facciamo colazione con un bel frullato, altri due giorni con un porridge sostanzioso e gli ultimi tre con uova e bacon o avocado e pane tostato, oppure yogurt greco. Queste colazioni sono ormai una routine, potrei anche prepararle a occhi chiusi. Per le restanti tre cene, una volta prepariamo qualcosa alla griglia, una volta andiamo a mangiare fuori e l'ultima volta è la serata dell'«ognuno se la cavi da sé», che è un ottimo sistema per evitare che qualcuno dimentichi ciò che faccio per tutti!

Regola n. 9: cucinare con la slow cooker

Quando siete troppo indaffarati per cucinare, preparate la slow cooker la sera prima e mettetene il recipiente interno in frigo. Al mattino collegatela alla corrente, accendete l'interruttore e uscite. Rientrati a casa troverete una cena calda e squisita, e non vi verrà neanche in mente di scongelare qualcosa o prendere da mangiare a un take-away. Preparate le ricette del Capitolo 11 che vi sono piaciute di

più, ma ogni tanto provatene di nuove.
siano finiti non significa che non pos
ricette di questo libro! Io le prepar
servo quando ho ospiti a cena, le porto
ognuno contribuisce con qualcosa e le tengo
sempre una pietanza buona da gustare subito. Se voi
centinaia di altre ricette adatte alla dieta del Supermetaboli.
vostro nuovo, sano stile di vita, date un'occhiata al mio sito: www
fastmetabolismdiet.com

Regola n. 10: surgelare

Come ormai avrete capito, io uso tantissimo il freezer. Faccio cuocere la frutta e la surgelo in modo da avere sempre qualcosa da mettere sul pane tostato alla francese. Quando affetto della verdura, ne taglio sempre un po' di più di quella che mi serve al momento, così posso riporla in freezer per i giorni in cui ho meno tempo. Se avete sempre qualcosa di pronto, è semplice preparare un pranzo o una cena in pochi minuti. Aggiornate l'inventario del vostro freezer alla fine di ogni settimana. Controllate se avete degli avanzi e usateli nei giorni successivi, in modo che nulla vada sprecato.

Regola n. 11: avere sempre a disposizione uno spuntino

Dovete sempre avere uno spuntino nella borsa, in auto, in ufficio o nel freezer, così quando vi viene fame all'improvviso, o quando sono passate tre-quattro ore dall'ultima volta che avete mangiato e avete bisogno di qualcosa di sano subito, non sarete presi alla sprovvista. (Potete trovare un elenco di ricette di spuntini per ogni fase nel Capitolo 11.)

Regola n. 12: astenersi

Continuate ad astenervi il più possibile da caffeina, glutine, mais, soia, zucchero, alcol e cibi conservati. Ora il vostro metabolismo è in grado di gestire la presenza straordinaria di questi alimenti, per esempio nelle occasioni speciali, ma visto che state andando così

...tate di ingerire quella roba. Se vi piacciono i cereali, man-
...quelli germogliati o senza frumento. Pane e pasta «arricchiti»
...altà vengono privati di quasi tutti i nutrienti e poi infarciti di
...tine e sostanze chimiche per renderli gustosi. Sono cibi artificiali
(*vedi* Regola n. 1).

Regola n. 13: bere acqua in continuazione

Bevete ogni giorno 30 millilitri d'acqua per ogni chilogrammo di
peso corporeo. È un'abitudine essenziale e semplicissima da seguire.
Se siete disidratati, in realtà trattenete acqua e assumete il classico
aspetto gonfio. Ricordate che bere tanta acqua permette di eliminare
scorie e tossine dal corpo: a ogni sorso migliorate il vostro metabolismo! L'acqua minerale è ideale. Bevetela durante tutta la giornata,
non tranguigiatene dei bicchieroni prima di andare a dormire solo
per raggiungere la quantità necessaria.

Regola n. 14: fare movimento

Fate attività fisica tre volte a settimana, alternando attività aerobica
(per bruciare), esercizi con i pesi (per sviluppare muscolo) ed esercizi
curativi (il massaggio conta come esercizio curativo), proprio come
avete fatto durante i ventotto giorni. Se volete potete fare anche di
più, ma non meno di questo. Più attivi siete, più mitocondri avranno
le vostre cellule: i mitocondri sono le fornaci di grasso delle cellule!

Regola n. 15: ripetere la dieta, se necessario

Quando e se sentite il bisogno di ravvivare il vostro metabolismo
e rifornirlo di nuovo carburante, ripetete la dieta. Alcuni la seguono ogni tre mesi, altri ogni sei e altri ancora ogni anno. Una volta
completato il ciclo di ventotto giorni, potete ripetere tutte le quattro
settimane della dieta oppure soltanto una o due a intervalli regolari.
Fate quello che ritenete più utile per rimettervi in carreggiata. Se
ripetete una settimana ogni tre mesi, il vostro corpo ricorderà: Oh,
sì! Questo è ciò che facciamo periodicamente per rimettermi in
forma e farmi sentire alla grande!

Se dopo la dieta mantenete uno stile di vita corretto, di solito non è necessario ripeterla. Molti lo fanno lo stesso perché si trovano a proprio agio a mangiare in quel modo e sentono di fare del bene a se stessi. Ripetere il programma garantisce al vostro metabolismo la capacità di affrontare quei cambiamenti che possono presentarsi nella vita di chiunque, per esempio un'alterazione dei livelli ormonali o dello stress, un trauma, la nascita di un figlio o qualsiasi altro evento può capitare nella vita. Ripetere la dieta del Supermetabolismo è un po' come spazzare la veranda dopo un gran temporale: anche dopo averla pulita, il tempo potrebbe cambiare di nuovo e quindi costringervi a spazzarla un'altra volta.

Per fare un altro esempio, il semplice fatto che vi siate rotti una gamba e poi vi siate rimessi non significa che non vi romperete mai più niente e non vi ristabilirete di nuovo. Sfruttate questa dieta in qualsiasi momento, per guarire una frattura, raggiungere il peso che desiderate, stabilizzare il livello di zuccheri nel sangue, equilibrare il livello ormonale dell'organismo o ridurre il colesterolo. Seguitela ogni volta che ne sentite il bisogno, e lasciatevi sbalordire da ciò che il vostro corpo è in grado di fare quando lo trattate come si deve.

Regola n. 16: preferire cibi biologici

Scegliere cibo biologico è importante, specialmente quando si tratta di derivati del latte, pollo, uova e manzo. Credetemi se vi dico che di sicuro non volete ciò che le versioni non-biologiche di questi alimenti hanno da offrirvi: ho studiato scienze animali e so quello che dico!

Regola n. 17: integratori, se necessario

La scarsa qualità dei terreni agricoli e la sempre più diffusa tendenza a scegliere cibi scadenti rendono necessario, in certi casi, compensare eventuali carenze nutrizionali con qualche integratore, in particolare un prodotto multivitaminico efficace e un integratore di acidi grassi essenziali. Chiedete al vostro medico o farmacista di fiducia.

Regola n. 18: rilassarsi

È fondamentale tenere a bada lo stress in modo che non prenda il sopravvento su di voi. Imparate a rilassarvi, a respirare profondamente, a prendervi cura di voi stessi e a dire di no quando siete già troppo carichi di impegni o troppo sollecitati. Il prezzo che paghereste in termini metabolici sarebbe troppo alto!

Regola n. 19: continuare ad amare il cibo

Non smettete mai di amare il cibo vero e ricco di nutrienti. Riconoscete e rispettate le potenzialità degli alimenti sani e quello che hanno da offrire. Prestate attenzione a come vi sentite prima di mangiare e dopo avere mangiato, in modo da imparare a distinguere quali cibi vi fanno sentire bene e quali invece sarebbe meglio evitare. Preferite sempre i grassi sani e i carboidrati complessi. Non dovrete mai più avere paura del cibo.

CONSIGLI PER MANTENERE UN METABOLISMO VELOCE: PERCHÉ LA VITA VA AVANTI

Siete dimagriti e ora il vostro peso è stabile. State facendo scelte corrette e vivete felicemente con un metabolismo veloce. Poi un giorno arriva l'«occasione»: una cena, un matrimonio, una festa di compleanno, un invito al ristorante eccetera. Ormai siete in grado di mangiare come una persona normale, ma provate lo stesso un po' di ansia. Avreste voglia di divertirvi e rilassarvi, invece siete tesi perché una domanda vi assilla: E se mando tutto all'aria?

Quando si presentano occasioni di festa e di socialità, per prima cosa ricordatevi che adesso siete una persona diversa, perché avete ripristinato il vostro metabolismo e avete a disposizione tanti nuovi strumenti, per esempio il cibo. Non dimenticate che il cibo è diventato vostro amico.

Il fatto che non stiate più seguendo la dieta non significa che tutto ciò che avete imparato da questo libro sia svanito dalla vostra mente. Tutte le risorse, le conoscenze e le abitudini che avete acquisito vi accompagneranno alle feste e alle cene, non ci andrete da soli. Il vero scopo per cui abbiamo ripristinato il vostro metabolismo è quello di permettervi di godere delle occasioni speciali che la vita vi offre, di indulgere anche un po', se ne avete voglia, ma senza dover pagare un prezzo altissimo.

Nel caso siate ancora preoccupati di questo aspetto, vi svelerò alcuni piccoli segreti che vi aiuteranno a contenere i danni quando sapete che potreste esagerare. Sono i segreti che condivido con i miei clienti più famosi, celebrità che non possono permettersi di mostrare un brutto aspetto o di prendere due chili dopo una serata mondana.

Segreto n. 1: la grande cena

Prevedete che stasera vi abbufferete in un ristorante o che andrete a una di quelle feste in cui ognuno porta qualcosa, oppure che vi troverete davanti a uno di quei buffet traboccanti di delizie a cui è difficile dire di no.

Qualunque cosa vi aspetti, sapete che non vi tratterrete. In questo caso, per ridurre al minimo i danni dovete fare due cose:

1. **Mangiare 10-15 grammi di proteine ogni due ore durante la giornata**, da mezz'ora dopo che vi siete svegliati al momento in cui andate al ristorante, alla festa o alla serata che vi aspetta. Mangiate come se foste nella Fase 2: cibi a basso contenuto glicemico, tanta verdura, ma soprattutto proteine animali, che vengono assorbite più facilmente. Fate pasti e spuntini ricchi di proteine, mangiate affettato di petto di pollo o di tacchino senza nitrati, 30-60 grammi di bistecca di manzo, filetto di maiale o pesce che vi sono avanzati.

Questo manterrà stabile il vostro livello di zuccheri nel sangue, e i vostri muscoli avranno il combustibile necessario per immagazzinare gli zuccheri in eccesso (per esempio, quelli del vino o del cocktail che avete intenzione di bere) come glicogeni anziché come grasso.

Così facendo eviterete anche di abbuffarvi, perché arriverete alla festa affamati, ma non famelici. Infine, mangiare proteine ogni due ore per tutta la giornata farà ingranare la quinta ai vostri ormoni bruciagrassi, che saranno pronti a incenerire qualsiasi cosa ingeriate.

2. **Siate felici della serata che vi aspetta.** Questo è molto importante! La strategia di assumere proteine funzionerà benissimo, quindi non avete motivo di essere preoccupati. Pregustatevi la serata, non avete niente da temere. E quando sarete lì, spassatevela! Questo atteggiamento convincerà il vostro corpo che non c'è nessuna emergenza, che tutto sta andando alla grande. Con gli ormoni dello stress fuori dai piedi, il vostro organismo non ha motivo di fare scorta di grasso. E mentre vi godrete la serata, anche il corpo farà la sua personalissima festa bruciagrassi!

Segreto n. 2: la scorpacciata di zuccheri

Tutti gli anni la squadra di calcio di mia nipote organizza una gara di torte fatte in casa. Naturalmente, la migliore è la sua torta di mele, ma per esserne proprio sicura mi tocca assaggiare anche tutte le altre. Forse la vostra occasione a rischio di coma glicemico sarà Halloween, Pasqua, San Valentino o una festa di compleanno, ma in ogni caso sapete esattamente che cosa vi aspetta: mangerete dolci. Vi farete una bella scorpacciata, giusto? Per fortuna, però, potete preparare il vostro metabolismo a gestire l'occasionale tempesta di zuccheri. Come? Con queste quattro mosse:

1. **Mangiare zuccheri naturali tutto il giorno: frutta a colazione e frutta a pranzo.** Frutta intera, non spremuta. Mangiando una bella dose di frutta a colazione e a pranzo garantite al vostro organismo un livello di zuccheri nel sangue elevato ma stabile. Per questi due pasti mangiate come se foste nella Fase 1.
2. **Fare spuntini a base di sole proteine.** Stabilizzerà il vostro metabolismo e lo metterà in condizione di gestire qualsiasi schifezza buttiate giù. Fate gli spuntini come se foste nella Fase 2. Frutta

ai pasti, carne secca o affettati di pollo o di tacchino senza nitrati come spuntini.

3. **Mangiare grassi sani a cena.** Il grasso rallenterà la velocità con cui lo zucchero viene trasportato nel sangue, quindi cenerete come se foste nella Fase 3.

4. **Divertirsi.** Andate alla festa e gustatevi quella magnifica torta al cioccolato, e poi ballate. Divertitevi, spassatevela, e guai a voi se vi sentite in colpa! Ricordate: il senso di colpa fa ingrassare più dei ciccioli di maiale.

Segreto n. 3: alzare il gomito

Se vi piace bere un cocktail, un bicchiere di vino o un bel boccale di birra di tanto in tanto (diciamo una volta a settimana, più o meno), non ho nessuna intenzione di privarvi di questo piacere. Ma c'è un sistema per assumere alcol riducendo al minimo i danni al metabolismo. Ormai avrete capito quanto deve faticare il fegato per smaltire l'alcol. Giuro, non sarò più così severa con il vostro fegato, ora che siete riusciti a ripristinare il vostro metabolismo, ma voi non dovete esagerare. Un bicchiere a settimana probabilmente non fa nessun danno, ma uno al giorno affatica un po' di più il fegato. Pensate bene a che cosa siete disposti a sacrificare, ma tenete presente che l'alcol non aiuta in nessun modo il vostro metabolismo.

Dopotutto, avete bisogno di un fegato che funzioni al top, quindi ecco alcuni punti da considerare quando bevete alcol:

- **Sembra che il vino biologico, senza solfiti, abbia un effetto minimo sulla funzionalità del fegato.** Quindi, se amate il vino, provate quello biologico.

- **Se avete proprio voglia di un cocktail, optate per i liquori più forti.** Sono più puri, contengono meno sostanze chimiche e ingredienti artificiali difficili da «lavorare» per il fegato. I liquori trasparenti, senza additivi e coloranti alimentari, sono più puri e rappresentano una scelta migliore rispetto a quelli più dozzinali. Evitate qualsiasi cosa usavate per sbronzarvi ai tempi del liceo, o quei beveroni energetici dai colori sgargianti che mescolano la caffeina all'alcol, altrimenti il vostro giro vita diventerà come un fusto di birra. Bevete sempre 250 millilitri d'acqua per ogni drink, oltre alla quantità d'acqua che dovreste bere normalmente (*vedi* Regola n. 13): l'alcol è molto disidratante, e l'acqua aiuterà l'organismo a compensare.

- **Non bevete alcolici da soli.** Con questo non intendo dire che non potete gustarvi un bicchiere di vino per conto vostro nella tranquillità di casa, ma che bisogna sempre bilanciare l'alcol con una corretta quantità di proteine, preferibilmente di tipo animale come pollo, tacchino, manzo, gamberetti o pesce (ma niente formaggio!).

- **Non bevete alcol la mattina!** Lo so che un Bloody Mary prima di pranzo può essere invitante, ma tenete presente che è altrettanto buono anche senz'alcol. In qualche altro fuso orario saranno sicuramente le cinque del pomeriggio, ma prima di berlo aspettate almeno che lo siano anche da voi!

PRONTO INTERVENTO PER IL METABOLISMO VELOCE

Con i miei clienti e i miei lettori devo adottare un atteggiamento inflessibile e fungere da «guardrail». Se doveste cominciare a prendere le curve a velocità troppo elevata e a sbandare, dovrò essere lì con voi a ricordarvi le mie regole, in modo che non precipitiate nella «scarpata» e annulliate in un colpo solo tutto ciò che di buono avete fatto seguendo la dieta del Supermetabolismo. Se doveste infrangere le mie regole e il guardrail non bastasse per tenervi in carreggiata, dovremo assolutamente avere a disposizione un servizio di pronto intervento che vi dia l'aiuto di cui avete bisogno e soccorra il metabolismo.

Ricordate, tuttavia, che il pronto intervento è solo per le emergenze, non perché siete rimasti imbottigliati nel traffico!

Emergenza n. 1: «Sono in giro e non riesco a trovare niente da mangiare che sia adatto alla fase in cui sono»

Cercate di recuperare qualcosa di proteico. Le proteine hanno meno probabilità di essere immagazzinate come grassi ed evitano che venga cannibalizzato il muscolo. Inoltre sono facili da reperire: anche nelle stazioni di servizio potete trovare scatolette di tonno o simili. Risolta l'emergenza, rientrate subito nei ranghi della fase in cui siete.

Emergenza n. 2: «Sono uscito di casa senza fare colazione»

Non fatevi prendere dal panico! Peggiorereste solo la situazione dal punto di vista ormonale. Non vogliamo segnalare alle ghiandole surrenali di incrementare la produzione di cortisolo. Fate respiri profondi per rallentare il rilascio di cortisolo, poi mangiate qualcosa il più presto possibile. Attenetevi allo spuntino o al pasto previsto dalla fase in cui siete, ma per rimediare al tempo perso aggiungetevi della verdura. In questo modo garantirete al vostro organismo un corretto livello alcalino, ed eviterete di incorrere in un'acidosi provocata dallo stress.

Per il resto del giorno seguite il vostro schema alimentare normale, e affinché non vi succeda di nuovo di saltare la colazione, preparatela la sera prima!

Emergenza n. 3: «Non trovo il tempo per l'attività fisica», o «Mi sono fatto male e non posso allenarmi»

Se potete accendere un fuoco senza ramoscelli, è possibile ottenere risultati da questa dieta anche senza svolgere attività fisica vera e propria. Nella Fase 1 fate almeno qualcosa che acceleri il vostro ritmo cardiaco per 10-20 minuti, farà un'enorme differenza. Nella Fase 2 otterrete gli stessi benefici ormonali garantiti dagli esercizi con i pesi facendo lavorare anche solo un braccio, se malauguratamente vi siete rotto l'altro.

Nella Fase 3 eseguite esercizi di respirazione alla sera prima di addormentarvi: vi aiuterà a riposare meglio ed equilibrerà i vostri livelli ormonali.

Emergenza n. 4: «Mi è finito in bocca un cocktail, e preso dal panico l'ho mandato giù... due volte!»

Pentitevi bevendo 250 millilitri d'acqua per ogni bevanda alcolica che avete trangugiato, e il giorno dopo mangiate cibi ricchi di potassio come cetrioli, basilico, prezzemolo e coriandolo: sono diuretici naturali e aiutano a riequilibrare rapidamente il fegato.

Emergenza n. 5: «Non avevo fame, così ho saltato lo spuntino»

Eh no, in realtà avete mangiato. Solo che vi siete nutriti del vostro tessuto muscolare! Ricordate che in un periodo in cui si tende a ingrassare o si hanno difficoltà a perdere peso, è probabile che i segnali della fame non funzionino. Non aspettate di sentirvi affamati. Alimentatevi ogni tre-quattro ore. Se avete lasciato passare più tempo e improvvisamente vi sentite morire di fame, state attenti alle porzioni: non abbuffatevi! Finite il vostro spuntino o il pasto, e dopo un'ora fate un altro spuntino. In questo modo dilazionerete il passaggio del cibo nel sangue e ridurrete il rischio di immagazzinare grasso.

Emergenza n. 6: «Ho cominciato la dieta ma ho dovuto interromperla, posso riprovarci?»

Sì. Potete ripartire con la dieta in qualsiasi momento, e ricordate che un'alimentazione sana che stimoli il metabolismo favorisce sempre la guarigione e la salute del vostro corpo. So che la vita può riservare sorprese di ogni genere. Ho avuto una cliente che ha tentato la dieta per tre anni e non ha perso un solo chilo. I caffè, i viaggi di lavoro improvvisi, il divorzio, la morte di alcuni suoi famigliari, un genitore anziano da accudire – la vita, insomma – l'hanno portata a interrompere la dieta molte volte. Mi sembrava incredibile che nonostante questo riuscisse a non prendere peso e a tenere sotto controllo il diabete. Poi un giorno le stelle si sono allineate ed è riuscita a fare la dieta del Supermetabolismo per ben quattro mesi di fila, e da allora ha perso più di 30 chili. Sono una persona paziente, e quando volete sono pronta: ho ventotto giorni tutti per voi.

Queste sono le mie strategie di sopravvivenza per far fronte alle sorprese della vita e restare sui binari del «perfetto» programma di salute. Lo so, vi ho detto che sareste stati con me solo per ventotto giorni, ma sappiate che la mia porta è sempre aperta e che gli stessi principi di guarigione e ripristino del metabolismo si possono applicare a un organismo affetto da artrite, colesterolo alto, diabete e affaticamento.

Tra i miei clienti ci sono persone che seguo da quando ho aperto il mio primo studio. Ho visto le loro famiglie crescere. Ho festeggiato i loro successi e condiviso i loro dolori e i momenti difficili. Alcuni non li vedo da parecchio tempo. Recentemente, però, ho avuto notizie di un cliente che non sentivo né vedevo da tre anni, cioè da quando la mia dieta gli aveva fatto perdere una ventina di chili. L'amica che mi ha parlato di lui continuava a ripetermi che il suo amico, cioè il mio cliente, stava magnificamente e aveva un fisico eccezionale. È stato bellissimo sentirglielo dire.

La cosa tuttavia non mi ha sorpreso, perché è così che funziona la mia dieta: la impari, la vivi, la ami e non torni più indietro. Quel mio cliente aveva imparato a vivere e a mangiare in modo da mantenere in forma e bene alimentato il proprio metabolismo per tutta la vita. Il cibo è la medicina più utile ed efficace, perciò approfittate dello slancio delle scorse quattro settimane, uscite e vivete! Ma ricordate sempre che io sono qui per voi. Sono la vostra nutrizionista per la vita, e attraverso il mio sito web, i miei libri o di persona nei miei studi continuerò a suggerirvi nuovi metodi facili e innovativi per migliorare la vostra salute, restare sani e abbracciare la vita. Vorrei che cantaste le lodi della dieta del Supermetabolismo per anni, perché finalmente vi ha fatti uscire dal circolo vizioso delle diete da fame.

D'ora in avanti vivrete all'insegna del metabolismo veloce, godendovi le deliziose ricette del prossimo capitolo, interagendo con una comunità attenta alla salute e al benessere, dotati di tutte le risorse che vi occorrono per mantenere in forma lo splendido corpo che vi siete costruiti! E se avete raggiunto il peso che vi eravate prefissati e vi sentite perfettamente a vostro agio in questo nuovo corpo, non perdete nemmeno un minuto: uscite e fatevi confezionare degli abiti su misura, o andate a comprarvi un paio di jeans nuovi, perché non tornerete mai più indietro!

Infine, prima di ritrovarci in un'altra occasione, ecco che cosa mi auguro per il vostro futuro:

- Che abbiate una vita lunga e piena di salute e d'amore.
- Che contiate tutte le cose belle e preziose che avete nella vostra vita, non le calorie.
- Che siate pieni d'energia per essere felici.
- Che abbiate le risorse per rimettere in moto il vostro corpo ogni volta che lo richiede.
- Che amiate il cibo e tutto ciò che è in grado di fare per voi.

Soprattutto, mi auguro che usciate e sfoggiate il vostro metabolismo davanti al mondo e vi godiate la vita all'insegna del Supermetabolismo.

CAPITOLO 11

Quattro settimane di ricette

SPERO di avervi trasmesso un nuovo amore per la cucina, se non ce l'avevate, perché cucinare cibo vero e fatto con le proprie mani è la strategia migliore per mantenere un metabolismo veloce. Ma prima di mettervi all'opera vi servono delle ricette, quindi eccone alcune fantastiche. In ciascuna è specificato per quale fase è adatta. Sono tutte squisite, e molte sono ormai tra le preferite della mia famiglia e di tanti miei clienti. Sono sicura che piaceranno anche a voi!

RICETTE PER LA FASE 1

SPUNTINI PER LA FASE 1

Non fatevi cogliere da un attacco di fame improvviso senza uno spuntino a portata di mano! Durante la Fase 1 gli spuntini sono tutti a base di frutta, perciò procuratevene una bella scorta da tenere in ufficio, in auto o nella borsa. Mele, arance e clementine sono perfetti per la borsa.

Uno dei miei frutti preferiti è il mango, ma quello fresco non è affatto pratico da consumare al lavoro. La scrivania non è l'ideale per sbucciarlo, privarlo del seme e tagliarlo, ma ho elaborato un metodo per godermelo lo stesso: la mattina infilo nella borsa o in auto un sacchetto di mango a pezzi surgelato. Quando arriva l'ora dello spuntino di metà mattina è ormai scongelato ma ancora freddo: una vera delizia!

Colazioni
Frullato di mango ghiacciato
Frullato di frutta e fiocchi d'avena
Porridge
Pane tostato alla francese con fragole

Insalate, sandwich, zuppe e chili
Insalata di tonno, mela verde e spinaci
Tramezzino con affettato di pollo/tacchino
Piadina di grano germogliato con tacchino
Zuppa di pollo e orzo
Chili di tacchino
Zuppa di tacchino, fagioli bianchi e cavolo nero
Condimento per insalate e pinzimonio per le verdure

Piatti principali
Terrina di pollo e broccoli
Fusilli di riso integrale con salsiccia di pollo
Pollo con funghi e riso selvatico
Filetto con riso integrale
Filetto di maiale con broccoli

Spuntini
Pompelmo al forno profumato alla cannella
Pera o nashi al cacao
Fettine d'anguria bruciagrassi
Frullato d'anguria

FRULLATO DI MANGO GHIACCIATO
Fase I
Dosi per 1

1 tazza di mango ghiacciato (o fragole o ananas)
½ tazza di cubetti di ghiaccio (facoltativo)
½ limone
¼ di cucchiaino di stevia o xilitolo (facoltativo)
2 foglioline di menta o ¼ di cucchiaino di menta secca

Mettete il mango e il ghiaccio nel frullatore con ¾ di tazza d'acqua. Aggiungete il succo del mezzo limone spremuto con la stevia o lo xilitolo e la menta e frullate fino a ottenere un composto omogeneo. Gustatelo con 8-10 cracker di riso.

FRULLATO DI FRUTTA E FIOCCHI D'AVENA
Fase I
Dosi per 1

½ tazza di fiocchi d'avena crudi o 1 tazza di fiocchi d'avena cotti
1 tazza di frutta surgelata, per esempio ananas o fragole
½ tazza di cubetti di ghiaccio
1 bustina di stevia o xilitolo
Cannella in polvere per insaporire

Mettete i fiocchi d'avena nel frullatore e frullate sino a polverizzarli. Spegnete il frullatore e aggiungete ½ bicchiere d'acqua. Incorporate gli altri ingredienti e frullate fino a ottenere una consistenza omogenea. Servite.

PORRIDGE
Fase 1
Dosi per 2

Personalmente, preferisco preparare il porridge usando tutta la scatola di fiocchi d'avena e poi surgelarlo con frutti di bosco, cannella e stevia in porzioni da una tazza. Così, quando sono di nuovo nella Fase 1 mi basta toglierlo dal freezer e riscaldarlo per pochi minuti. Se volete, potete anche prepararlo con la slow cooker lasciandola in funzione tutta la notte.

1 tazza di fiocchi d'avena crudi
2 tazze di frutti di bosco freschi
Stevia e cannella in polvere per insaporire

Mettete i fiocchi d'avena in una zuppiera con 2 tazze d'acqua. Coprite, riponete nel frigorifero e lasciate riposare tutta la notte. L'indomani mattina trasferite il tutto in una casseruola e fate cuocere a fuoco lento per circa 30 minuti, girando continuamente.

A cottura quasi ultimata, aggiungete i frutti di bosco, poi la stevia e la cannella.

PANE TOSTATO ALLA FRANCESE CON FRAGOLE
Fase 1
Dosi per 1

1 albume
1 cucchiaino di estratto di vaniglia
¼ di cucchiaino di cannella in polvere
1 fetta di pane di grano germogliato
1 tazza di fragole surgelate
2 cucchiaini di succo di limone
1 pizzico di stevia o xilitolo

In una tazza larga, sbattete l'albume con l'estratto la cannella. Immergetevi il pane, girandolo da entrambe le par modo che si imbeva bene.

Mettete sul fuoco una padella antiaderente, e quando è calda disponetevi il pane, girandolo di tanto in tanto in modo che si colorisca su entrambi i lati.

Mentre il pane cuoce, versate le fragole in un pentolino e fatele scaldare a fuoco lento. Quando cominciano ad ammorbidirsi, unite il succo di limone e la stevia o lo xilitolo e continuate la cottura finché le fragole sono calde. Versatele immediatamente sul pane tostato e buon appetito!

INSALATA DI TONNO, MELA VERDE E SPINACI
Fase I
Dosi per 1

1 scatoletta di tonno al naturale da 120 g
1 tazza di mela verde (o rossa o ananas) tagliata a cubetti
½ tazza di cetriolo sbucciato e tagliato a dadini
½ tazza di carota tagliata a dadini
1 cucchiaio di cipolla rossa tritata
½ limone
1-2 tazze di spinaci freschi

Fate sgocciolare bene il tonno e mettetelo in una tazza. Aggiungete la mela, il cetriolo, la carota e la cipolla e mescolate.

Aggiungete il succo del mezzo limone e girate. Versate sugli spinaci e servite.

Nota: personalmente, per insaporire preferisco usare l'aceto balsamico invece del limone, ma non l'olio.

TRAMEZZINO CON AFFETTATO DI POLLO/TACCHINO
Fase I
Dosi per 1

1 fetta di pane di grano germogliato divisa in due
1 cucchiaio di senape
2 grosse foglie di lattuga
2 fette di tacchino o pollo senza nitrati
Qualche fettina di cipolla rossa
Fettine di pomodoro
Sale marino e pepe macinati all'istante

Spalmate mezza fetta di pane con la senape, adagiatevi sopra le foglie di lattuga e poi le fette di tacchino o di pollo.

Aggiungete la cipolla e il pomodoro. Insaporite con sale e pepe. Richiudete con l'altra mezza fetta e servite.

PIADINA DI GRANO GERMOGLIATO
CON TACCHINO
Fase I
Dosi per 1

1 piadina di grano germogliato
120 g di affettato di tacchino a striscioline
o di tacchino macinato
¼ di cucchiaino di sale marino
¼ di cucchiaino di senape in polvere
¼ di cucchiaino di pepe nero
¼ di cucchiaino di origano essiccato
1 o 2 cucchiai di senape
½-1 tazza di verdure a foglia verde, per esempio rucola,
Misticanza o spinaci
½ pomodoro maturo di medie dimensioni, affettato

Fate rosolare l'affettato di tacchino o la polpa macinata in una padella antiaderente. Insaporite con sale, senape in polvere, pepe e origano. Spalmate di senape la piadina, poi aggiungetevi la verdura e le fette di pomodoro.

Guarnite con il tacchino, arrotolate la piadina e buon appetito!

ZUPPA DI POLLO E ORZO
Fase I
Dosi per 10 (1 porzione = 3 tazze)

4 tazze di brodo di pollo
4 tazze di brodo vegetale
1.200 g di petto di pollo disossato e senza pelle a dadini
1 tazza di cipolla a dadini
1 cucchiaio di aglio pressato
1 foglia d'alloro
¼ di cucchiaino di sale marino
¼ di cucchiaino di pepe nero
2 tazze di zucca di Napoli a dadini (sbucciata)
2 tazze di zucca gialla a collo dritto a dadini
2 tazze di zucchine a dadini
1 tazza di broccoli
1 tazza di funghi freschi tritati
2 tazze d'orzo

Versate 4 tazze d'acqua in una pentola capace e aggiungete il brodo di pollo e quello vegetale.

Aggiungete il pollo, la cipolla, l'aglio, la foglia d'alloro, il sale e il pepe e portate a ebollizione. Abbassate la fiamma e lasciate sobbollire a fuoco lento per un'ora.

Unite le verdure e l'orzo. Riportate a ebollizione, poi lasciate sobbollire a fuoco lento per un'ora o due, finché le verdure raggiungono la consistenza desiderata.

CHILI DI TACCHINO
Fase I
Dosi per circa 8 persone (1 porzione = 1 tazza e ½)

Attenzione: poiché contiene legumi amidacei in abbondanza, questa ricetta vale come pasto completo di cereali, proteine e verdura. Non è quindi necessario aggiungere al pasto altri cereali, anche se il programma alimentare lo suggerisce.

500-700 g di carne magra di tacchino macinata
½ tazza (o più, se desiderate) di cipolla rossa a dadini
2 cucchiai di prezzemolo o coriandolo
1 cucchiaio di peperoncino in polvere
1 cucchiaio di aglio tritato
½ cucchiaino di peperoncino rosso sminuzzato (*vedi* nota a fine ricetta)
425 g di fagioli bianchi in scatola
425 g di fagioli rossi in scatola
425 g di fagioli neri in scatola
425 g di fagioli borlotti in scatola
425 g di lenticchie o fagioli azuki
4 tazze di zucchine a dadini
4 tazze di passata di pomodoro
1 cucchiaino di sale marino

Rosolate il tacchino in una casseruola e scolate il grasso in eccesso.

Accendete una pentola slow cooker ad alta temperatura e versatevi dentro la carne, la cipolla, il prezzemolo, il peperoncino in polvere, l'aglio, il peperoncino rosso sminuzzato. Mescolate, coprite e mettete da parte.

Aprite le scatole di fagioli, fateli sgocciolare parzialmente, conservando un po' di liquido per rendere più sugoso il chili, e aggiungeteli nella pentola con le zucchine e la passata di pomodoro. Mescolate bene e mantenete alta la temperatura per 4-5 ore, o bassa per 6-8 ore.

Di tanto in tanto girate e assaggiate, aggiustando il condimento se necessario (aggiungete il sale prima di servire, in modo da preservare tutti i suoi nutrienti).

Nota: il peperoncino rosso sminuzzato rende il chili più piccante; se piace a voi ma non al resto della famiglia, potete aggiungerne altro solo nel vostro piatto al momento di servire. Di solito preparo il chili la mattina prima di svegliare i bambini e lo lascio cuocere a bassa temperatura in modo che sia pronto per pranzo. Se mi serve per i giorni successivi, invece, lo preparo la sera prima di andare a dormire e lo trasferisco in frigo o nel freezer la mattina prima di andare a lavorare.

ZUPPA DI TACCHINO, FAGIOLI BIANCHI E CAVOLO NERO
Fase I
Dosi per 8

900 g di polpa magra di tacchino
3 tazze di cipolla rossa a dadini
2 tazze di sedano a dadini (comprese le foglie)
2 cucchiai di aglio tritato
1 cucchiaio di zenzero tritato
8 tazze di brodo vegetale
6 tazze di zucca delica o zucca di Napoli sbucciata e tagliata a dadini
6 tazze di cavolo nero sminuzzato e privato delle coste
450 g di fagioli bianchi di Spagna, sgocciolati e sciacquati
450 g di fagioli cannellini, sgocciolati e sciacquati
450 g di fagioli azuki o neri, sgocciolati e sciacquati
2 cucchiaini di basilico essiccato
2 cucchiaini di timo essiccato
1 cucchiaino di cumino macinato
½ cucchiaino di sale marino
¼ di cucchiaino di pepe nero macinato al momento

In una pentola antiaderente per zuppe fate rosolare il tacchino, la cipolla, il sedano, l'aglio e lo zenzero con 2 cucchiai d'acqua finché è morbido. Aggiungete il brodo, la zucca, il cavolo, i fagioli e le erbe aromatiche.

Quando il tutto bolle, coprite la pentola, abbassate la fiamma e lasciate sobbollire per 15-20 minuti, o finché le verdure sono morbide. Assaggiate, e se necessario aggiustate di sale e pepe.

CONDIMENTO PER INSALATE E PINZIMONIO PER LE VERDURE
Fase 1
Dosi per ¾ di tazza

½ tazza di passata di mango fresco o scongelato
2 cucchiaini di aceto balsamico
2 cucchiaini di coriandolo o prezzemolo fresco tritato
1 cucchiaino di succo di lime
¼ di cucchiaino di stevia o xilitolo (facoltativi)

Frullate tutti gli ingredienti in un miscelatore e gustate il composto come condimento per le insalate o pinzimonio per le verdure!

TERRINA DI POLLO E BROCCOLI
Fase 1
Dosi per 4

4 tazze di brodo vegetale o di pollo
½ tazza di cipolla rossa tritata
½ tazza di carota tritata
½ tazza di sedano tritato
1 cucchiaio di prezzemolo o coriandolo
1 cucchiaino di aglio tritato

2 tazze di riso integrale   1/2 TAZZA (120 ml)

500 g di petto di pollo senza pelle, disossato e tagliato a pezzi da
    circa 5 cm

4 tazze di broccoli

1 cucchiaio di succo di lime

½ cucchiaino di prezzemolo tritato

½ cucchiaino di sale marino

½ cucchiaino di pepe nero

Portate il forno a 190 gradi. Mettete il brodo, le verdure eccetto i
broccoli, un cucchiaio di prezzemolo e l'aglio in una pentola piuttosto
grande. Aggiungete una tazza d'acqua e portate a ebollizione. Versate
il riso, girate e riportate a ebollizione. Coprite e lasciate sobbollire
per 25 minuti, poi altri 5 minuti senza coperchio. Mettete da parte.

Mentre il riso cuoce, versate in una tazza il pollo e i broccoli.
Aggiungete il succo di lime, il prezzemolo, sale e pepe. Mescolate
accuratamente in modo che la carne e i broccoli assorbano il condimento. Trasferite il pollo e i broccoli in una teglia e allargateli bene.
Infornate e fate cuocere per 30-35 minuti.

Togliete il pollo dal forno e lasciatelo raffreddare. Suddividete
il riso in quattro porzioni da 1 tazza ciascuna. Suddividete il misto
di pollo e broccoli in quattro porzioni uguali e usatelo per guarnire
il riso. Servite subito.

Nota: potete raddoppiare le dosi di questa ricetta e a surgelare
le porzioni in più.

FUSILLI DI RISO INTEGRALE CON SALSICCIA DI POLLO
Fase I
Dosi per 4

2 tazze di fusilli integrali   (1/2 TAZZA) 120 ml

450 g di salsiccia di pollo   (113 g)

2 tazze di zucchine a dadini
1 tazza di broccoli
¼ di tazza di cipolla rossa tritata
1 cucchiaio di aglio pressato
¼ di cucchiaino di sale marino
Una punta di cucchiaino di pepe nero

Cuocete i fusilli in acqua bollente lasciandoli al dente. Quando sono pronti, scolateli e passateli sotto l'acqua fredda.

Tagliate la salsicca di pollo a rondelle di circa 2 cm di spessore.

Scaldate una casseruola antiaderente. Aggiungete un cucchiaio d'acqua, unite il pollo, la cipolla e l'aglio e mescolate bene. Fate cuocere a fuoco medio finché la carne è leggermente colorita. Aggiungete le zucchine, i broccoli, sale e pepe e fate cuocere per 3-5 minuti, finché le verdure sono morbide ma croccanti.

Aggiungete la pasta e fate saltare il tutto. Servite ben caldo.

POLLO CON FUNGHI E RISO SELVATICO
Fase I
Dosi per 8-10 (1 porzione = 1 tazza e ½-2)

1.200 g di petto di pollo senza pelle, disossato e tagliato a dadini
2 tazze di brodo di pollo
1 tazza di riso selvatico, sciacquato e scolato
¼ di tazza di cipolla a dadini
½ cucchiaino di aglio tritato
2 tazze di funghi freschi tritati
1 scatola di polpa di pomodoro
1 cucchiaino di sale marino
½ cucchiaino di origano essiccato
½ cucchiaino di basilico essiccato
¼ di cucchiaino di pepe nero macinato al momento

Mettete il pollo, il brodo, il riso selvatico, la cipolla e l'aglio in una slow cooker.

Aggiungete i funghi, la polpa di pomodoro, il sale, l'origano, il basilico e il pepe mescolando bene. Coprite e lasciate sobbollire per 4 ore alla temperatura massima o 6 ore alla temperatura minima. Servite e buon appetito!

FILETTO CON RISO INTEGRALE
Fase 1
Dosi per 4

Per il riso integrale:
4 tazze di brodo di pollo o vegetale
2 tazze di riso integrale crudo
1 tazza di zucchine a dadini
½ tazza di pomodori maturi a dadini
2 cucchiai di cipolla rossa a dadini
1 cucchiaino di coriandolo (fresco o essiccato)
1 cucchiaino di aglio pressato

Per il filetto:
450 g di filetto di manzo
Succo di ¼ di limone o lime
½ rametto di rosmarino fresco
1 cucchiaino di aglio pressato
Una punta di cucchiaino di sale marino
Una punta di cucchiaino di pepe nero

Preparate il riso. Mettete il brodo in una casseruola e portate a ebollizione. Aggiungete il riso e tutti gli altri ingredienti, coprite e riportate a ebollizione. Lasciate sobbollire mescolando di tanto in tanto per 30 minuti o fino a ottenere la consistenza desiderata.

Preparate il filetto. Scaldate la piastra. Mescolate il succo di limone o lime, il rosmarino, l'aglio, il sale e il pepe e cospargetelo generosamente su tutta la superficie della carne.

Fate cuocere il filetto a fiamma viva fino a ottenere il grado di cottura desiderato. Servite con il riso.

FILETTO DI MAIALE CON BROCCOLI
Fase 1
Dosi per 1

120-150 g circa di filetto di maiale affettato
Succo di ½ limone
¼ di cucchiaino di aglio tritato
¼ di cucchiaino di prezzemolo essiccato
Una punta di cucchiaino di rosmarino essiccato
Una punta di cucchiaino di origano essiccato
Una punta di cucchiaino di sale marino
1 pizzico di stevia
1 pizzico di cannella in polvere
3 tazze di broccoli
½ tazza di riso integrale crudo

Preparate la marinata. Mescolate il succo di limone, l'aglio, il prezzemolo, il rosmarino, l'origano, il sale, la stevia e la cannella in una tazza.

Mettete il maiale in un sacchetto di plastica e versatevi dentro la marinata, poi chiudete il sacchetto ermeticamente. Lasciate marinare in frigorifero per almeno 30 minuti, meglio se per tutta la notte.

Preparate la griglia o la piastra. Fate sgocciolare il maiale e cuocetelo a fiamma viva, girandolo un paio di volte, per 5-6 minuti in totale. (L'alta temperatura fa sì che la carne non asciughi.)

Togliete la carne dal fuoco e tenetela in caldo. Mettete i broccoli sulla piastra o sulla griglia e fateli cuocere per 30 secondi da entrambi i lati. Servite con il filetto e il riso integrale lessato.

POMPELMO AL FORNO PROFUMATO ALLA CANNELLA
Fase I
Dosi per 1

1 pompelmo rosa
¼ di cucchiaino di cannella
1 pizzico di cardamomo (facoltativo)
1 pizzico di noce moscata (facoltativo)

Sbucciate il pompelmo e dividetelo in spicchi. Spolverizzatelo di cannella, cardamomo e noce moscata.

Cuocetelo in forno a 190 gradi per 20 minuti, o finché la cannella è caramellata.

PERA O NASHI AL CACAO
Fase I
Dosi per 1

1 pera o 1 nashi
½-1 cucchiaino di cacao in polvere

Tagliate a fette la pera e spolverizzatela con il cacao in polvere. Gustatela cruda o cuocetela in forno per 10 minuti (o 30 secondi nel microonde) prima di servire.

FETTINE D'ANGURIA BRUCIAGRASSI
Fase I
Dosi per 1

1 tazza di anguria a fettine
¼ di cucchiaino di peperoncino
1 cucchiaino di succo di lime

Spolverizzate l'anguria con il peperoncino e irroratela con il succo di lime.

FRULLATO D'ANGURIA
Fase I
Dosi per 1

1 tazza di anguria a dadini
2 cucchiai di succo di lime
1 tazza di ghiaccio
2 gocce di estratto di menta piperita
1 fogliolina di menta

Fate raffreddare l'anguria nel frigo, tagliatela a dadini e frullatela con il ghiaccio, il succo di lime e l'estratto di menta piperita. Guarnite con la fogliolina di menta.

FATE AMICIZIA CON IL FREEZER

Consiglio spesso di usare cibi biologici e non conservati, ma ricordate che non avendo conservanti chimici questi alimenti non durano a lungo. Quando cucinate qualcosa di fresco, quindi, preparate più porzioni e mettete quelle che non consumate subito nel freezer, in contenitori monoporzione singoli su cui annoterete la fase a cui appartengono. Il freezer diventerà il vostro migliore amico durante la dieta del Supermetabolismo, specialmente se siete sempre molto indaffarati e avete tempo di cucinare solo una o due volte a settimana. La carne e il pane di grano germogliato, in particolare, vanno tenuti in freezer fino al giorno prima di consumarli, in modo che non fermentino o ammuffiscano, e per evitare sprechi.

RICETTE PER LA FASE 2

Colazioni

Omelette di albumi alla spagnola
Omelette di albumi con funghi e spinaci
Prosciutto di tacchino e sedano

Insalate, sandwich e zuppe

Peperone rosso ripieno di insalata di tonno
Insalata di tonno e cetrioli
Bistecca e insalata di spinaci
Involtini di roast beef, rafano e cetriolo

SPUNTINI PER LA FASE 2

Durante la Fase 2 gli spuntini sono tutti a base di proteine magre, e il mio spuntino d'emergenza preferito è il jerky (carne secca). Attenzione, però: spesso le carni essiccate hanno conservanti come i nitrati. Può darsi che in qualche negozio riusciate a trovarne un tipo senza conservanti, ma sappiate che potete prepararvela facilmente da soli. Avevo una cliente che andava pazza per la carne secca. Ne preparava molta in una volta sola, in modo da averne per tutti gli otto giorni e per ben sedici spuntini della Fase 2! È stata lei ad aiutarmi a scrivere la ricetta che trovate più avanti.

L'unico problema della mia amica era tenere la sua famiglia alla larga dalla deliziosa carne secca che preparava. Alla fine le ho consigliato di surgelare delle porzioni singole negli appositi sacchetti, e poi tenerle nel freezer in un unico sacchetto di carta marrone con sopra scritto «disgustosi spuntini per la Fase 2». E ha funzionato! Naturalmente, potete fare anche voi la stessa cosa. È fantastico disporre di carne secca fatta in casa pronta da consumare per gli spuntini della Fase 2.

Molti miei clienti, inoltre, amano arrotolare gli affettati senza nitrati intorno a sedano, asparagi o altre verdure adatte da portare con sé. Potete semplicemente comprare una confezione di arrosto di manzo o di tacchino affettato, suddividere il contenuto in più sacchetti a chiusura ermetica (tre-quattro fettine per sacchetto) con un po' di verdura e tenerli in frigo, e avrete sempre spuntini squisiti e pronti da mangiare.

Involtini di lattuga, roast beef e senape
Involtini di lattuga con bistecca e asparagi
Involtino di pollo
Zuppa di pollo e verdure
Zuppa di manzo, cavolo nero e porri
Zuppa di manzo e verza
Condimento per insalate e pinzimonio per verdure

Piatti principali
Pesce al peperoncino rosso con cavolo nero in salsa d'aglio e limone
Halibut alla griglia con broccoli
Pollo al forno con senape e cannella e spinaci in salsa d'aglio e limone
Bistecca con broccoli al vapore
Peperone rosso ripieno
Arrosto di maiale con friggitelli

Spuntini
Jerky di tacchino
Salmone affumicato e cetrioli
Canapè di ostriche
Peperoncino verde imbottito di roast beef
Funghi ripieni

OMELETTE DI ALBUMI ALLA SPAGNOLA
Fase 2
Dosi per 1

1 cucchiaio di cipolla tritata
1 cucchiaio di scalogno tritato
1 cucchiaio d'aglio tritato
1 cucchiaio di peperoncino verde sminuzzato
½ tazza di spinaci freschi sminuzzati

3 albumi (o ½ tazza di albumi)
¼ di cucchiaino (se essiccato) o 1 cucchiaino (se fresco) di coriandolo
o prezzemolo tritato
¼ di cucchiaino di peperoncino rosso sminuzzato
1 pizzico di sale marino

Scaldate un cucchiaio d'acqua in una padella antiaderente, unitevi la cipolla, lo scalogno, l'aglio e il peperoncino e fate cuocere finché sono morbidi.

Aggiungete gli spinaci, e mescolando fateli appassire. Unite gli albumi e fate cuocere fino alla consistenza desiderata. Insaporite con prezzemolo, peperoncino e sale prima di servire.

OMELETTE DI ALBUMI CON FUNGHI E SPINACI
Fase 2
Dosi per 1

1 cucchiaio di cipolla tritata
1 cucchiaio di scalogno tritato
1 cucchiaio d'aglio tritato
½ tazza di spinaci freschi tritati
⅓ di tazza di funghi freschi tritati
3 albumi (o ½ tazza di albumi)
1 pizzico di sale marino

Fate dorare la cipolla, lo scalogno e l'aglio in una padella antiaderente. Quando sono dorati, aggiungete gli spinaci e i funghi, mescolando finché gli spinaci sono appassiti.

Versate gli albumi, mescolate e lasciate cuocere fino a ottenere la consistenza desiderata. Salate prima di servire.

PROSCIUTTO DI TACCHINO E SEDANO
Fase 2
Dosi per 1

4 fette piuttosto spesse di prosciutto di tacchino senza nitrati (90-
   120 g circa)
2 gambi di sedano
1 cucchiaino di succo di lime
Sale marino per insaporire

Fate cuocere il prosciutto di tacchino in una padella o in una casseruola antiaderente per 3 minuti da un lato e 2 dall'altro. Insaporite i gambi di sedano con il succo di lime e il sale. Servite insieme.

PEPERONE ROSSO RIPIENO DI INSALATA DI TONNO
Fase 2
Dosi per 1

1 peperone rosso, lavato, tagliato a metà e privato dei semi
150 g di tonno in scatola al naturale
3 piccoli cetrioli senza semi tritati fini
½ tazza di basilico fresco arrotolato e tagliato
2 cucchiai di cipolla rossa tritata fine
2 cucchiai di succo di limone
1 cucchiaio di senape
1 pizzico di sale marino
1 pizzico di pepe nero

Fate sgocciolare il tonno, mettetelo in una tazza e aggiungete il cetriolo, il basilico e la cipolla. Mescolate bene.

Aggiungete il succo di limone, la senape, il sale e il pepe. Usate il composto per riempire le due metà del peperone e servite.

INSALATA DI TONNO E CETRIOLI
Fase 2
Dosi per 1

150 g di tonno in scatola al naturale
3 piccoli cetrioli senza semi tritati
½ tazza di basilico fresco arrotolato e tagliato (a chiffon)
2 cucchiai di cipolla rossa tritata
2 cucchiai di succo di limone
1 cucchiaio di senape
1 pizzico di sale marino
1 pizzico di pepe nero
2 tazze di spinaci freschi, verza o cavolo nero tritati
2-4 cucchiai di condimento per insalate per la Fase 2 (*vedi* ricetta
    a p. 209)

Fate sgocciolare il tonno e mettetelo in una tazza. Aggiungete i cetrioli, il basilico, la cipolla, il succo di limone e la senape e mescolate. Salate e pepate. Servite l'insalata di tonno su un letto di spinaci, verza o cavolo nero. Insaporite con il condimento.

BISTECCA E INSALATA DI SPINACI
Fase 2
Dosi per 1

120-150 g di bistecca di manzo
½ cucchiaino di aglio tritato
½ cucchiaino di sale marino
Una punta di cucchiaino di pepe nero
2 tazze di spinaci freschi tritati
½ tazza di cetriolo tritato
¼ di tazza di cipolla rossa tritata
¼ di tazza di peperoncino verde o rosso tritato

¼ di tazza di peperone rosso tritato
½ lime spremuto
1-2 cucchiai di coriandolo fresco
2-4 cucchiai di condimento per insalate per la Fase 2 (*vedi* ricetta)

Scaldate la bistecchiera. Nel frattempo, private la carne del grasso in eccesso, quindi insaporite la bistecca con aglio, sale e pepe su entrambi i lati.

Disponete la carne sulla griglia e fatela cuocere per 5-7 minuti fino a ottenere il grado di cottura desiderato (per averla ben cotta e non rischiare di carbonizzare la parte esterna potete aprirla in due).

Mentre la carne cuoce, mescolate in una tazza gli spinaci, il cetriolo, la cipolla, il peperoncino e il peperone. Insaporite con il succo di lime e il coriandolo e mettete da parte.

Quando è cotta, tagliate la carne a striscioline di 2 cm e adagiatele sull'insalata di spinaci. Aggiungete il condimento e servite.

INVOLTINI DI ROAST BEEF, RAFANO E CETRIOLO
Fase 2
Dosi per 1

1-2 cucchiai di salsa di rafano
60-90 g di roast beef affettato e senza nitrati
1 cetriolo, sbucciato e tagliato a bastoncini
Sale marino per insaporire

Spalmate le fette di roast beef con il rafano e guarnitele con il cetriolo. Salate e arrotolate la carne. Servite e buon appetito!

INVOLTINI DI LATTUGA, ROAST BEEF E SENAPE
Fase 2
Dosi per 1

60-90 g di roast beef senza nitrati affettato
1-2 cucchiai di senape
2-4 grosse foglie di lattuga romana
Coriandolo (facoltativo)
Peperoncino rosso sminuzzato (facoltativo)
Succo di lime (facoltativo)

Spalmate le fette di roast beef con la senape, poi disponetele sulle foglie di lattuga. Guarnite con coriandolo, peperoncino rosso o succo di lime, arrotolate le foglie e servite.

INVOLTINI DI LATTUGA CON BISTECCA E ASPARAGI
Fase 2
Dosi per 2

1 bistecca di manzo da 250 g tagliata a striscioline
8 asparagi, privati dell'estremità legnosa e raschiati
½ lime spremuto
½ cucchiaino di aglio tritato
½ cucchiaino di coriandolo essiccato (1 cucchiaino se fresco)
½ cucchiaino di sale marino
¼ di cucchiaino di pepe nero
¼ di cucchiaino di peperoncino rosso sminuzzato e pressato
Senape o aceto balsamico per insaporire
4 grosse foglie di lattuga romana

Mettete una teglia nel forno e lasciatela scaldare.
Preparate un cartoccio di stagnola per la carne e gli asparagi. Mescolate bene in una tazza il succo di lime, l'aglio, il coriandolo, il sale, il pepe e il peperoncino e cospargete il composto sulla carne e gli asparagi. Sigillate il cartoccio.
Sistemate il cartoccio sulla teglia, infornatelo e cuocete per 20-25 minuti, a seconda della cottura desiderata per la bistecca.

Prendete il cartoccio dal forno e apritelo con cura, lasciando che la carne raffreddi. Versate il liquido di cottura in una tazza e mescolatelo con un po' di senape o aceto balsamico.

Disponete 2 foglie di lattuga romana su un piatto da portata, guarnitele con metà del misto di carne e asparagi e conditele con la salsa. Coprite con le altre due foglie, arrotolate e servite.

Nota: gli avanzi di carne e asparagi conservateli per il pranzo dell'indomani; avvolgeteli nelle foglie di lattuga e, se volete, insaporite il tutto con il condimento per insalate per la Fase 2 (*vedi* ricetta a p. 209).

INVOLTINO DI POLLO
Fase 2
Dosi per 1

1-2 cucchiai di senape
60-90 g di affettato di pollo (o tacchino) senza nitrati
2-3 foglie di lattuga romana
Coriandolo fresco (facoltativo)
Peperoncino rosso sminuzzato e pressato (facoltativo)
Succo di lime (facoltativo)

Spalmate il pollo con la senape e disponetelo sulle foglie di lattuga. Insaporite con il coriandolo, il peperoncino o il succo di lime, avvolgete le foglie di lattuga e servite.

ZUPPA DI POLLO E VERDURE
Fase 2
Dosi per 6-8 (1 porzione = 3 tazze)

1 kg di petto di pollo senza pelle
1 tazza di cipolla tritata

6-8 spicchi d'aglio tritati
8 tazze di brodo di pollo
8 tazze di verdure sminuzzate fresche o surgelate, tra cui verza, broccoli, sedano, spinaci, cavolo nero, asparagi, porri, erba cipollina e funghi
1 cucchiaio di prezzemolo o coriandolo
1 cucchiaino di rosmarino fresco o essiccato
½ cucchiaino di basilico fresco o essiccato
½ cucchiaino di origano fresco o essiccato
¼ di cucchiaino di timo fresco o essiccato
1 foglia d'alloro
Sale marino e pepe bianco e nero

Mettete il pollo in una pentola grande con il brodo e 8 tazze d'acqua. Aggiungete le verdure e le erbe aromatiche. Portate a ebollizione, abbassate la fiamma e lasciate sobbollire per un'ora.

Lasciate raffreddare, poi tirate fuori il pollo e disossatelo. Unite la carne del pollo alla zuppa, riscaldate, salate e pepate e servite.

ZUPPA DI MANZO, CAVOLO NERO E PORRI
Fase 2
Dosi per 6-8

1 kg di manzo o agnello disossato
4 tazze scarse (900 ml) di brodo vegetale
4 tazze scarse (900 ml) di brodo di manzo
3 tazze di cavolo nero sminuzzato e senza coste
2 tazze di spinacini
2 tazze di funghi freschi affettati
1 tazza di porri sminuzzati (parti verdi e bianche)
1 tazza di sedano sminuzzato
6 cipolle dorate, sminuzzate (parti verdi e bianche)
¼ di tazza di cipolla rossa sminuzzata

1 cucchiaio di aglio tritato
1 cucchiaio sale marino
½ cucchiaino di pepe nero macinato

Fate rosolare la carne, poi trasferitela insieme con tutti gli altri ingredienti in una slow cooker e fate cuocere alla temperatura minima per 6-8 ore, o alla temperatura massima per 4-5 ore.

ZUPPA DI MANZO E VERZA
Fase 2
Dosi per 6-8 (1 porzione = 3 tazze)

½ tazza di cipolla rossa sminuzzata
2 cucchiai di aglio tritato
1 kg di manzo stufato disossato
250 g di peperoncini verdi grigliati e tagliati a dadini
1 cucchiaio di coriandolo tritato
½ cucchiaino di peperoncino rosso sminuzzato e pressato
½ cucchiaino di pepe nero
4 tazze di brodo di manzo
4 tazze di brodo vegetale
12 tazze di cavolo verza tagliato a striscioline
2 cucchiai di sale marino

In una pentola grande fate rosolare la cipolla e l'aglio con 2 cucchiai d'acqua finché ammorbidiscono. Aggiungete il manzo, i peperoncini verdi, il coriandolo, il peperoncino rosso e il pepe. Mescolate in modo che la carne si insaporisca bene.

Versate nella pentola il brodo e 8 tazze d'acqua. Alzate la fiamma. Quando la zuppa comincia a bollire, abbassate a fuoco medio. Aggiungete la verza e il sale. Lasciate sobbollire, mescolando di tanto in tanto, per un'ora circa. Servite appena pronta.

Nota: potete anche mettere tutto in una slow cooker e far cuocere per 6-8 ore alla temperatura minima, o 4-5 ore a quella massima.

CONDIMENTO PER INSALATE E PINZIMONIO PER VERDURE
Fase 2
Dosi per ¾ di tazza circa

½ tazza di cetriolo sbucciato e sminuzzato
1 spicchio d'aglio
3 cucchiaini di aceto balsamico o di mele
2 cucchiaini di coriandolo o prezzemolo
1 cucchiaino di aneto
½ cucchiaino di stevia o xilitolo (facoltativo)
Una punta di cucchiaino di sale marino

Mettete tutti gli ingredienti in un mixer e frullate fino a ottenere un composto omogeneo. Intingetevi le verdure o usatelo per condire le insalate.

PESCE AL PEPERONCINO ROSSO CON CAVOLO NERO IN SALSA D'AGLIO E LIMONE
Fase 2
Dosi per 1

180 g di filetto di pesce bianco (halibut, merluzzo, pesce San Pietro, platessa)
1 cucchiaio di succo di lime
1 cucchiaino di pasta di chili
¼ di cucchiaino di peperoncino rosso
½ cucchiaino di coriandolo tritato
1 pizzico di sale marino
1 pizzico di pepe nero macinato

Per il cavolo nero:
3 tazze di cavolo nero sminuzzato e senza le coste
1 cucchiaio di succo di limone
1 cucchiaino di aglio tritato

Mescolate in una tazza il succo di lime, la pasta di chili, il pepe-roncino rosso sminuzzato, il coriandolo, il sale e il pepe. Disponete il pesce in una teglia foderata di stagnola e irroratelo con la marinata.

Portate il forno a 190 gradi. Infornate il pesce e fatelo cuocere, scoperto, per 20-30 minuti, a seconda della consistenza del pesce. Nel frattempo, in una padella antiaderente mescolate 1 cucchiaio d'acqua con l'aglio e il succo di limone.

Aggiungete il cavolo nero e fate cuocere a fuoco medio-basso finché è morbido ma ancora verde brillante.

Salate, pepate e servite con il pesce.

HALIBUT ALLA GRIGLIA CON BROCCOLI
Fase 2
Dosi per 2

170 g di filetto di halibut o di un altro pesce bianco
2 tazze di broccoli
1 cucchiaino di succo di lime o limone
½ cucchiaino di stevia o xilitolo (facoltativo)
½ cucchiaino di senape in polvere
1 pizzico di cannella in polvere (facoltativo)
Sale marino
Pepe nero macinato al momento

Accendete il forno e mettete a scaldare la teglia.

Mescolate in una tazza il succo di lime o limone con la stevia, la senape e la cannella. Versate il tutto sul pesce, irrorandolo uni-formemente. Estraete la teglia dal forno con un guanto da cucina, disponetevi sopra il pesce, infornatelo e fatelo cuocere per 12-15 minuti, finché comincia a sfaldarsi.

Mentre il pesce è in forno, fate cuocere i broccoli al vapore. Fate bollire 1-2 bicchieri d'acqua in una vaporiera o in una pentola normale (in questo caso disporrete i broccoli su un cestello di metallo), coprite e fate cuocere i broccoli per 4-6 minuti, finché riuscite a infilzarli facilmente con una forchetta. Salate e pepate prima di servire con il pesce.

POLLO AL FORNO CON SENAPE E CANNELLA E SPINACI IN SALSA D'AGLIO E LIMONE
Fase 2
Dosi per 6-8

900 g di petto di pollo disossato e senza pelle, lavato e asciugato
2 cucchiai di succo di limone
¼ di cucchiaino di cannella in polvere
1 cucchiaino di senape in polvere
1 cucchiaino di stevia o xilitolo (facoltativo)

Per gli spinaci in salsa d'aglio e limone:
3 tazze di spinaci
1 cucchiaio di succo di limone
1 cucchiaino d'aglio tritato
Sale marino e pepe nero

Accendete il forno a 190 gradi, e mentre scalda preparate il condimento per il pollo. Mescolate il succo di limone, la cannella, la senape e il dolcificante (stevia o xilitolo) in una tazza.

Disponete il pollo su una teglia. Irroratelo con il condimento, coprite con un foglio di stagnola e infornate. Fate cuocere per 30 minuti.

Portate il forno a 200-210 gradi, togliete la stagnola e fate cuocere il pollo scoperto per altri 10 minuti.

Preparate gli spinaci. In una padella antiaderente, versate il succo di limone e 1 cucchiaio d'acqua, aggiungete l'aglio e gli spinaci e fate cuocere. Salate e pepate.

BISTECCA CON BROCCOLI AL VAPORE
Fase 2
Dosi per 1

1 bistecca da 120-150 g
½ cucchiaino di aglio tritato
½ cucchiaino di sale marino
Una punta di cucchiaino di pepe nero
3 tazze di broccoletti

Scaldate la bistecchiera. Asportate il grasso in eccesso dalla carne e insaporitela su entrambi i lati con aglio, sale e pepe. Disponetela sulla bistecchiera ben calda e fatela cuocere per 5-10 minuti, a seconda del grado di cottura desiderato. (Per averla ben cotta senza rischiare di carbonizzare la superficie esterna, affettate la bistecca in due, se è piuttosto spessa.)

Mentre la carne cuoce, preparate i broccoli. Fate bollire 1 o 2 bicchieri d'acqua in una vaporiera o in una pentola normale (in questo caso disporrete i broccoli su un cestello di bambù), coprite e fate cuocere i broccoli per 4-6 minuti, finché riuscite a infilzarli facilmente con una forchetta.

Salate e pepate prima di servire con la bistecca.

Nota: di solito quando preparo questa ricetta faccio cuocere una bistecca in più per il giorno dopo a pranzo o a cena, che servo tagliata a listarelle su un'insalata.

PEPERONE ROSSO RIPIENO
Fase 2
Dosi per 6

6 peperoni rossi
750 g di carne di manzo macinata
1 tazza di cipolla rossa sminuzzata
1 tazza di sedano a dadini
3 cucchiai di coriandolo sminuzzato
3 cucchiai di aglio tritato
1 cucchiaino e ½ di sale marino
1 cucchiaino di pepe nero macinato
1 cucchiaino di origano essiccato
1 cucchiaino di basilico essiccato
1 tazza di spinacini

Portate il forno a 190 gradi. Fate rosolare la carne e la cipolla a fuoco medio in una padella antiaderente. Abbassate la fiamma e aggiungete il sedano, il coriandolo, l'aglio, il sale, il pepe, l'origano e il basilico. Una volta che la carne è ben rosolata, togliete la padella dal fuoco e aggiungete gli spinaci. Mescolate.

Lavate e mondate accuratamente i peperoni, quindi farciteli ciascuno con ½-¾ di tazza di carne rosolata. Disponeteli poi in una teglia di vetro e versate sul fondo 2 cucchiai d'acqua. Coprite con un foglio di stagnola, infornate e fate cuocere per 50 minuti.

Togliete i peperoni ripieni dal forno e rimuovete la stagnola. Spostate il termostato su 200-210 gradi e fate cuocere per altri 10 minuti. Lasciate raffreddare per qualche minuto prima di servire.

ARROSTO DI MAIALE CON FRIGGITELLI
Fase 2
Dosi per 8

1 kg circa di arrosto di maiale disossato

1 tazza di friggitelli tritati grossi
1 tazza di friggitelli frullati
1 cucchiaino di pepe nero
½ cucchiaino di sale marino
¼ di cucchiaino di origano essiccato
¼ di cucchiaino di basilico essiccato
Una punta di cucchiaino di rosmarino essiccato
Una punta di cucchiaino di senape in polvere
3 tazze di broccoli, spinaci o asparagi al vapore

Mettete tutti gli ingredienti tranne le verdure in una slow cooker e lasciate cuocere a bassa temperatura per 6-8 ore, o ad alta temperatura per 4-5 ore. Servite con i broccoli, gli spinaci o gli asparagi al vapore.

JERKY DI TACCHINO
Fase 2
Dosi per 4-6 porzioni

La carne secca si può preparare anche con il manzo o altri tipi di carne o pesce, e persino con l'halibut.

500-750 g di petto di tacchino a fette
¼ di tazza di tamari
Succo di 1 limone o lime
½ cucchiaino di cipolla essiccata
¼ di cucchiaino di aglio in polvere
¼ di cucchiaino di pepe nero
Sale marino (quanto basta)
Peperoncino rosso tritato (quanto basta)

Eliminate tutto il grasso dalla carne. Tagliatela a striscioline di circa 10 centimetri di lunghezza e 1-2 centimetri di larghezza.

Mescolate gli altri ingredienti in un sacchetto di plastica a chiusura ermetica. Inserite la carne nel sacchetto, chiudetelo ermeticamente e scuotete bene. Mettete in frigorifero e lasciate marinare per 8 ore o per tutta la notte.

Fate scolare la carne e gettate la marinata. Mettete la carne in un disidratatore oppure in forno direttamente sulla griglia con un foglio di carta da forno sotto (distanziate le striscioline l'una dall'altra).

Fate cuocere la carne a 90 gradi per 6-7 ore, o finché è secca e coriacea.

Togliete dal forno e lasciate raffreddare completamente. Conservate in frigo o in freezer sottovuoto.

SALMONE AFFUMICATO E CETRIOLI
Fase 2
Dosi per 1

90 g di salmone affumicato (senza nitrati o zuccheri aggiunti)
1-2 tazze di cetrioli affettati
1 cucchiaino di succo di lime
Una punta di cucchiaino di aneto
1 pizzico di pepe bianco

Tagliate il salmone a fettine sottili, se non è già affettato. Irrorate i cetrioli con il succo di lime e insaporiteli con l'aneto e il pepe bianco. Servite insieme.

CANAPÈ DI OSTRICHE
Fase 2
Dosi per 2

1 scatoletta da 90 g di ostriche conservate in acqua
1 cetriolo grande

1 cucchiaino di succo di limone
Sale marino e pepe per insaporire

Tagliate il cetriolo a fettine spesse 1 cm circa. Fate sgocciolare le ostriche. Disponete le ostriche sulle fettine di cetriolo e irroratele con il succo di limone. Condite con sale e pepe.

PEPERONCINO VERDE IMBOTTITO DI ROAST BEEF
Fase 2
Dosi per 1

30-60 g di roast beef senza nitrati
1 peperoncino verde piccante in conserva

Eliminate l'estremità superiore del peperoncino e imbottitelo con il roast beef.

FUNGHI RIPIENI
Fase 2
Dosi per 4

180 g di manzo macinato magro
¼ di tazza di cipolla sminuzzata
1 tazza di spinaci tritati
1 cucchiaino d'aglio
4 funghi tipo champignon grandi o 8 piccoli
Sale marino e pepe
4 cucchiai di brodo vegetale bio

Fate dorare i primi quattro ingredienti in una padella. Dividete il composto in quattro e usatelo per farcire i funghi. Salate e pepate a piacere.

Versate 1 cucchiaio di brodo vegetale su ciascun fungo, coprite con un foglio di stagnola e fate cuocere in forno a 200 gradi per 15 minuti.

Servite caldo (oppure conservate i funghi in frigo e riscaldateli quando volete mangiarli).

RICETTE PER LA FASE 3

Colazioni
Toast B&B
Pane tostato con hummus e cetriolo
Pane tostato con uovo, pomodoro e cipolla rossa
Frullato d'avena e semi di girasole con frutti di bosco
Porridge d'avena nocciolato con frutti di bosco

Insalate, sandwich e zuppe
Insalata di tonno e indivia

SPUNTINI PER LA FASE 3

Uno degli spuntini più facili e squisiti della Fase 3 è quello a base di frutta secca e semi. Contengono entrambi un grasso e una proteina, e sono perfetti da portare sempre con sé. Una mia cliente riempie ventiquattro sacchetti di frutta e semi che utilizza per tutte e quattro le settimane. Mette in ciascuno una manciata di mandorle, anacardi, pistacchi o semi di zucca (tutti rigorosamente crudi), poi li infila in una busta di carta e ci scrive sopra «Spuntini per la Fase 3». Fatto!

Un'altra idea è comprare buste di gamberetti precotti surgelati. Mettete 8-10 gamberetti in ogni contenitore monoporzione, aggiungete qualche spicchio di limone e conservateli in freezer o in frigorifero, se li consumate il giorno dopo. Avrete un delizioso cocktail di gamberetti pronto da gustare nei tre giorni successivi! Aggiungete qualche fettina di avocado e otterrete uno spuntino o un antipasto raffinatissimo per cena.

Insalata di gamberetti
Insalata di uova sode
Insalata di pomodori e olive
Condimento per insalate e pinzimonio
Involtini di tacchino e hummus
Involtino di lattuga con tacchino e avocado
Lenticchie stufate

Piatti principali
Piadina con avocado
Pollo al sesamo
Curry di pollo al cocco
Pollo e quinoa
Pollo al sesamo e riso
Salmone al forno e batata
Chili di avocado
Maiale arrosto al rosmarino con batate
Gamberetti e verdure saltati con quinoa
Halibut in crosta di cocco e pecan con carciofo e salsa

Spuntini
Sedano e burro di mandorle
Daikon con pinoli e lime
Fagioli bianchi con hummus profumato all'aneto
Guacamole cremoso
Hummus con batata e cetrioli

TOAST B&B
Fase 3
Dosi per 1

1 fetta di pane di grano germogliato
2 cucchiai di crema di noci (o altra frutta secca) o di semi

1 tazza di frutti di bosco
1 pizzico di cannella
1 pizzico di stevia o xilitolo (facoltativo)
¼-½ tazza di daikon crudo o di carote a pezzetti
½ cucchiaino di succo di lime

Fate tostare il pane, spalmatelo di burro di noci e guarnitelo con metà dei frutti di bosco.

Spolverate il tutto con la cannella e il dolcificante. Servite con il daikon crudo, 1 pizzico di stevia, una spruzzatina di succo di lime e i restanti frutti di bosco.

PANE TOSTATO CON HUMMUS E CETRIOLO
Fase 3
Dosi per 1

1 fetta di pane di grano germogliato
⅓ di tazza di hummus
½ tazza di cetriolo tagliato a fettine sottili
½ pomodoro di medie dimensioni a fette*
1 foglia di basilico (facoltativo)
1 pizzico di sale marino
1 pizzico di pepe nero

Fate tostare il pane, spalmatelo di hummus e adagiatevi sopra le fettine di cetriolo e pomodoro. Guarnite con la foglia di basilico, salate e pepate.

---

* In questa ricetta il pomodoro conta come frutta per la Fase 3.

PANE TOSTATO CON UOVO, POMODORO E CIPOLLA ROSSA
Fase 3
Dosi per 1

1 fetta di pane di grano germogliato
1 uovo grande
¼ di cucchiaino di olio d'oliva o di vinaccioli
½ pomodoro di medie dimensioni a fette*
¼ di cipolla rossa a fette
Sale marino e pepe nero

Fate tostare il pane. Intanto cuocete l'uovo in una padella antia-derente con l'olio, poi trasferitelo sul pane tostato e guarnite con il pomodoro e la cipolla affettati. Salate e pepate a piacere.

FRULLATO D'AVENA E SEMI DI GIRASOLE
CON FRUTTI DI BOSCO**
Fase 3
Dosi per 1

½ tazza di fiocchi d'avena
¼ di tazza di semi di girasole crudi
½ tazza di frutti di bosco (anche surgelati)
½ tazza di cubetti di ghiaccio
1 bustina di stevia
Cannella in polvere per insaporire

Mettete i fiocchi d'avena in un frullatore e riduceteli in polvere. Aggiungete i semi di girasole e riducete in polvere anche quelli. Spegnete il frullatore, aggiungete 1 tazza d'acqua e gli altri ingredienti. Frullate fino a ottenere un composto omogeneo.

* In questa ricetta il pomodoro conta come frutta per la Fase 3.
** Gustate questo frullato con una porzione di verdure adatte per la Fase 3.

PORRIDGE D'AVENA NOCCIOLATO
CON FRUTTI DI BOSCO*
Fase 3
Dosi per 1

Di solito preferisco usare un'intera confezione di fiocchi d'avena per volta e poi surgelare il porridge con frutti di bosco, cannella e stevia in porzioni da una tazza e mezza, così mi basta togliere dal freezer la porzione che mi serve e scaldarla in pochi minuti. Aggiungo i semi o la frutta secca dopo averlo scaldato.

½ tazza di fiocchi d'avena
½ tazza di frutti di bosco
¼ di tazza di semi e frutta secca
Stevia
Cannella in polvere

Mettete i fiocchi d'avena in una tazza e ricopriteli d'acqua. Coprite e lasciate riposare in frigo tutta la notte. L'indomani mattina fate sobbollire i fiocchi e l'acqua in una casseruola per circa 30 minuti.

Una volta cotti, guarnite i fiocchi con i frutti di bosco, i semi e la frutta secca. Aggiungete stevia o cannella a piacere.

INSALATA DI TONNO E INDIVIA
Fase 3
Dosi per 1

Potete usare questa ricetta per pranzo oppure dimezzare le dosi e sfruttarla come spuntino.

* Mangiatelo con una porzione di verdure adatte per la Fase 3.

150 g di tonno in scatola al naturale
¼ di tazza di cipolla rossa sminuzzata
¼ di tazza di sedano a dadini
¼ di tazza di cetriolo a dadini
¼ di tazza di spicchi di pompelmo a dadini
1 cucchiaio di hummus
1 pizzico di sale marino
1 pizzico di pepe nero macinato
Foglie di indivia fresca

Fate sgocciolare il tonno e mettetelo in una tazza. Unitevi la cipolla, il sedano, il cetriolo e il pompelmo e mescolate. Aggiungete l'hummus e mescolate fino a ottenere un composto omogeneo. Salate e pepate. Guarnite con il composto le foglie d'indivia e servite.

INSALATA DI GAMBERETTI
Fase 3
Dosi per 1

Potete servirla anche su un letto di foglie d'indivia o di peperone rosso per pranzo, oppure dimezzare le dosi e farne uno spuntino.

1 tazza di pomodori ciliegini a dadini*
¼ di tazza di sedano tagliato fine
1 cucchiaio di cipolla rossa tagliata fine
2 cucchiai di maionese di olio di cartamo o hummus
1 cucchiaino di succo di lime
½ cucchiaino di coriandolo o prezzemolo
170 g di gamberetti precotti
2-4 tazze di spinaci freschi o misticanza

* In questa ricetta i pomodori contano come frutta per la Fase 3.

Mettete in una tazza i pomodori, il sedano e la cipolla. Mescolando, aggiungete la maionese, il succo di lime e il coriandolo, quindi unite i gamberetti. Servite su un letto di spinaci o misticanza.

INSALATA DI UOVA SODE*
Fase 3
Dosi per 1

3 uova sode senza guscio, togliere 2 tuorli
½ cucchiaino di maionese di olio di cartamo
¾ di cucchiaio di senape
2 cucchiai di olive nere a dadini
2 cucchiai di cetriolo a dadini
½ cucchiaino di cipolla rossa tagliata sottile (facoltativo)
1 pizzico di sale marino
2 tazze di spinaci freschi o misticanza

Tagliate gli albumi e il tuorlo rassodati e metteteli in una tazza. Aggiungete la maionese e la senape e mescolate bene. Aggiungete le olive nere, il cetriolo e la cipolla. Salate e mescolate ancora.

Servite l'insalata su un letto di spinaci o misticanza.

Nota: metà di questa ricetta può diventare uno spuntino.

INSALATA DI POMODORI E OLIVE
Fase 3
Dosi per 1

2 pomodori tagliati a pezzi**
¼ di tazza di olive miste sminuzzate

---

* Mangiatela con un frutto adatto alla Fase 3.
** In questa ricetta i pomodori contano come frutta per la Fase 3.

¼ di tazza di cipolla rossa tritata
1 cucchiaio di olio d'oliva
½ cucchiaio di aceto balsamico
5 foglie di basilico fresco arrotolato e tagliato
1 pizzico di sale marino
1 pizzico di pepe nero

Mescolate i pomodori, le olive e la cipolla in un'insalatiera. Condite con olio e aceto. Guarnite con il basilico fresco, salate e pepate a piacere.

CONDIMENTO PER INSALATE E PINZIMONIO
Fase 3
Dosi per ¼ di tazza

2 cucchiai di olio di sesamo
2 cucchiai di succo di lime
1 cucchiaino di aglio pressato
Sale marino
Pepe nero

Mescolate tutti gli ingredienti, salate e pepate a piacere. Utilizzate come condimento per le insalate o come pinzimonio.

INVOLTINI DI TACCHINO E HUMMUS
Fase 3
Dosi per 1

2-3 fette di prosciutto di tacchino senza nitrati
2 cucchiai di hummus

Spalmate l'hummus sulle fette di tacchino, arrotolatele e buon appetito!

INVOLTINO DI LATTUGA CON TACCHINO E AVOCADO
Fase 3
Dosi per 1

2-4 grosse foglie di lattuga romana*
2 cucchiai di hummus
1 cucchiaio di salsa a scelta
½ tazza di carne di tacchino macinata e cotta
1 tazza di rucola
½ avocado, tagliato a fettine sottili
Sale marino e pepe

Spalmate le foglie di lattuga di hummus e salsa. Aggiungete il tacchino, guarnite con la rucola e l'avocado, salate e pepate. Arrotolate le foglie e buon appetito!

LENTICCHIE STUFATE
Fase 3
Dosi per 4 (1 porzione = ½ tazza)

900 g circa di lenticchie cotte, scolate e sciacquate
1 cucchiaio di olio d'oliva
1 cipolla piccola a dadini
3 spicchi d'aglio tritati
½ tazza di carote tagliate fini
Sale marino e pepe nero
Tamari per insaporire
¾ di tazza di brodo di pollo o vegetale

Fate scaldare l'olio a fuoco medio in una casseruola. Aggiungete la cipolla e fatela rosolare per 7 minuti, finché diventa trasparente. Aggiungete l'aglio e fatelo rosolare per un minuto, finché profuma.

---

* Se usate questa ricetta per cena, potete sostituire le foglie di lattuga con una piadina di grano germogliato, che farete scaldare in padella o nel microonde.

Aggiungete le carote, il sale e il pepe. Coprite e fate cuocere, mescolando di tanto in tanto, finché le carote sono morbide.

Aggiungete le lenticchie e il tamari. Lasciate sobbollire per 5 minuti. Versate il brodo e fate sobbollire per altri 5 minuti.

PIADINA CON AVOCADO
Fase 3
Dosi per 1

1 piadina di grano germogliato
Listarelle di tacchino ai ferri
½ avocado sbucciato e senza nocciolo
½ pomodoro a dadini
Olio di vinaccioli
Sale marino
Origano, basilico e rosmarino essiccati o freschi tritati
Succo di ¼ di lime
¼ di cucchiaino di maionese di olio di cartamo

Portate il forno a 175 °C. Ungete leggermente d'olio la piadina e spolverizzatela di sale ed erbe aromatiche. Infornate per circa 10 minuti, finché diventa croccate. Nel frattempo, cuocete il tacchino e amalgamate l'avocado, il pomodoro, il succo di lime e la maionese.

Togliete la piadina dal forno e farcitela con il tacchino e il composto di avocado. Servite.

POLLO AL SESAMO
Fase 3
Dosi per 4-6

500-650 g di petto di pollo bio disossato e senza pelle
4 cucchiai di olio di sesamo tostato
½ tazza di cipolla rossa sminuzzata

2 cucchiai di aglio tritato
1 cucchiaio di zenzero grattugiato
¼ di cucchiaino di peperoncino rosso sminuzzato e pressato
1 cucchiaino di coriandolo o prezzemolo essiccato tritato
1 tazza e ½ di cavolfiori sminuzzati
1 tazza e ½ di zucchine sminuzzate
1 tazza e ½ di verza sminuzzata
Sale marino
Pepe nero macinato al momento
¼ di tazza di semi di sesamo tostati
2-3 tazze di quinoa cotta e calda

Tagliate il pollo a bocconcini di 2-3 centimetri e mettete da parte. Fate scaldare una casseruola antiaderente di grandi dimensioni e aggiungetevi 3 cucchiai di olio di sesamo. Fate rosolare la cipolla per 5-7 minuti finché diventa morbida. Aggiungete l'aglio e lo zenzero e fateli rosolare per un minuto.

Aggiungete il pollo, il peperoncino rosso e il coriandolo. Fate rosolare il pollo nell'olio per qualche minuto. Unite i cavolfiori e fate cuocere per 2 minuti. Aggiungete le zucchine e la verza e fate saltare finché sono morbide al punto giusto. Se necessario, aggiungete un altro cucchiaio di olio di sesamo.

Salate e pepate a piacere. Insaporite con i semi di sesamo tostati e servite sulla quinoa cotta a parte e calda.

CURRY DI POLLO AL COCCO
Fase 3
Dosi per 4

500 g di petto di pollo bio senza pelle, tagliato a bocconcini di 2-3 cm
1 cucchiaio d'olio d'oliva
1 cipolla di medie dimensioni a dadini
1 cucchiaino di sale marino

2 cucchiaini di curry in polvere
400 ml di latte di cocco in scatola*
1 tazza di polpa di pomodoro in scatola
2 cucchiai di concentrato di pomodoro
3 tazze colme di spinacino
½ tazza di quinoa cotta e calda

Fate scaldare l'olio in una casseruola grande. Aggiungete la cipolla e il sale e fate rosolare a fuoco medio per circa 7 minuti, finché la cipolla diventa trasparente. Aggiungete il curry in polvere e fate saltare per un altro minuto in modo che la cipolla s'insaporisca bene di curry.

Versate il latte di cocco, la polpa e il concentrato di pomodoro. Mescolate di tanto in tanto per 5 minuti, finché la salsa si addensa leggermente. Aggiungete il pollo e fate sobbollire per 5-6 minuti, finché la carne è cotta a piacere.

Mescolando, aggiungete lo spinacino e fate cuocere per 3 minuti, finché le foglie appassiscono.

Aggiungete un po' di sale, se necessario. Servite sulla quinoa calda cotta a parte.

POLLO E QUINOA
Fase 3
Dosi per 6

750 g di pollo disossato e senza pelle
4 cucchiai di olio d'oliva
1 cipolla piccola, tagliata a fettine sottili
1 peperone rosso, lavato, mondato e tagliato a fettine sottili
1 peperone giallo, lavato, mondato e tagliato a fettine sottili

* In questa ricetta il latte di cocco funge da frutto per la Fase 3.

5 spicchi d'aglio tagliati a fettine sottili
Sale marino
Pepe nero macinato al momento
4 cucchiai di hummus
3 tazze di quinoa cotta
20 foglie di basilico fresco, arrotolate e tagliate

Tagliate il pollo a bocconcini di 2-3 cm.

Fate scaldare l'olio in una casseruola grande. Aggiungete il pollo e fatelo rosolare per 5 minuti, finché è ben dorato.

Aggiungete la cipolla e i peperoni. Fate saltare per 1-2 minuti. Aggiungete l'aglio e fate saltare per 1-2 minuti o più, finché i peperoni cominciano ad afflosciarsi ma hanno ancora un colore brillante. Salate e pepate a piacere. Togliete la padella dal fuoco.

Mescolando, versate l'hummus. Aggiungete la quinoa cotta a parte e il basilico e mescolate il tutto finché il basilico è appassito. Servite ben caldo.

POLLO AL SESAMO E RISO
Fase 3
Dosi per 6

Questo piatto sostanzioso è ottimo con i cereali cotti avanzati. Per questa ricetta potete usare qualsiasi cereale adatto alla Fase 3.

1 kg di cosce di pollo disossate e senza pelle, tagliate a bocconcini di 5 cm
2 cucchiai di olio di sesamo tostato
½ tazza di cipolla rossa sminuzzata
1 cucchiaio di condimento a base di sale marino, senape, semi di sedano, aglio, cipolla, peperoncini e pepe, o un condimento analogo di vostro gusto
1 cucchiaio di aglio tritato

3 tazze di cavoletti di Bruxelles tagliati in quattro
3 tazze di pomodori ciliegini tagliati a metà
½ tazza di basilico fresco sminuzzato
3 cucchiaini di semi di sesamo tostati

Per il riso:
2 tazze di riso selvatico cotto
1 tazza di orzo nero cotto
1 cucchiaio di olio di sesamo tostato

Sciacquate il pollo e asciugatelo con un canovaccio. Fatelo rosolare in una casseruola grande con l'olio di sesamo, la cipolla, il condimento e l'aglio. Proseguite la cottura a fuoco medio finché la carne è ben cotta. Trasferite il pollo su un piatto e tenete da parte.

Nella stessa casseruola aggiungete i cavoletti di Bruxelles e fateli saltare per 1-2 minuti. Unite i pomodori e il basilico e fate saltare per 1-2 minuti ancora.

Nel frattempo, per il riso, fate saltare tutti i cereali nell'olio. Tenete in caldo.

Rimettete il pollo nella casseruola e fate saltare il tutto per altri 3-5 minuti, finché le verdure raggiungono la consistenza desiderata. Insaporite con i semi di sesamo e servite disponendo ciascuna porzione su ½ tazza di riso e orzo cotti.

SALMONE AL FORNO E BATATA
Fase 3
Dosi per 1

180 g di filetto di salmone
1 batata
Olio d'oliva
¼ di tazza di succo di limone
1 pizzico di sale marino

Peperoncino rosso sminuzzato e pressato per insaporire
½ cucchiaino di cipolla e/o aglio in polvere

Portate il forno a 200 gradi. Lavate la batata e mettetela sulla griglia del forno. Fatela cuocere fino a quando riuscite facilmente a bucarla con una forchetta. Tenete il forno acceso a 200 gradi.

Ungete leggermente il salmone con l'olio d'oliva. Mettetelo in una teglia e irroratelo con il succo di limone e il condimento. Infornate e fate cuocere per 15 minuti, poi lasciatelo sotto il grill per 5-7 minuti. Servite con la batata.

CHILI DI AVOCADO
Fase 3
Dosi per 4 circa

Dal momento che contiene una grande quantità di legumi amidacei, questa ricetta conta come porzione di un cereale oltre che di proteine e verdura. Non è quindi necessario aggiungere un altro cereale, anche se il programma alimentare lo riporta.

2 avocado a dadini
500 g di carne di tacchino macinata, rosolata e sgocciolata
½ tazza di cipolla rossa sminuzzata
2 cucchiai colmi di peperoncino in polvere
2 cucchiai di aglio tritato
2 cucchiai di prezzemolo o coriandolo
1 cucchiaino di peperoncino rosso sminuzzato e pressato (facoltativo)
400 g di fagioli bianchi o rossi in scatola
400 g di fagioli neri o bortolotti in scatola
400 g di lenticchie o fagioli azuki
4 zucchine medie a dadini
1 litro di passata di pomodoro e peperoni rossi o solo di pomodoro
1 cucchiaino colmo di sale marino

Mettete la carne, le cipolle, il peperoncino in polvere, l'aglio, il prezzemolo o il coriandolo e il peperoncino rosso sminuzzato in una slow cooker alla temperatura massima. Coprite e fate cuocere mentre preparate gli altri ingredienti.

Aprite le scatolette di fagioli e fate scolare il liquido. Aggiungete i fagioli, le zucchine e la passata nella slow cooker e mescolate bene.

Fate cuocere alla temperatura massima per 4-5 ore o alla temperatura minima per 6-8 ore. Di tanto in tanto mescolate e assaggiate, aggiustando con gli aromi e le spezie, se necessario.

Aggiungete il sale marino subito prima di servire per preservare i suoi nutrienti. Servite con l'avocado a dadini.

MAIALE ARROSTO AL ROSMARINO CON BATATE
Fase 3
Dosi per 8

8 batate piccole o 4 grandi
1 kg di lonza di maiale
2 cucchiai di olio d'oliva
½ cucchiaino di sale marino
½ cucchiaino di pepe nero
½ cucchiaino di rosmarino essiccato
½ cucchiaino di timo essiccato
¼ di cucchiaino di salvia essiccata
6 spicchi d'aglio

Ungete la lonza con olio, sale, pepe, rosmarino, timo e salvia. Praticate dei tagli nella carne e infilate nelle fessure gli spicchi d'aglio.

Mettete la carne in una slow cooker. Tagliate a metà le batate e disponetele intorno e sopra alla carne (non sotto, altrimenti non cuocerebbero bene).

Fate cuocere a bassa temperatura per 8-10 ore o ad alta temperatura per 6-8 ore.

GAMBERETTI E VERDURE SALTATI CON QUINOA*
Fase 3
Dosi per 4

500 g di gamberetti
2 tazze di quinoa
2 cucchiai di olio d'oliva
½ tazza di cipolla rossa sminuzzata
3 cucchiaini di aglio pressato
3 cucchiaini di coriandolo
12-14 asparagi privati dell'estremità legnosa, raschiati e sminuzzati
1 tazza e ½ o 2 di cavoletti di Bruxelles tagliati in quattro
3 cucchiaini di peperoncino rosso sminuzzato e pressato
½ cucchiaino di sale marino
2 teste di cavolo cinese mondate

Fate scaldare l'olio in una casseruola antiaderente grande. Fate rosolare la cipolla per 4 minuti a fuoco medio. Aggiungete l'aglio e fate rosolare per un altro minuto. Unite gli asparagi, i cavoletti di Bruxelles, il coriandolo, il peperoncino rosso sminuzzato e il sale marino. Fate saltare finché le verdure sono morbide ma croccanti. Unite il cavolo e i gamberetti, e continuate la cottura a fuoco medio-alto. Servite con la quinoa lessata.

HALIBUT IN CROSTA DI COCCO E PECAN
CON CARCIOFO E SALSA
Fase 3
Dosi per 1

180 g di filetto di halibut (o merluzzo)
¼ di cocco sminuzzato

---

* Mangiateli con una porzione di frutta adatta alla Fase 3.

1 carciofo di medie dimensioni
¼ di tazza di noci pecan schiacciate
Olio d'oliva
1 albume
5 gocce di stevia liquida

Per la salsa:
1 cucchiaino di rombo
1 cucchiaino di succo di limone
1 cucchiaino di olio di sesamo tostato
Sale marino e pepe nero

Portate il forno a 200 gradi. Coprite il fondo di una teglia con la carta stagnola e ungetela leggermente d'olio. Mettete da parte.

Mescolate in una tazza le noci di pecan e il cocco. In un'altra tazza, sbattete l'albume con una forchetta e aggiungete la stevia. Immergete il pesce nell'albume, poi impanatelo nella mistura di pecan e cocco, ricoprendolo uniformemente. Disponete il pesce nella teglia. Infornate e fate cuocere per circa 20 minuti.

Nel frattempo, mettete a bollire una pentola d'acqua. Pulite il carciofo e privatelo delle spine. Tagliatelo a metà nel senso della lunghezza. Quando l'acqua bolle, immergete il carciofo e fatelo cuocere per circa 10 minuti, finché riuscite a tirare via facilmente una foglia con un paio di pinze. Toglietelo dall'acqua e fatelo sgocciolare. Preparate la salsa mescolando tutti gli ingredienti in una tazza.

Servite il pesce accompagnato dal carciofo e dalla salsa.

SEDANO E BURRO DI MANDORLE
Fase 3
Dosi per 1

2 gambi di sedano
2 cucchiai di burro di mandorle
Cocco o carrube in scaglie (facoltativo)

Lavate e mondate i gambi di sedano. Tagliateli a pezzi da 5-7 cm e spalmatevi il burro di mandorle. Guarnite con il cocco o le carrube in scaglie.

DAIKON CON PINOLI E LIME
Fase 3
Dosi per 1

½ tazza di daikon tagliato a dadini
¼ di tazza di pinoli crudi
Succo di ½ lime
1 pizzico di sale marino

Mettete il daikon in una tazza. Aggiungete i pinoli. Versate il succo di lime sul daikon e sui pinoli. Salate e mescolate bene.

FAGIOLI BIANCHI CON HUMMUS PROFUMATO ALL'ANETO
Fase 3
Dosi per 6

1 scatola di fagioli bianchi
450 g di ceci scolati (tenete da parte ⅓ di tazza di liquido della scatola)
½ tazza di tahina
½ tazza di succo di limone spremuto al momento
1 cucchiaio e ½ di sale kosher
½ spicchio d'aglio
1 cucchiaino di aneto
6 tazze di cetrioli tagliati a fettine

Frullate i primi sette ingredienti fino a ottenere un composto omogeneo. Servite una porzione di hummus con 1 tazza di cetrioli.

GUACAMOLE CREMOSO
Fase 3
Dosi per 1

1 cucchiaino di maionese di olio di cartamo
½ avocado
1 cucchiaino di coriandolo
1 cucchiaino di succo di lime
Peperoncino rosso sbriciolato
Sale e pepe
1 tazza di cetriolo o daikon tagliati a fettine

Frullate i primi sei ingredienti e serviteli con il cetriolo o il daikon.

HUMMUS CON BATATA E CETRIOLI
Fase 3
Dosi per 6

900 g di ceci (tenete da parte ⅓ di tazza di liquido della scatola)
½ batata cotta
½ tazza di tahina
½ tazza di succo di limone spremuto al momento
1 cucchiaio e ½ di sale kosher
½ spicchio d'aglio
¼ di cucchiaino di cumino macinato
6 tazze di cetrioli tagliati a fettine

Frullate tutti gli ingredienti tranne i cetrioli fino a ottenere un composto omogeneo. Servite ciascuna porzione di hummus con 1 tazza di cetrioli.

CAPITOLO 12

Un'alternativa:
la dieta Supersemplice

CERCO sempre di incoraggiare i miei clienti a cucinare, se possibile, perché penso che sia divertente e molto più facile di quanto si creda di solito, e poi offre grandi benefici in termini di salute. Ma se cucinare proprio non vi piace, non ne avete il tempo o siete tipi da cibo già pronto, allora l'alternativa che vi presenterò adesso è adatta a voi.

Gli *spuntini* sono adatti anche da portare al lavoro. Per i *pranzi* si usano o gli avanzi della cena della sera prima o semplici sandwich o insalate facili da preparare in pochi minuti. Infine, per la *cena* la dieta Supersemplice richiede che prepariate solo sette ricette con la pentola slow cooker: potete tranquillamente prepararle la prima settimana e poi surgelarle, così non dovrete più cucinare nulla per i successivi ventotto giorni.

FASE I: PROGRAMMA ALIMENTARE DELLA DIETA SUPERSEMPLICE

	SVEGLIA	PESO	COLAZIONE	SPUNTINO	PRANZO	SPUNTINO	CENA	ATTIVITÀ FISICA	ACQUA
LUNEDÌ	ora:___:___	___	ora:___:___ Frullato di frutta e fiocchi d'avena (FI)	ora:___:___ I mela	ora:___:___ Tramezzino con affettato di pollo/tacchino (FI) I arancia	ora:___:___ I pera	ora:___:___ Chili di tacchino (FI)		
MARTEDÌ	ora:___:___	___	ora:___:___ Frullato di frutta e fiocchi d'avena (FI)	ora:___:___ I mela	ora:___:___ Chili di tacchino (FI) I arancia	ora:___:___ I pera	ora:___:___ Terrina di pollo e broccoli (FI)		

FASE I: ALLENTARE LO STRESS

FASE 2: PROGRAMMA ALIMENTARE DELLA DIETA SUPERSEMPLICE

	SVEGLIA	PESO	COLAZIONE	SPUNTINO	PRANZO	SPUNTINO	CENA	ATTIVITÀ FISICA	ACQUA
MERCOLEDÌ	ora:___:___	___	ora:___:___ Prosciutto di tacchino e sedano (F2)	ora:___:___ Salmone affumicato e cetrioli (F2)	ora:___:___ Involtino di lattuga, roast beef e senape (F2)	ora:___:___ Salmone affumicato e cetrioli (F2)	ora:___:___ Zuppa di manzo e verza (F2)		
GIOVEDÌ	ora:___:___	___	ora:___:___ Prosciutto di tacchino e sedano (F2)	ora:___:___ Salmone affumicato e cetrioli (F2)	ora:___:___ Avanzi di zuppa di manzo e verza (F2)	ora:___:___ Salmone affumicato e cetrioli (F2)	ora:___:___ Arrosto di maiale con friggitelli (F2)		

FASE 2: SBLOCCARE IL GRASSO

FASE 3: PROGRAMMA ALIMENTARE DELLA DIETA SUPERSEMPLICE

SVEGLIA	PESO	COLAZIONE	SPUNTINO	PRANZO	SPUNTINO	CENA	ATTIVITÀ FISICA	ACQUA
ora:__:__ **VENERDÌ**	___	ora:__:__ Frullato d'avena e semi di girasole con frutti di bosco (F3)	ora:__:__ Sedano e burro di mandorle (F3)	ora:__:__ Insalata con tacchino, pomodoro, cetriolo e avocado con condimento per insalate (F3)*	ora:__:__ ¼ di tazza di frutta secca o semi non tostati	ora:__:__ Curry di pollo al cocco (F3)		
ora:__:__ **SABATO**	___	ora:__:__ Frullato d'avena e semi di girasole con frutti di bosco (F3)	ora:__:__ ¼ di tazza di frutta secca o semi non tostati	ora:__:__ Insalata con tacchino, pomodoro, cetriolo e avocado con condimento per insalate (F3)	ora:__:__ Sedano e burro di mandorle (F3)	ora:__:__ Gamberetti e verdure saltati (F3) con pasta di riso		
ora:__:__ **DOMENICA**	___	ora:__:__ Frullato d'avena e semi di girasole con frutti di bosco (F3)	ora:__:__ Sedano e burro di mandorle (F3)	ora:__:__ Gamberetti e verdure saltati (F3, avanzi) con pasta di riso integrale	ora:__:__ ¼ di tazza di frutta secca o semi non tostati	ora:__:__ Pollo al sesamo (F3)		

FASE 3: LIBERARE IL METABOLISMO

* In questa ricetta il pomodoro conta come frutta per la Fase 3.

Usate questo programma durante le quattro settimane. Prendetevi uno o due giorni nel fine settimana per preparare tutte le ricette da cuocere nella slow cooker, poi surgelate in porzioni singole. Io ho tre slow cooker, ma una volta me ne sono fatta prestare un'altra da un'amica e sono riuscita a preparare tutto in una sera!

Certo, questo programma è meno vario, ma per molti miei clienti la semplicità e la comodità contano di più.

Gli alimenti delle tre fas

NEL seguente elenco ci sono tutti i cibi che potete mangiare in ciascuna fase. Ogni volta che avete bisogno di sapere se un certo alimento va bene per la fase in cui siete, date un'occhiata a questa lista. E ricordate: se potete, comprate biologico.

FASE I

VERDURE E INSALATE (FRESCHE, IN SCATOLA, CONFEZIONATE O SURGELATE)

alghe
barbabietole
batate
broccoli
carote
cavolo nero
cavolo rapa
cetrioli
cipolle (rosse, bionde)
cipollotti
daikon (ravanello cinese)
fagiolini
friarielli
friggitelli
funghi
germogli
germogli di bamboo
lattuga (tutta eccetto ghiaccio)
melanzane
misticanza
pastinaca
peperoncini (verdi e rossi)
peperoni
piselli (mangiatutto e taccole)
pomodori (freschi, in conserva e concentrato)
porri
rape
ravanelli

ɔla

ɟano (anche foglie)

sottaceti (senza zucchero aggiunto)

spinaci

spirulina

verza (tutti i tipi)

zucca

zucchine (verdi e gialle)

FRUTTA (FRESCA O SURGELATA)

albicocche

ananas

anguria

arance

ciliegie

clementine

fichi

fragole

frutti di bosco (mirtilli, more, lamponi)

guava

kiwi

lime

limoni

mandarini cinesi (Kumquat)

mango

mele

melagrana

meloni

more del gelso

papaia

pere

pere cinesi (nashi)

pesche

pompelmi

PROTEINE ANIMALI

affettati da salumeria senza nitrati (pollo, tacchino, roast beef)

carne in salamoia

eglefino (filetto, simile al merluzzo)

faraona

halibut (filetto)

maiale (filetto, lonza)

manzo (filetto, tritato magro)

pollo (petto, disossato, senza pelle)

pollock (merluzzo nero)

salsiccia (pollo e tacchino senza nitrati)

sardine (in conserva al naturale)

selvaggina (fagiano, quaglia)

sgombro (in conserva al naturale)

sogliola (filetto)

tacchino (petto tritato magro)

tonno (fresco, in scatola al naturale)

uova (solo albumi)

PROTEINE VEGETALI

ceci

fagioli (tutti i tipi)

fave (fresche e in conserva)

lenticchie (normali e decorticate)

BRODI, ERBE, SPEZIE E CONDIMENTI

aceto (tutti i tipi tranne di riso)

aglio fresco

brodo (manzo, pollo, vegetale)*

caffè (d'orzo o di cicoria)

sali e spezie (sale, pepe, cannella, peperoncino in polvere e in fiocchi, cumino, curry, sale alla cipolla, cacao, curcuma, cacao crudo in

* Tutti i brodi, se possibile, dovrebbero essere senza additivi o conservanti.

polvere, sale marino integrale, mix di spezie bio)

dolcificanti (stevia e xilitolo, solo di betulla)

estratti naturali (vaniglia e menta)

erbe fresche e secche (prezzemolo, basilico, timo, coriandolo eccetera)

ketchup (senza zucchero o sciroppo di mais aggiunti)

lievito alimentare in fiocchi

lievito di birra

rafano (in salsa)

senape (in polvere o pronta)

tamari

tisane (senza caffeina)

zenzero fresco

avena (in chicchi e fiocchi)

farro (pane, pasta, cracker, piadina)

grano germogliato (pane, pasta, piadine)

grano saraceno

Kamut

miglio

orzo (decorticato)

quinoa

riso integrale (farina, piadina, pasta, gallette, latte e formaggio)

riso selvatico

segale

tapioca (perle)

teff

triticale

CEREALI E AMIDI

amaranto

arrowroot (fecola di maranta)

GRASSI SANI

Nessuno in questa fase.

FASE 2

VERDURE E INSALATE (FRESCHE, IN SCATOLA, CONFEZIONATE O SURGELATE)

alghe

asparagi

broccoli

cavoletti di Bruxelles

cavolo

cavolo nero

cetrioli

cipolle (rossa, bianca, bionda)

cipollotti

crescione

daikon (ravanello cinese)

erbette

fagiolini

finocchi

friarielli

friggitelli

funghi

indivia

lattuga (tutte tranne ghiaccio)

misticanza

peperoncini (verdi e rossi)

peperoni

porri

rabarbaro

ravanelli

rucola

scalogno

sedano
sottaceti (senza zucchero aggiunto)
spinaci
spirulina
tarassaco
verza (tutti i tipi)

FRUTTA (FRESCA O SURGELATA)

lime
limoni

PROTEINE ANIMALI

affettati da salumeria senza nitrati
   (pollo, tacchino, roast beef)
agnello (tagli magri)
cacciagione (cervo, struzzo)
carne in salamoia
eglefino (fileto, simile al merluzzo)
halibut
jerky (carne essiccata)
maiale (filetto, lonza)
manzo (tutti tagli magri)
merluzzo (filetto)
ostriche (al naturale e in conserva)
pesce San Pietro
platessa
pollo (petto disossato e senza pelle,
   salsiccia)
salmone (affumicato senza nitrati)
sardine (in conserva al naturale)
sogliola (filetto)
tacchino (petto tritato magro,
   salsiccia)
tonno (fresco, in scatola
   al naturale)
uova (solo albumi)

PROTEINE VEGETALI E AMIDI

Nessuno in questa fase.

BRODI, ERBE, SPEZIE E CONDIMENTI

aceto (tutti i tipi)
aglio fresco
brodo (manzo, pollo, vegetale)*
caffè (d'orzo o di cicoria)
sali e spezie (sale, pepe, cannella,
   peperoncino in polvere e in fiocchi,
   cumino, curry, sale alla cipolla,
   cacao, curcuma, cacao crudo in
   polvere, sale marino integrale, mix
   di spezie bio)
dolcificanti (stevia e xilitolo, solo di
   betulla)
estratti naturali (vaniglia e menta)
erbe fresche e secche (prezzemolo,
   basilico, timo, coriandolo eccetera)
lievito alimentare in fiocchi
lievito di birra
rafano (in salsa)
senape (in polvere o pronta)
tabasco
tamari
tisane senza caffeina
zenzero fresco

CEREALI E AMIDI

Nessuno in questa fase.

GRASSI SANI

Nessuno in questa fase.

* Tutti i brodi, se possibile, dovrebbero essere senza additivi o conservanti.

FASE 3

VERDURE E INSALATE (FRESCHE, IN SCATOLA, CONFEZIONATE O SURGELATE)

alghe
asparagi
barbabietole (anche foglie)
batata
broccoli
carciofi
carote
cavoletti di Bruxelles
cavolfiore
cavolo cinese
cavolo nero
cavolo rapa
cavolo rosso
cetrioli
cicoria (indivia riccia)
cipolle (tutte)
cipollotti
crescione
cuori di palma
daikon (ravanello cinese)
fagiolini
finocchi
friarielli
friggitelli
funghi
germogli
gombo (okra)
indivia
lattuga (tutta eccetto ghiaccio)
melanzane
misticanza
peperoncini (verdi e rossi)
peperoni
pomodori (freschi, in conserva
   e concentrato)
porri
rabarbaro
ravanelli
rucola
sedano
semi germogliati
sottaceti (senza zucchero aggiunto)
spinaci
spirulina
verza (tutti i tipi)
zucca
zucchine

FRUTTA (FRESCA O SURGELATA)

ciliegie
cranberries (mirtilli rossi americani)
fichi d'india
frutti di bosco (mirtilli, more,
   lamponi)
lime
limoni
pesche
pompelmi
prugne

PROTEINE ANIMALI

affettati da salumeria
   senza nitrati (pollo, tacchino,
   roast beef)
agnello (tagli magri)
aragosta
aringa
branzino/spigola
calamari

capesante

carne in salamoia

coniglio

fegato

galletto

gamberetti

granchio (polpa)

halibut

maiale (lonza, braciole, arrosto)

manzo (tagli magri, arrosto)

ostriche (al naturale
e in conserva)

pollo (petto e coscia disossati
senza pelle)

razza

salmone (fresco, surgelato,
affumicato)

salsiccia (pollo e tacchino
senza nitrati)

sardine (sott'olio)

selvaggina (fagiano, quaglia)

sgombro (al naturale e in conserva)

tacchino

tonno (fresco, in scatola al naturale
e sott'olio)

trota

uovo (intero)

vongole

PROTEINE VEGETALI

ceci

cheddar vegano (formaggio
a base di frutta secca)

fagioli (tutti i tipi)

frutta secca a guscio (latte, farina)

lenticchie (normali e decorticate)

BRODI, ERBE, SPEZIE
E CONDIMENTI
E INTEGRATORI

aceto (tutti i tipi tranne di riso)

aglio fresco

brodo (manzo, pollo, vegetale)*

caffè (d'orzo o di cicoria)

Sali e spezie (sale, pepe, cannella,
peperoncino in polvere e in fiocchi,
cumino, curry, sale alla cipolla,
cacao, curcuma, cacao crudo in
polvere, sale marino integrale, mix
di spezie bio)

dolcificanti (stevia e xilitolo
di betulla)

estratti naturali (vaniglia e menta)

erbe fresche e secche (prezzemolo,
basilico, timo, coriandolo eccetera)

carruba (chips, alternativa alle gocce
di cioccolato)

ketchup (senza zucchero o sciroppo
di mais aggiunti)

lievito alimentare in fiocchi

lievito di birra

rafano (in salsa)

senape (in polvere o pronta)

tamari

tisane (senza caffeina)

zenzero fresco

CEREALI E AMIDI

avena (chicchi o fiocchi)

grano germogliato (pane e piadine)

orzo (decorticato bianco o nero)

quinoa

riso nero (venere)

* Tutti i brodi, se possibile, dovrebbero essere senza additivi o conservanti.

riso selvatico

tapioca (perle)

GRASSI SANI

avocado

cocco (farina, latte, acqua, crema, olio)

frutta secca a guscio non tostata
  (farine, latti, creme e burri
  di mandorle, anacardi, nocciole,
  pinoli, pistacchi, noci)

guacamole

hummus

maionese di olio di cartamo

olio (cocco, vinaccioli, oliva, sesamo,
  cartamo)

olive (tutti i tipi)

semi (lino, canapa, zucca, sesamo,
  girasole, anche latti, creme
  e burri)

tahina (crema di sesamo)

Ringraziamenti

DESIDERO ringraziare in modo particolare il mio agente, Alex Glass, che ha «visto» questo libro molto prima che riuscissi anche solo a immaginarlo, e il mio preziosissimo avvocato, John Fagerholm, il quale si è sempre assicurato che mettessi tutti i puntini sulle i. Un grazie al mio amico e straordinario produttore Mason Novick per avermi consigliato di scrivere un libro e avermi presentato le persone giuste per poterlo fare.

Un grazie di cuore a Talia Krohn e Heather Jackson, le mie editor incredibilmente comprensive e creative, per avere accettato di lavorare in modo non convenzionale e fuori degli schemi, proprio come piace a me.

Considero un onore che due donne eccezionali come Tina Constable e Maya Mavjee abbiano creduto nella mia idea di creare un sistema sano per perdere peso innamorandosi del cibo e radunando a tavola la famiglia e gli amici: grazie per sempre. Sono immensamente grata a tutta l'équipe della Crown, e specialmente a Leigh Ann Ambrosi, Meredith McGinnis e Tammy Blake, per la pazienza, la cordialità e la professionalità: vi ammiro e vi ringrazio per tutto quello che avete fatto.

Grazie a Eve Adamson: è fantastico lavorare con uno scrittore che ti capisce in ogni sfumatura, dal tono della voce al più contorto senso dell'umorismo. E grazie anche alla mia allenatrice Melanie: che corsa è stata questa, eh? Non potrò mai ringraziarti abbastanza.

Un ringraziamento a Larry Vincent e Michellene DeBonis della UTA per il loro magnifico lavoro di progettazione e branding, ma soprattutto per avermi capita davvero.

E come dimenticare Kim e Kym? Non sarei riuscita in quest'impresa senza voi due, senza la vostra generosità e il vostro incoraggiamento. Grazie ai miei cari amici Tim e Wendy per avermi nutrita ed essersi presi cura di me in modo che potessi avere le energie per nutrire e prendermi cura degli altri; e a Chris e Karen per avere ampliato i miei orizzonti ben oltre quanto avrei potuto immaginare, e per avere affermato che la dislessia è un motivo di successo, non un problema nonostante il quale abbiamo successo.

Desidero ringraziare tutti i clienti che ho avuto in questi anni. Permettendomi di entrare nelle vostre vite e condividendo con me le vostre personali avventure mi avete insegnato tantissimo. Avete un posto molto speciale nel mio cuore.

Devo un ringraziamento speciale alla Colorado State University, in particolare a Nancy Irlbeck e Temple Grandin, che mi hanno trasmesso la passione e l'entusiasmo necessari per aiutare gli altri e per fare un po' la differenza in questo mondo, e che mi sono vicini fin da quando mi sono laureata. Ringrazio anche Michael Towbin, Jackie Fields e Orrie Clemens, che mi hanno sempre dato buoni consigli e mi hanno insegnato a considerare i clienti come persone e non semplicemente come corpi.

Grazie alle mie sorelle Heather e Holli: siete le mie migliori amiche, la mia ancora nei giorni di tempesta. Grazie per tutte le volte che avete fatto l'alba con me, per esserci sempre state, per avermi incoraggiata quando pensavo di non farcela e per avermi regalato Dolan e Harley, che sono il vero premio. Grazie a mio padre, Nestor: so di essere la tua preferita – ecco, l'ho detto – e ti voglio bene e ti ringrazio per essere così buono con me e i ragazzi. Grazie a mia madre, Jeanne Wilson: ogni giorno mi ispiri a essere una madre, un'amica e un essere umano migliore e ti voglio bene con tutto il mio cuore.

Voglio ringraziare Von, il mio meraviglioso marito che è entrato come un fulmine nella mia vita e ha sbloccato tutto ciò che mi impediva di esprimermi. Con te e con i cinque splendidi figli che mi hai dato mi sento a casa. Grazie per avere letto e riletto ogni capitolo di questo libro e per avermi detto e ripetuto che sono brava e simpatica. Grazie perché sistemi tutte le cose di Natale nel cuore della notte, perché ti ricordi sempre del mio passaporto, di far uscire i cavalli, di farmi prendere la coperta di cui ho bisogno quando viaggio in aereo e del fatto che certe volte un sorbetto e un mazzo di fiori rendono tutto migliore. E grazie per tutte le volte che non mi hai chiesto perché. Ti amo.

Sono tantissime le persone e le organizzazioni che hanno reso possibile questo libro: a voi tutti va il mio più sincero e profondo ringraziamento!

Indice analitico

I libri di Haylie Pomroy

Le ricette della dieta del Supermetabolismo

La dieta Turbo

Attiva il tuo Supermetabolismo

Stampato presso ELCOGRAF S.p.A.
Stabilimento di Cles (TN)